高校课程思政优秀教学案例选编

主　编　陈文海　熊建文　莫逊男
副主编　李　榕　彭惠芳　潘家辉
　　　　纪铮如

广东高等教育出版社
Guangdong Higher Education Press
·广州·

图书在版编目（CIP）数据

高校课程思政优秀教学案例选编/陈文海，熊建文，莫逊男主编. —广州：广东高等教育出版社，2021. 7（2025. 2 重印）

ISBN 978 – 7 – 5361 – 7057 – 5

Ⅰ. ①高…　Ⅱ. ①陈…②熊…③莫…　Ⅲ. ①高等学校 – 思想政治 – 教案（教育）– 中国教育　Ⅳ. ①G641

中国版本图书馆 CIP 数据核字（2021）第 134108 号

出版发行	广东高等教育出版社 地址：广州市天河区林和西横路 邮政编码：510500　电话：(020) 87551597 http://www. gdgjs. com. cn
印　　刷	广州市怡升印刷有限公司
开　　本	787 毫米 ×1 092 毫米　1/16
印　　张	14. 25
字　　数	339 千
版　　次	2021 年 7 月第 1 版　2025 年 2 月第 3 次印刷
定　　价	49. 00 元

前　　言

2020年5月，教育部印发了《高等学校课程思政建设指导纲要》，对课程思政的具体实施起着关键性指导作用。全面推进课程思政建设，就是要寓价值观引导于知识传授和能力培养之中，帮助学生塑造正确的世界观、人生观、价值观，使各类课程与思政课程同向同行，形成协同效应，进一步提高学校立德树人成效。

华南师范大学本科教学坚持以“立德树人”为根本，在全面推进课程思政建设，培育和打造省级、国家级一流课程中，不断涌现优质的课程思政教学案例。为了加强课程思政工作的推广和引领，华南师范大学在学校范围内征集了一批涵盖文科、理科、工科等各类专业课程的课程思政优秀教学案例。这些案例无一例外地将课程思政的要求体现在课堂教学的每一个环节，较好地呈现了高校价值塑造、知识传授、能力培养“三位一体”的人才培养目标，为高校教育工作者提供高校课程思政建设的示例。

编　者

2021年3月

目　录

华南师范大学研究生开学首日同上“抗疫”思政第一课

马克思主义学院　胡国胜　教授

一、案例综述

新型冠状病毒感染疫情防控背景下，全国各大高校新学期开学返校延迟，学生由在校线下上课学习变为在家线上上课学习。2020 年 3 月 2 日，华南师范大学新学期开学当日，马克思主义学院联合学校研究生院、党委宣传部等部门组织全校研究生在线同上“抗疫”思政第一课。笔者通过砺儒云平台、ZOOM 课堂直播“新型冠状病毒感染疫情防控与当代青年使命担当”的课程，向全校研究生传递中国及世界新型冠状病毒感染疫情防控工作情况，第一时间回应学生现实疑惑，强化当代中国青年在疫情防控工作中的使命担当。

二、案例解析

（一）思路与理念

1. 教学思路

2020 年 2 月下旬，预约准备开学思政第一课——“新型冠状病毒感染疫情防控与当代青年的使命担当”，选择学校砺儒云学习平台、ZOOM 会议在线直播，由研究生院组织全校研究生在线收看直播课堂，组织研究生进行课后研讨、撰写心得体会。

2. 教学理念

突如其来的新型冠状病毒感染疫情给人们的身心和生活带来了不利的影响，面对病魔，全国上下团结一心，同舟共济，共同战“疫”。为了让华南师范大学研究生深入了解疫情真实情况及中国“战疫”精神，马克思主义学院研究生公共政治课教研室认真践行“停课不停教、停课不停学”，通过“键对键”“面对面”，让研究生在专题学习的过程中牢记时代赋予的历史使命，勇挑当代中国青年的责任担当。

（二）设计与实施

1. 课程准备

联合学校研究生院、宣传部、网络中心，做好研究生课程网络预约；制作网络课程使用指南，确保 ZOOM、砺儒云课堂、华南师范大学抖音等平台顺畅直播；开通线上平台弹幕功能，实现师生互动。

2. 课程导入

播放视频《这场人民战争，习近平强力部署》，全校研究生共同回顾新型冠状病毒感染疫情突然肆虐全球带来的混乱、惊恐、伤残等，重温在习近平总书记亲自指挥、亲自部署下迅速打响的“武汉保卫战”“湖北保卫战”“中国保卫战”，重温全国人民万众一心、齐心协力奋战的惊涛伟业，带领学生迅速进入课堂情境。

3. 课程教学

以“新型冠状病毒感染疫情防控与当代青年使命担当”为主题，分四个篇章：“正确认识看待新冠肺炎疫情及影响”“党中央对疫情防控的集中统一领导”“打赢疫情防控的人民战争、总体战、阻击战”“当代青年在疫情防控中的使命担当”。

第一篇　正确认识看待新型冠状病毒感染疫情及影响

笔者以翔实的数据与丰富的图片素材为基础，以时间为线，带领学生回顾了人类历史上的疫情，让学生在更宽广的时间维度里认识此次新型冠状病毒感染疫情；随后，笔者将重点聚焦在此次新型冠状病毒感染疫情上，采用图片、文字、数据表格进一步加深学生对此次疫情的认识，引导学生进行思考。

第二篇　党中央对疫情防控的集中统一领导

笔者通过播放视频的方式向学生展示了习近平总书记指挥战“疫”日志，并详细介绍具体内容以及中央重要决策部署等。首先，针对疫情防控，党中央决策部署和集中统一领导，是战胜疫情的关键；其次，这种疫情防控，也让我们感受到了中国特色社会主义制度的优越性，党的领导力、人民群众的凝聚力、政府的执行力以及国家经济和科技的实力，都得到淋漓尽致的体现。

第三篇　打赢疫情防控的人民战争、总体战、阻击战

笔者首先和学生一起回顾了地方各级政府启动重大突发公共卫生事件一级响应的过程，并介绍了我国各省对口支援疫情重灾区武汉的详情；其次，笔者讲述了在战“疫”中义无反顾的白衣天使、可爱的军人、争分夺秒建设“火神山”“雷神山”的工人、不辞辛劳的志愿者等战斗在抗疫一线的英雄们的事例，以及国际援助、海外华侨的援助事例等。

笔者指出，当代青年一是要坚定打赢这场战“疫”；二是致敬时代楷模，向青年模范学习，在讲述这部分内容时，笔者列举了一些先进事迹，并向学校站在抗击疫情一线的青年学子志愿者们表达了诚挚的敬意；三是从我做起，做好自己，在抗击疫情中成熟成长。笔者鼓励学生多学习知识，通过学习各种知识，可以更全面地认识这次疫情，并介绍了自己看过的书，学生也踊跃发言，相互荐书；提醒学生强化自身意识与能力，养成良好的习惯，不信谣，不传谣。倡导学生向战“疫”英雄致敬，强调胜利必将属于英雄的中国人民！

（三）实效与经验

1．让“空中课堂”成为育人新阵地

以网络育人平台为抓手，把疫情防控等作为思政课教学内容新的增长点，深入挖掘疫情防控中的育人元素、生动素材，着力提高线上教学的针对性，发挥好思政课立德树人、铸魂育人的关键课程作用，达共情共鸣之效。2019 级研究生杨清蓉表示，课程有效解决了“如何联系自己专业知识、从学术的视角去看待和分析疫情防控问题，以及系统地、全面完整地了解防控疫情的国家政策”。2018 级硕士林燕好颇有感触：“奋斗在前线的医护人员与时间赛跑，医学专家加快速度研制疫苗，如果了解了人类历史上疫情控制的案例，便能够明白这次战疫有多么惊心动魄。”2019 级硕士王菁婧表示：“胡老师的讲解也让我回想起这段日子里关于生命消逝带来的遗憾和伤痛，感受到疫情防控的中国精神、中国力量和中国担当。这些记忆与感受，是珍贵而有力量的，是不会轻易冷却的。”

2．推动“思政课程”与“课程思政”联动共振

“思政第一课”在社会和广大师生间产生巨大反响后，华南师范大学研究生院积极与外文学院合作，让研究生借助学习强国等平台，进行英文的思政学习，挖掘学科思政教育资源，努力让所有课都上出“思政味”。英语课也能上出“思政味”。华南师范大学外国语言文化学院教师陈璧云选用联合国经济与社会理事会顾问萨古鲁的讲座视频，传递隔离病毒不隔离爱、要同情心不要歧视心的情怀。华南师范大学研究生院、学生工作部、团委从开学日到战“疫”胜利日，通过分专题解读、在线互动、读书笔记等方式，引导学生不间断学习。华南师范大学计算机学院也深受启发，借助学者网平台开设思政专题进行交流学习。

3．向全国传递了“思政课”的华南师大声音

（1）2020 年 3 月 5 日，教育部官方网页以“云端思政第一课叫好又叫座，引导学生主动担当践悟初心”为题赞道，“发挥学校师资优势、网络优势，用好、用活全民战‘疫’这本生动教材，让思政课‘有味道’‘有营养’”。

图 1 教育部对华南师范大学“云端思政第一课”进行报道

（2）2020 年 3 月 2 日，广东电视台广东新闻频道、广东教育头条报道“华南师大：4 000 研究生云端上思政第一课”。

（1）

（2）

图 2　广东电视台报道“云端上思政第一课”

（3）2020 年 3 月 3 日，《广州日报》以“高校线上课　疫情成最佳教材”为题，写道：“这次线上教学乃因疫情而起，疫情也成为线上教学的最佳教材。华师‘线上开学’首日，4 000 余名全日制研究生齐聚云端，同上战‘疫’思政第一课，在“新型冠状病毒感染疫情防控与当代青年使命担当”专题讲座中，华南师范大学马克思主义学院副院长胡国胜变身‘主播’，与学生进行空中互动。”

三、案例反思

（一）创新之处

1. 提升了思想政治教育的时效性

开学当天，马克思主义学院与研究生院合作，通过砺儒云课堂、ZOOM 平台和华南师大抖音，直播“新型冠状病毒感染疫情防控与当代青年使命担当”专题讲座，通过“空中”互动，让全校研究生第一时间了解和认识此次疫情的基本情况，疫情防控的中国担当、中国力量和中国精神，以及疫情中当代青年的责任担当。

2. 提升了思政课在线教学的有效性

对于全校研究生思想政治理论课，因新型冠状病毒感染疫情影响，学生不能正常返校而继续线下教学。此案例推动了全校公共政治课教学有效贯彻“停学不停思政课”的要求，引领全校教师适应了“线下教学”转为“线上教学”的新态势，为新态势下思政课教学提供了范例。

3. 提升网络教学方式的针对性

在此次教学准备过程中，大家充分比较在线课程、在线互动、在线直播，研判了砺儒云课堂、腾讯课堂、雨课堂、中国大学慕课、爱课程在线等平台的优劣势，为本学期全体师生网络教学提供了很好的经验总结。

（二）下一步改进措施

（1）进一步增强课题互动、课堂作业、在线打卡等方式，加强对教学过程和效果的监督。

（2）进一步加强教学调查准备，提前在学生中进行摸底调查，教师也在所在班级进行调查，根据班级情况选择合适的教学方式。

疫情防控彰显中国国家治理体系和治理能力现代化

马克思主义学院　董海军　副教授

一、案例综述

1．案例一：紧急搭建供应链

武汉新型冠状病毒感染疫情暴发之后，广东省迅速动员了 100 多家物流企业恢复物流运输，统筹组织了 2 000 台车辆，紧急启动了位于各市铁路、航空、公路物流枢纽附近 30 余处共 300 余万平方米的应急仓库，初步搭建了一个完整的应急供应链体系。但是应急供应链仅仅只是搭建起来是远远不够的。一个省所需的生活物资不仅种类繁多，而且数量巨大。当时全国处于特殊时期，高速、国道等主要交通干线都限制跨省车辆流动，所以还要打通供应链各个节点，让供应链流畅运行起来。广东省交通管理部门按运输方式、货源地、目的地等不同情形，新建了数十个物流运输保障微信群，开通了视频会议系统和 24 小时热线电话，与物流企业及时沟通衔接，收集运输需求，调度车辆航班，解决运输受阻问题，派出工作人员到重点企业集中办公、现场协调调度。

广东省商贸委网站消息：在疫情形势最严峻的 2 月 3 日，广东省各大超市粮食、食用油、肉类、鸡蛋、蔬菜、水果、水产品、方便面等生活必需品库销比（库存数量与当日销售数量的比例）分别为 38 倍、134 倍、7 倍、7 倍、3 倍、4 倍、12 倍、10 倍。从这组数字可以看出，广东省生活物资储备数量和品类丰富，重建的供应链运行良好。

2．案例二：迅速追查病源

澎湃网 2020 年 3 月 3 日报道：2020 年 1 月 24 日除夕当天，广东省疾控中心接到某市疾控中心求助：当地发现有 3 例新型冠状病毒感染确诊病例，在 3 例病例中，首例病例是超市服务员 A，1 月 14 日发病。第二例和第三例病例 B 和 C，是夫妻关系，分别于 1 月 16 和 17 日发病。3 个病例都是本地人，近期也没去过疫情地区，也找不到感染源头和感染场所。接到报告后，市疾控中心十分清楚事态的紧迫性，因为传染源没有找到，就意味着病毒还会继续传播。

除夕当天晚上，广东省疾控中心就赶往这个县，对3名患者进行流行病学调查。但是初步调查结果却让大家陷入一片迷雾：超市服务员A和夫妻病例B、C没有任何交集，对三人发病前14天接触过的人逐一排查，也没有发现确诊病例或疑似病例。省疾控中心就只能再把几个患者的生活轨迹梳理一遍。超市服务员A在超市上班，平时有监控录像，于是调来录像一遍一遍地看，把录像中所有与超市服务员A接触过的人员全部记录下来，一个一个排查。通过排查，有一个人引起了调查人员的注意。他是25岁的男性D，广东省人，在武汉工作，1月7日返回广东省。由于没有任何症状，医学观察14天后，排除了他作为传染源的可能。但是在对夫妻病例B、C的活动轨迹排查发现，两人曾与D有接触。这个D是唯一能将A、B、C三名确诊患者联系在一起的桥梁，立刻成为排查的重点。

当时全国还没出现无症状患者感染他人的病例，但是根据乙肝、伤寒等传染病经验，流行病学调查人员做出了一个大胆的设想——这个D可能是新型冠状病毒无症状患者！1月25日，调查人员决定对D进行采样。采样时，D坚持认为自己身体健康，又没有任何症状，不可能感染新冠病毒，但核酸检测显示为阳性，D是一名无症状感染者！

3. 案例三：组织复工复产

广东省是全国制造业大省，2月份返粤务工的农民工人数高达500余万人，来自全国20多个省市和地区，到达广东省内后，需要运达的地点是21个地级市数千家工厂——怎么组织这个多对多的系统运输工程？要组织500万农民工全省流动——怎么减少运送过程中农民工与外界的接触，避免二次传染？怎么应对在运送过程中出现突发情况？

广东省政府在一个月时间动用省际包车1 000辆，县际包车356辆将全国20多个省500万农民工安全高效运输到21个市数千家工厂，实现家门到车门，车门到厂门的无缝连接。一方面响应了国家复工复产工作部署，一方面解决了数百万农民工家庭的生计问题。这种模式对于农民工而言不仅贴心、安全而且效率极高，得到了国家部委的高度认同。

二、案例解析

（一）思路与理念

自新型冠状病毒感染疫情暴发以来，习近平总书记做出多次重要讲话和批示，在党中央的坚强领导下，全国上下万众一心，在抗击疫情中发生了太多可悲可泣的故事。本案例通过广东省的抗疫过程来展现全国应对疫情所体现的国家治理能力的缩影。

1. 教学目标

通过广东省抗击疫情前后过程的三组案例，学生了解了党中央提出“促进国家治理体系和治理能力现代化”决策的迫切需要，对我国国家治理现代化所取得的成就和预期的目标有清醒、系统的了解；要求着重培养学生的全局性思维和系统性思维，培养学生正确看待国家在抗击疫情过程中所发挥的作用，同时引导学生增强制度自信、弘扬爱国主义精神。

2. 教学理念

推进国家治理体系和治理能力现代化理论是中国近现代史纲要中的重要内容。在本课程的教学中，要坚持贯彻习近平总书记关于新型冠状病毒感染疫情防控工作的重要讲话和重要指示批示精神，通过党中央领导全国人民全力抗击疫情的生动案例，帮助学生理解国家治理体系和治理能力现代化理论，树立“四个自信”，自觉担当新时代青年的使命。

3. 教学思路

通过广东省在新型冠状病毒感染疫情暴发后不同阶段的三个案例来反映整个中国在抗击疫情中强大的国家治理能力。首先，请学生回忆疫情期间令自己印象深刻的国内外新闻，引导学生进入新课情境；其次，通过案例一将国内物资充足与学生们讲述的国外因物资匮乏而发生的动乱进行对比，分析为何出现两种截然相反的现象；接着，将案例二追查病例与国外病例暴增对比，分析中国体制的优势在哪；最后，将案例三国内复工复产井然有序与国外为复工而举行抗议骚乱活动对比，分析中国为何能保证疫情控制下进行全面复工复产？

中国是首先暴发新型冠状病毒感染疫情的国家，但从疫情暴发初期的生活物资供应，到中前期的追溯病例传播，再到后期的复工复产，中国都体现了强大的社会治理能力，展现了我国治理体系和治理能力的现代化。

（二）设计与实施

1. 导入新课

请学生回忆疫情期间令自己印象深刻的国内外新闻，尤其是引导学生对比中外抗疫的效果，带领学生迅速进入情境。

2. 案例解析

（1）案例一解析。

【教学案例】

案例一反映了广东省在短时间内恢复了物流运输，生活物资储备数量和品类丰富，重建的供应链运行良好。通过案例一广东省展现的国内物资充足场面与学生们讲述的国外因物资匮乏而发生的动乱现象进行对比分析，体现了中国社会强大的生产能力、动员能力和组织能力，引发了学生的思考。

【思考讨论】

①分析美国等西方发达国家为何连基本的生活物资都不能满足供应？

②中国疫情暴发最早，人口更多，为何能迅速建立生活物资供应体系，满足人们的基本生活需要？

【案例点评】

通过案例分析我们可以发现，短时间迅速搭建生活物资供应体系不是简单的事，它不仅需要强大的物资生产能力，还需要政府各部门高效的配合，体现了一个国家的社会治理与效率。重建供应链只是广东省启动重大突发公共卫生事件一级响应之后的基础作业，客观地评价，这个基础作业不仅广东省做得很好，全国其他地区也做得不错。

（2）案例二解析。

【教学案例】

案例二反映了广东省疾控部门通过严密的病例筛查机制发现某市的第一例无症状感染者，体现了中国制度体系的完善和创新。通过案例二广东省追查病例与西方国家面对病例暴增而无法追查阻断状态的对比，引发学生对中外制度的思考。

【思考讨论】

①分析西方发达国家为何拥有发达的医疗条件却不能遏制疫情的大暴发？

②分析中国为何能迅速控制住疫情，中国体制的优势在哪？

【案例点评】

健全的病情追查体系帮助卫健委及时追溯到广东省首例无症状感染者，增加了大家对新型冠状病毒感染这一传染病的认识，无症状感染者存在和无症状感染者可以引起疫情传播，这为国家和广东省优化防控方案和策略提供了重要依据。这体现了一个国家制度体系的现代化及不断创新的能力，有学者称这场新型冠状病毒感染疫情为“世界第一场非传统生物病毒世界大战”。面对暴发的疫情，全世界都没有应对经验，而中国能够迅速组建和完善疫情防控体系和生物安全应急体系，体现的是一国制度的生命力。

（3）案例三解析。

【教学案例】

复工复产，关系中国千万个家庭的生计，也关系着国家经济社会的发展，还关系全面建成小康社会的宏伟目标。但在没有防控住疫情情况下的复工复产，则是不顾人民生命安全的“饮鸩止渴”。案例三反映了我国以人民为中心的发展理念，在保证工人生命安全的情况下，打通各部门各领域，组织了一场农民工返岗大运输，实现了极大的经济效应和社会效应。将案例三国内复工复产井然有序与某国不顾疫情发展煽动人民复工以谋取政治利益的现象进行对比，可以引发学生对政府执政理念和国家的融通治理能力的思考。

【思考讨论】

①分析中国为何能保证在疫情得到控制的情况下进行全面复工复产？

②某国为何要不顾疫情煽动民众复工？

【案例点评】

中国是中国共产党领导的社会主义国家，坚持马克思历史唯物主义，注重经济基础和生产力的发展。在疫情得到防控的基础上展开生产活动是社会制度的必然要求。组织农民工返岗工作看起来好像很简单，但是难度系数之高对于任何应急社会管理系统都是极大的挑战。首先，疫情期间跨省交通基本中断，司机等工作人员亦处于居家隔离之中，短时间调集如此多的车队需要政府强大的组织动员力；其次，疫情期间各省市都采取了一定程度的地方保护政策，组织庞大的跨省运送需要从中央到各地市的密切配合；最后，工厂需要在保证与疫情完全隔绝的情况下进行正常的生产工作，这对基层单位日常疫情防控提出了更高要求。总而言之，没有强大的社会治理体系和治理能力便无法完成防控疫情与全面复工复产的“两手抓”。

3. 教学总结

广东省在新型冠状病毒感染疫情暴发的初期紧急搭建物资供应体系和后期组织的复工复产，是在习近平总书记重要讲话和重要批示精神的指导下进行的，是整个中国在疫情防控工作的一个典型案例，反映的是中国的国家治理体系和治理能力的成就和优势。

疫情防控体现我国制度的优越性有：在疫情防控中我们坚持党的集中统一领导，坚持党的科学理论，保持政治稳定，确保国家高效地处理各项紧急情况；坚持以人民为中心的发展思想，将人民的生命安全放在首位，不盲目地追求经济增长；坚持人民当家作主，发展人民民主，密切联系群众，正是紧紧依靠人民，走群众路线，动员了广大人民群众，疫情才能迅速地得到控制；坚持全面依法治国，建设社会主义法治国家，用法律的武器保护人民群众的生命和财产安全，在疫情中不被侵害；坚持全国一盘棋，调动各方面积极性，集中全国人力物力资源打赢了全国疫情防控阻击战和湖北武汉保卫战，体现我国集中力量办大事的显著优势；坚持独立自主和对外开放相统一，积极参与全球治理，为构建人类命运共同体不断做出贡献，在防控本国疫情的同时，我国还积极援助世界各国抗疫；坚持共同的理想信念、价值理念、道德观念，弘扬中华优秀传统文化、革命文化、社会主义先进文化，促进全体人民在思想上精神上紧紧团结在一起，众志成城共同抗疫……这些显著优势，是我们坚定中国特色社会主义道路自信、理论自信、制度自信、文化自信的基本依据。

当然，中国的国家治理体系与能力的现代化也不是一日建成的，而是在70多年的探索过程中将坚持党的领导、社会主义制度与新情况新问题相结合逐渐发展而来的。2018年2月，中共十九届三中全会在北京举行，会议审议通过《中共中央关于深化党和国家机构改革的决定》和《深化党和国家机构改革方案》，全会强调了深化党和国家机构改革的深刻意义，对国家治理体系和治理能力现代化进行了工作部署。2019年10月，中共十九届四中全会召开，会议通过了《中共中央关于坚持和完善中国特色社会主义制度推进国家治理体系和治理能力现代化若干重大问题的决定》，确定了推动国家治理体系和治理能力现代化的总目标：到中国共产党成立一百年时，在各方面制度更加成熟更加定型上取得明显成效；到二〇三五年，各方面制度更加完善，基本实现国家治理体系和治理能力现代化；到中华人民共和国成立一百年时，全面实现国家治理体系和治理能力现代化，使中国特色社会主义制度更加巩固、优越性充分展现。

（三）实效与经验

通过广东省防控新型冠状病毒感染疫情的三个案例，帮助学生对党和政府“抗疫”的具体工作有了总体了解，对习近平总书记的重要讲话和批示精神有更深的理解，同时进一步理解抗疫工作的艰难与党和政府的高效应对。

通过比对中国与部分西方国家疫情暴发后的局面，学生们强烈感受到了党以人民为中心的执政理念和中国制度的优越性，帮助学生树立了“四个自信”。

通过分析国家治理体系和治理能力现代化在中华民族伟大复兴中的地位，学生自觉投身国家的现代化建设中，自觉担当“两个一百年”奋斗目标和为中华民族伟大复兴的中国梦而奋斗的青春使命。

三、案例反思

（一）创新之处

通过广东省抗击疫情前后的三个案例，以小见大地反映了中国在“抗疫”过程中始终坚持党的领导，始终坚持以人民为中心和始终保持着高效融通的工作效率。

将习近平总书记的重要讲话和批示精神融入教学案例中，使习近平总书记的重要讲话和批示精神更加形象、生动化，学生更加容易理解和接受。

对比分析的教学方法，使学生切身感受到中国制度的巨大优越性，坚定“四个自信”和自觉担当青年使命。

（二）下一步改进措施

可以搜集更多国内外疫情影像资料，制作成视频，以学生们感兴趣的方式更加形象生动地展现国内外应对疫情的做法及效果，使学生直观感受到中国抗疫的成效和中国制度的优越。

可以搜集更多社会力量在抗疫过程中所作贡献的事例，说明国家治理体系和治理能力的现代化是在党的领导下全国人民共同推动的。

培育大学生社会主义核心价值观的多模态教学模式探索

——依托“思想道德修养与法律基础”课程

马克思主义学院　杨婷　教授

一、案例简介

价值观的形成是多模态感知、反省综合的结果。多模态教学模式在社会主义核心价值观中的应用，既是新媒体时代技术发展的要求，也是遵循价值观形成的结果。多模态教学模式侧重两个维度：教师应多模态地教，学生需多模态地学，师生合作进行多模态评估。华南师范大学“思想道德修养与法律基础”青年教师教学创新团队主要依托国家精品课程和国家精品资源共享课程——“思想道德修养与法律基础”，具有一定研究基础。该团队成员目前主持国家人文社会科学项目、省级质量工程项目和教改项目多项，主编本科相关教材2部，获得省级优秀教学成果奖二等奖和校级教学成果一等奖。

新时代赋予了高校思想理论课新的历史使命，赋予了社会主义核心价值观新的内容。本案例将利用新媒体技术，采用线上线下混合教学模式，将课堂构想为多模态话语——视觉的、书面的、口头的、表演的、音频的，运用多元符号资源，打造动态教学的语境，使学生获得全方位多感官的体验，从而激发学生多层次互动，清晰且全面地感知和理解社会主义核心价值观的知识内涵以及文化背景。本教学团队重视结合学生核心素养的课程思政要求，不断增强学生的政治认同感、民族自豪感和文化自信，全面践行社会主义核心价值观。

二、教学设计与实施

1. 课程目标1：运用视频、电影剪辑、录音、图画、图表、实物、宣传画和案例等引入时事热点，客观呈现关于国家的、社会的、公民的最新案例，帮助大学生深刻理解社会主义核心价值观的新时代内涵

> 案例：新型冠状病毒感染疫情防控下的“生命公正”。

采用视频重温武汉抗击疫情下，各级党委和政府把人民群众生命安全和身体健康放在第一位的感人瞬间和温馨画面。呈现当时背景：2020 年初，湖北省武汉市等多个地区发生新型冠状病毒感染的肺炎疫情，早期，在医疗资源短缺的情况下，如核酸检测试剂、药物、床位和呼吸机等，究竟是遵循先到先得的原则，还是平等地对待所有人？引发学生思考深层次的生命公正的伦理问题。

中国宣布为所有新型冠状病毒感染病人免费治疗。通过图片呈现数据，截至 2 月 16 日，全国各地累计派出 251 支国家医疗队，28 752 名医护人员，军队派出多个批次医护人员支援武汉抗击新型冠状病毒感染疫情。习近平总书记明确提出把人民生命安全和身体健康放在第一位，号召各级党组织和广大党员干部牢记人民的利益高于一切、全力投入抗疫斗争，采取最全面、最严格、最彻底的防控举措，尽最大努力防止更多群众被感染，尽最大可能挽救更多生命，“年龄再大、病情再重我们都绝不放弃”，“为了保护人民生命安全，我们什么都可以豁得出来”。在保障人民群众生命公正和身体健康的过程中，涌现了一大批最美人物。多模态呈现这些图片和感人视频。

视频：共和国勋章颁奖（节选）。（略）

图 1　最美逆行者

图 2　“共和国勋章”获得者：钟南山院士

2. 课程目标2：通过呈现抗击疫情的国家视域，让大学生从对比中深切理解祖国的强大，增强大学生的国家认同感和民族自豪感

> 案例：新时代爱国的三重向度。

爱国是社会主义核心价值观在个人层面的首要要求，同时也渗透在社会主义核心价值观的国家和社会层面，是每一个中华儿女最朴素的情感、最基本的要求和永恒的主题。通过呈现当下中国和世界抗击新型冠状病毒感染疫情的强烈对比，大学生对新时代的爱国有更深层次的理解和体悟。课程设计上，由刚从海外留学归来的学生或教师分享他们在海外的抗击疫情经历，进而引发学生对中国抗击疫情的回顾。在比较分析中，获得深层次思考和认知。

图3 美国人疫情期间不戴口罩聚集

图4 中国学生复课能坚持佩戴口罩

> 视频分享：意大利市长喊民众回家。（略）

3. 课程目标3：通过案例呈现、课堂辩论等方式让学生认知公民爱国的重要价值和意义

> 案例：以手机为切入点，辩论“支持国货或者抵制某国货物是不是爱国”。

采取线上线下混合学习的方式。首先学生在线查阅和学习手机演变历程的相关材料，特别是华为手机的发展历程。然后进行反转课堂，由学生小组汇报呈现相关图片和视频。通过学生们的呈现，进一步引发学生课堂辩论：支持国货是不是爱国？在辩论过程中学生进一步明确：当下的爱国不是仅仅支持国货、抵制他国物品，而是做大做强国货，振兴国货。给学生启示：爱国不能逆全球化，当今我们与世界紧密相连，不可能通过抵制他国来谋取发展，只有立足国内，不断进行自主创新，才能在世界上立于不败之地。

图5　手机三足鼎立

图6　抵制日货是真的爱国吗

> 视频：手机二十年的变化。（略）

4．课程目标4：引入生动的爱国历史故事，让学生了解我国的爱国历史传统，站在新的历史方位，帮助大学生明晰新时代爱国的表现

> 案例：爱国思想与爱国行动。

爱国不仅是思想的表达，也是行动的落实。思想是行动的先导，行动是思想的贯彻，爱国是思想与行动的统一。爱国仅有思想没有报国行为是空洞的，爱国仅有行动没有思想指导是盲目的。爱国只有实现思想与行动的结合，才能更理性、更具体、更深刻、更可行。爱国的思想向度体现为公民对国家的认知、情感、认同、信念、信仰等，是知、情、意、信等的统一。

图7　学习虎门销烟精神

图 8 纪念抗美援朝 70 周年

图 9 1997 年香港回归

按照历史发展的脉络，让学生在课堂呈现历史上生动的爱国故事和爱国人物。进入新时代，爱国发生了很大变化，根据当今历史方位的转变，引发学生思考：新时代的爱国有哪些新的表现？使学生明确：公民的爱国行为可能因主体能力不同而有差异，但爱国行动无高低贵贱之分。爱国行为可以是高大上的杰出贡献，也可以是普通的点滴行动。从而帮助学生树立新时代的爱国观。

以视频、图画等方式，学习和深刻理解《新时代爱国主义教育实施纲要》。

结合案例呈现爱国的内涵与发展演变，如保家卫国、矢志不渝、锐意改革等。

三、教学成效与推广

“思想道德修养与法律基础”课程是高校大学生的必修课和基础理论课。本课程基于学生核心素养，根本任务在于立德树人。社会主义核心价值观的学习和践行是其课程的重要内容。全国高校的思想理论课教师队伍庞大，运用多模态技术推广案例，将有利于提高教学的针对性并激发更多的创新教学方式方法。课程教学团队学养深厚、教学方法丰富，总结的课程思政案例易复制、便推广，值得向全国高校推荐，共同促进一流教学团队和金课的建设。

核心素养立意下的逻辑学课程思政案例

哲学与社会发展学院　熊明　教授
华南师范大学教务处　赵艺　教授
哲学与社会发展学院　高贝贝　讲师

一、案例简介

华南师范大学省级逻辑学创新教学团队依托广东省优势重点学科——哲学，拥有国家社科基金重大项目首席专家、国家哲学社会科学成果文库作者、广东省文化战线领军人才。团队成员主持国家人文社会科学项目、省级质量工程项目和教改项目多项，主编本科教材 3 部，翻译国外经典教材 2 部。团队成员曾获省级优秀哲学社科成果奖一等奖和省级优秀教学成果奖一等奖。目前教学团队承担本科生专业必修课、省级资源共享课“逻辑学”，校通识课“逻辑与批判性思维”和校在线课程“创新思维与方法训练”。

“逻辑学”围绕传统逻辑与现代逻辑展开，采用线上线下混合教学模式，以生为本，使学生了解逻辑学的发展脉络，领会逻辑符号化形式化的基本思想，并掌握符号逻辑的基本方法。教学团队重视结合学生核心素养的课程思政要求，培养学生运用逻辑理论分析问题与解决问题的能力，提升独立思考、理性决策的思维品质；通过引入社会热点、传统文化、科技实例、逻辑史实，把专业教育和思想政治教育有机融合，增强学生的政治认同感、民族自豪感、文化自信，培养学生志存高远、勇攀高峰的意志品格。

二、教学设计与实施

1. 课程思政目标 1：引入中华人民共和国成立以来为世界瞩目的大事件进行学科知识讲解，增强学生的政治认同感和民族自豪感

案例：类比推理——形式与特点。

采用讲授法。类比推理是从个别到个别的推理。类比推理从真前提并不能必然得到真的结论，却是助发明的重要思维工具。2020 年是奥运年，社会关注奥运动态。课程回顾 2008 年北京奥运，以奥运火炬登上珠穆朗玛峰的事件为背景，讲述中国技术人员如何

通过暖手炉、蜂窝煤炉与奥运火炬的类比，成功自主研发奥运火种灯，解决在珠峰恶劣气候环境下环保并长时保持火种的问题，使奥运圣火首次在世界之巅点燃。联系当前时事，全民抗疫成效显著，体现出中国人民团结奋进的中国精神和集中力量办大事的中国力量，让学生深切体会到社会主义制度的优越性，培养学生的家国情怀、责任担当。

2. 课程思政目标2：引入典故和汉语金句，让学生从学科角度了解中国优秀传统文化，增强文化自信

案例：逻辑学导论——中国的逻辑思想。

逻辑学作为一个学科是舶来品，由近代学者通过翻译著作形式引入中国，但中国并非没有逻辑思想。中国先秦名家与古希腊哲学、古印度因明学共同构成作为学科的逻辑学的三大起源。课程回顾先秦名家四子的典故，通过学生现场角色扮演的方式，让学生演绎“白马非马”“赎尸博弈”“濠梁之辩”“臧有三耳”等精彩辩论，让学生体验中国传统文化的智慧之美。此外，在介绍命题逻辑的命题种类时，通过引用耳熟能详的经典语句，贴近学生的文化背景，使抽象的理论知识更容易理解。

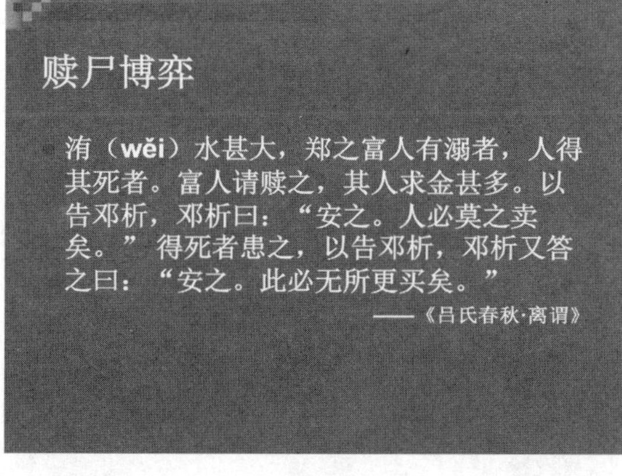

(1)

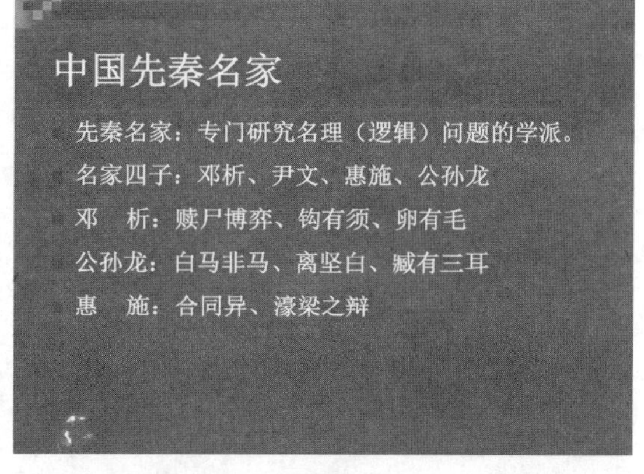

(2)

子非鱼安知鱼之乐

庄子与惠子游于濠梁之上，庄子曰：“鲦鱼出游从容，是鱼之乐也。”惠子曰：“子非鱼，安知鱼之乐？”庄子曰：“子非我，安知我不知鱼之乐？”惠子曰：“我非子，固不知子矣；子固非鱼也，子之不知鱼之乐，全矣。”庄子曰：“请循其本，子曰‘汝安知鱼乐’云者，既已知吾知之而问我。我知之濠上也。”——《庄子·秋水篇》

(3)

联言命题

红了樱桃，绿了芭蕉。 $p\wedge q$

选言命题

- 或为玉碎，或为瓦全。 $p\vee q$
- 鱼和熊掌不可兼得。 $p\dot{\vee} q$

(4)

图1　课件展示1

3．课程思政目标3：用典型实例说明纯粹逻辑问题的解答会导致重大的技术发现，让学生感悟基础理论工作的意义和价值

案例：希尔伯特的判定问题与计算机的诞生。

采取线上线下混合学习方式。先让学生在线学习希尔伯特和图灵的相关材料。然后进行反转课堂，让学生小组汇报两人的理论关系，及判定问题与计算机诞生之间的关联。希尔伯特提出了一阶逻辑的判定问题，图灵的否定回答导致图灵机理论模型的出现，后者奠定了实际计算机的核心思想和工作原理，直接推动了计算机这一重大的技术发明。给学生启示：数字时代，数字技术层出不穷，而数字科技的原点在基础学科。从事基础专业学习的学生应该坚定专业选择，潜心钻研。

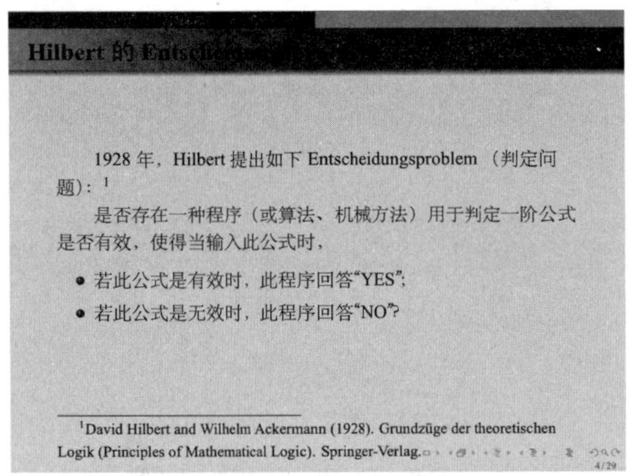

（1）

否定性的回答

1936 年，美国的 Church 和英国的 Turing 各自独立地回答了 Hilbert 的问题，[2] 他们的回答是否定的！

[2] Alonzo Church,"An unsolvable problem of elementary number theory", *American Journal of Mathematics*, 58 (1936), pp 345-363. Alan Turing, "On computable numbers, with an application to the Entscheidungsproblem", *Proceedings of the London Mathematical Society*, Series 2, 42 (1936-7), pp 230-265.

6/29

（2）

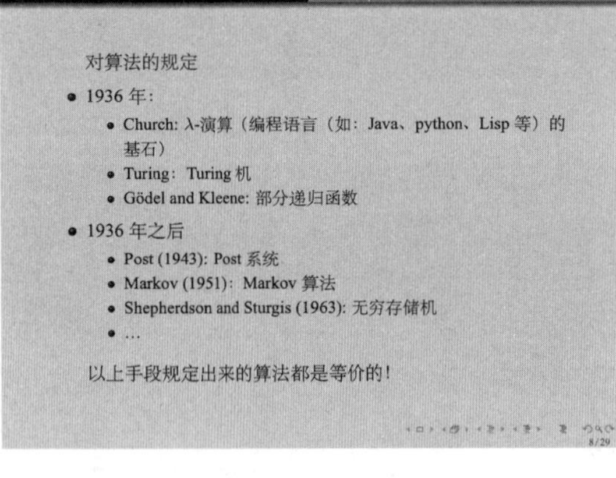

（3）

（4）

图2　课件展示2

4．课程思政目标4：还原理论诞生的历史脉络，让学生理解理论的创新和传承关系，鼓励学生不畏艰难困苦，砥砺前行，勇攀学术高峰

案例：从三段论到现代数理逻辑。

采用连环设问和小组合作探究方式。人们在直观上能轻而易举地识别各种圆的事物。

我们是如何识别具体事物中圆的概念的？古希腊柏拉图已经创造了“理式”（form）概念，把具体事物中的形式抽象出来。亚里士多德如何继承老师的理论？他把“理式”运用到推理研究中，发现了能够概括所有具体三段论推理的64种形式，并创造了判别这些形式的能行算法。现代逻辑之父弗雷格如何把数学中的函数概念扩展到逻辑？空位思想：把概念看作具有空位的函数，如：“（　　）是一位逻辑学家。只有当一个对象的名称填入空位时才能形成一个完整的语句，才有真假。”这就像一个值只有“真”和“假”二值的二元函数。弗雷格通过把数学与逻辑学联姻，创造了数理逻辑。给学生启示：任何科学发明和理论创新都不是一蹴而就的，需要博采众长，扎实推进，戒骄戒躁。

三、教学成效与推广

逻辑学课程是几乎所有学校都要开设的基础课或通识课，面向全国高校学生，本课程基于学生核心素养，有机融入课程思政教育，真正做到在专业教育中立德树人。全国高校的逻辑学教师队伍庞大，进行逻辑学课程思政案例的推广，有利于帮助各地逻辑学教学的快速成长并激发更多的创新教学方式方法。本课程教学团队学养深厚、教学方法丰富，总结的课程思政案例易复制、便推广，值得向全国高校推荐，共同促进一流教学团队和金课的建设。

教育情怀与文化传承视域下的中国教育史课程思政

教育科学学院　黄明喜　教授

一、中国教育史课程主要特色

本课程旨在以本科生为主要对象，选取中国教育史，尤其是中国传统文化与教育相关内容，依据学生学习实情以及教育实情，不断延伸混合式教学的革新路径，从而促使教学效果得到充分良好的提升；依据需求性原则、系统性原则、规范性原则、开放性原则和创新性原则建设，使用学习资源，充分考虑教育的需要，处理好学习资源系统内部各个模块之间的结构关系，线上与线下相结合，实现资源及时更新，及时交互，资源多样性、交互性和扩展性，进而实现最大范围的师生、生生之间的学习交流，帮助学生更好地获得中国教育历史文化的智慧启迪，将立德树人的教育目标落于实处。

二、中国教育史课程思政教学设计与实施理念

（一）积极探索课程思政与专业知识无缝融合，将中国教育史课程与立德树人的根本教育任务紧密结合

本课程妥善处理历史性与现实性的关系，力求讲授的杰出教育思想既富有时代性，又具有超越性与经典性，促进学生比较深刻地理解中国教育名家和教育制度的思想内涵及教育意义。为使学生适切地掌握中国教育史知识，提高对中国教育历史问题的分析能力，进而领会中国教育发展历史的规律，“中国教育史”课程遵循历史唯物史观，从哲学人性论、教学方法论、教育目的论三个层次，分析中国文教政策、学校制度、教育思潮的形成演变，坚持以立德树人为中心的思维导向、评价标准和价值追求。

（二）积极探索和扩展线上线下课程混合模式，充分利用新教育技术

本课程注重数字资源的开发，采用线上和线下贯通的混合教学模式，即充分利用在线开放学习平台建立的课程资源，学生通过线上课程进行自主学习，主动完成预先布置的作业任务和之后的课堂讨论学习，课后组织在线异步探究、基于专题的合作学习，并

借助学生作业互评、教师点评以深化认知，以最终实现在线学习和课堂学习的有机结合。开发与本课程配套的在线开放课程2门，分别是“《论语》教育智慧品绎”“《孟子》教育智慧品绎”，均在“中国大学MOOC”平台上线，学员已超5万人。其中“《论语》教育智慧品绎”入选2016年广东省精品视频公开课，获批2019年广东省精品在线开放课程、广东省本科一流课程，2020年国家一流课程。

（三）开发配套新形态教材，为学生学习提供丰富多样的学习资源

本课程团队开发课程配套新形态教材《简明中外教育史》（黄明喜主编，高等教育出版社2019年5月版）。教材除列出各章的学习目标，勾勒各章的知识导图，设置课后练习题外，采用二维码的方式在配套教材中关联了课程重点、难点讲解的微视频和相关论文、论著等拓展阅读资源，且在每一章设置清晰的学习目标和配套的课后练习题，旨在促进线上线下混合式教学高效化，切实帮助学生检测学习效果，并为进一步深入学习和阅读提供指引，帮助学生更好地获得中国教育历史文化的智慧启迪，在世界文明发展的视野中展现中国教育的知识图景和思想魅力。

三、教学案例举隅：西南联合大学的教育情怀

中国教育史课程包括中国古代教育史和近代教育史两部分。前者讲述中国传统教育观念和制度的形成与演变，后者讲述中国传统教育的现代转化。西南联合大学的八年历史，是中国高等教育史中浓墨重彩的一页，它诞生于抗日战争烽火连天的岁月之中，但却造就了大批优秀人才，该校师生当年在民族危亡之际寻求“知识救国”的豪情和成就，至今仍被人津津乐道。对西南联合大学的讨论，至今仍是教育史和高等教育界的热点话题，它也成为人们心中爱国主义和追求学术真理相统一的象征和标志。因此，中国教育史课程第15讲“中国近代教育制度”第三小节，以“西南联合大学历史”为主题，通过讲述西南联大历史向学生展现民族危亡之际中国知识分子的教育情怀。

（一）课程思政要素目标剖析：爱国热情、学术报国和日后成就

1．展现西南联大师生在抗日战争中高涨的爱国热情

重点讲述：（1）在日寇入侵华北之后，清华、北大和南开学子不愿做亡国奴，先到长沙组成长沙临时大学，后又徒步三千余里至昆明，建立西南联合大学。（2）近百名学生参军。

2．展现西南联大师生在物质匮乏，日军飞机轰炸的极端困难情况下，依然沉浸于学术和知识的世界，怀有知识救国和教育报国的情怀

重点讲述学生们的求学经历，和教师们在此时的学术成就。

3．展现西南联大学生日后的成就以及报效祖国的事迹

重点讲述邓稼先等人的西南联大经历和为新中国研制核武器的事迹。

（二）课程思政实施方案：知识、方法和思政的统一

1．知识层面

从中国高等教育发展脉络的角度讲述西南联合大学的历史，使学生理解西南联大在

中国大学发展史上的教育文化意义。

2. 方法层面

要求学生搜集一位西南联大师生的相关史料（日记和回忆录等），通过个人生活的视角再现西南联大的校园生活，培养学生做教育史研究时搜集和运用史料的能力。

3. 思政层面

在知识和方法层面的基础上，挖掘和呈现西南联大师生学术报国的情怀和事迹。

（三）课程思政教学资源：图书、影视和图片

1. 图书资源

何兆武《上学记》（西南联大回忆录）、《郑天挺西南联大日记》，汪曾祺《我的西南联大的日子》，任继愈《西南联大行思录》等。请学生查找，每组学生课前提前选择一位西南联大师生，并查找其就读史料。

2. 影视资源

央视 2018 年 5 集纪录片《西南联大》、2018 年电影《无问西东》。请学生课后观看，或课上播放片段。

3. 图片资源

西南联大纪念碑、校舍、课堂等历史老照片。

（四）课程思政的教学设计与实施：教师讲授、学生讨论和课后扩展

1. 课前

学生分组，每组学生选择一位西南联大师生，并查找其与西南联大时期的相关史料，如日记、回忆录、学术著作等，勾勒其在西南联大时期的学习生活。

2. 课上

教师讲述西南联大的总体历史，以及教育史对西南联大的研究情况；学生分组汇报，依据课前作业，展示一位师生的西南联大经历；讨论：西南联大师生如何将追求知识真理与报效国家抵御外侮相统一？西南联大如何成为“内树学术自由之规模，外来民主堡垒之称号”的象征？

3. 课后

推荐学生观看央视 2018 年 5 集纪录片《西南联大》、2018 年电影《无问西东》等，并进一步扩展阅读。

优良品德学习的开发

教育科学学院　潘蕾琼　讲师

一、教学基本情况

表 1　“优良品德学习的开发”教学基本情况

课程名称	高尚师德修养实验	授课单元	第五讲　优良品德学习的开发
授课教师	潘蕾琼	授课对象	小学教育专业本科生
授课学时	2 学时	授课类型	实验课
参考教材	潘蕾琼，曾文婕，黄甫全．高尚师德修养实验（课程讲义），2014—2020． 吴刚平，陈华．为了未来：教师职业道德读本——中小学教师分册［M］．北京：高等教育出版社，2013．		
教学内容	“优良品德学习的开发”是“高尚师德修养实验”第五讲的内容，主要包括优良品德学习的自主开发原理、优良品德学习的自主开发过程和优良品德学习的自主开发案例。 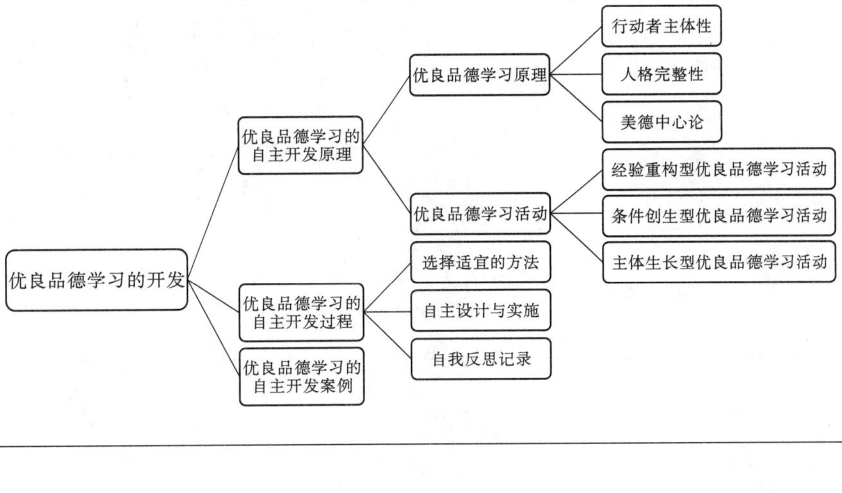		

续上表

学情分析	学生对于所要学习内容的已有经验和个体差异	1. 通过本课程的预备课（开课学期的前一学期末开设），已经和学生详细讲解课程的学习方式，并合作规划课程学习内容，要求学生在假期完成关于“优良品德学习”“高尚师德修养”“德育能力提升”三个模块的文献与案例的自主检索与学习反思，并撰写读书札记和反思日志，在开学前一周提交至该课程网络学习平台与老师、同学们交流分享。因此，学生对本课程内容有一定认识和了解。 2. 学生已在课前对本节课的部分内容进行自学，初步掌握了基本内容，并尝试基于自己的理解和自身案例开展优良品德学习活动的初步设计，但不同学生对优良品德学习原理和方法的认识、理解和信念不同，因此在理念指引思想和理论指导实践上存在差异，需要课堂上的互动交流和解释阐明
	学生对于所要学习内容的各种可能与困难障碍分析	1. 学生关于优良品德学习的基本原理，即通过自身显著品德的学习与实践获得属于自己的幸福，这一理念的深度解析和现实认同，尤其是当学生尝试应用实践案例或网络新闻热点事件的负面性解构该原理时，便可能产生强烈的疑惑或不解。因此，学生可能更期待教师在课堂上解析该理论的要义、对现实的反思与对自身的指导。 2. 课前已请学生汇总在自学过程中的疑惑，发现学生对如何在教师职业角色和个体社会角色之间把握和平衡优良品德对自我发展和对实现自身幸福的意义等问题仍较为困惑，授课时教师需要采取多种教学方法帮助学生剖析现象、理解本质
教学资源	校级精品资源共享课“高尚师德修养实验”（课程网址：http：//202. 116. 45. 198/shide/）	
教学目标	理解和掌握优良品德学习的自主开发原理，认同并确信教师职业的精神特性决定了其人格特性之于自身职业的优先性。 感知和体悟优良品德学习的自主开发过程，认同并坚信教学不只是“成人之学”，更是教师“为己之学”的实践之路。 践行和反思优良品德学习的自主开发方案，认同并秉承“以德立身、以德立学、以德施教”的教师德性养成观	
教学重难点	教学重点	解析和案例示范优良品德学习自主开发中把握主体自觉性、自主性和反思性的基本原则
	教学难点	理解优良品德学习通达幸福的伦理学原理，继而指导学生自主开发适切有效的优良品德学习活动

二、教学理念与教学方法

表 2　教学理念与教学方法

<table>
<tr><td>教学理念</td><td colspan="2">深度价值学习理念——就传统价值灌输式课堂教学导致的低效学习问题，本课堂使用了网络化交互式自主教学“一基三法”学习为本策略体系，即以教师精心指导下的学生网络化自主教学为基础，课堂上灵活采用“学生优秀代表教学”“学生分组问题讨论”“教师答疑性精讲”三种方法，让学生真正成为课堂的主人，推动课程思政的价值学习从“表层学习”走向“深层学习”</td></tr>
<tr><td rowspan="3">教学方法</td><td>分组讨论法</td><td>学生以小组为单位先独立自主深度学习课程基本内容，然后组内讨论和精选经典作业，课堂组织学生优秀代表教学和全班分组讨论，习得知识技能并锻炼团队协作能力</td></tr>
<tr><td>情景表演法</td><td>1. 根据教学目标，让学生在真实的课堂情境中组织教学。
2. 学生通过情景表演，生动呈现“教师个人优良品德之于高尚师德养成的基础性和优先性作用”</td></tr>
<tr><td>案例教学法</td><td>教师引用优良品德学习研究的经典案例教学法，帮助学生直观感受和逐步理解优良品德学习活动自主开发的有效性和适切性</td></tr>
<tr><td>教学流程</td><td colspan="2">1. 新课导入（2分钟）：对学生的课前学习情况进行点评；布置评论式听课任务
2. 自主教学（12分钟）：学生代表自主教学；教师和其他学生认真听取汇报并记录
3. 协同评估（3分钟）：同伴互评；教师点评，提出建议
4. 教师精讲（13分钟）：解答学生课前提出的疑惑；采取案例教学法，讲授重难点
5. 分组讨论（8分钟）：教师提出讨论要求；学生分小组讨论
6. 课程总结（2分钟）</td></tr>
</table>

三、教学过程

表 3　教学实施过程

<table>
<tr><td rowspan="11">教学实施过程</td><td colspan="4">（一）课前：合作规划—自主学习—合作学习</td></tr>
<tr><td>教学环节</td><td>教师活动</td><td>学生活动</td><td>设计意图</td></tr>
<tr><td>合作规划</td><td>在上节课结束时，将本节课的教学计划、课程讲义、拓展学习资料和“优良品德学习自主设计报告的样例及优秀案例”与学生分享，让学生知晓学习目标和任务</td><td>根据自身需求和学习情况，自主安排、规划学习计划和课程任务</td><td>引领和激励学生将更多时间投入到学习之中，解决学生课前准备不足、学习浮于表面的问题</td></tr>
<tr><td>自主学习</td><td>基于网络课程学习平台和信息通信交流工具为学生提供学习资源和指导，及时反馈</td><td>在教师的引导下，围绕“优良品德学习的自主开发原理与过程”进行深度学习并撰写“某某某自主学习札记”</td><td>以具体任务驱动，使学生全身心参与学习</td></tr>
<tr><td>合作学习</td><td>为学生提供指导和支持</td><td>在完成自主学习的任务后，与组内同学进行交流，互相提出建设性的改进建议，挑选经典作业并与教师协商合作研制“某某某经典作业课堂自主教学生成性教案”</td><td>培养学生的合作能力，鼓励学生相互学习借鉴，共同提高</td></tr>
<tr><td colspan="4">（二）课中：自主教学—协同评估—教师精讲</td></tr>
<tr><td>新课导入
（2 分钟）</td><td>1. 与学生分享“每课一句”的主题相关的经典语录；
2. 对学生课前学习情况进行点评；
3. 布置评论式听课任务</td><td>边听边记录</td><td>1. 唤醒认知、激活课堂；
2. 使学生了解教学流程，提高课堂效率</td></tr>
<tr><td>自主教学
（30 分钟）</td><td>认真听取学生汇报，记录学生在自主教学过程中存在的问题</td><td>1. 三位经典作业的学生代表自主教学，主题为“优良品德学习及自主开发方案汇报分享”；
2. 其他学生认真倾听并做“三点式”点评笔记</td><td>通过学生真实、自然的优良品德学习内容的分享与交流，让学生在文本与对话的双重互动中深化价值理解；让学生在真实的课堂情境中组织教学，培养学生的教育教学能力，为未来职业发展做准备</td></tr>
</table>

续上表

<table>
<tr><td rowspan="6">教学实施过程</td><td>教学环节</td><td>教师活动</td><td>学生活动</td><td>设计意图</td></tr>
<tr><td>分组讨论
（8 分钟）</td><td>1. 提出问题：结合学生汇报的内容和他们自身的特殊经验，思考如何通过优良品德学习活动的自主开发践行并优化自身的优势品德；
2. 提示讨论技巧：尽可能以简洁的语言进行表述，注意做到层次分明</td><td>1. 分小组进行讨论交流；
2. 小组派代表发言</td><td>1. 通过讨论，分享学生独特的经验和可能遭遇的问题，激发学生深度思考；
2. 激发学生对积极生活态度的追求和对教师专业德性发展的愿望和努力</td></tr>
<tr><td>协同评估
（15 分钟）</td><td>总结点评、提出改进建议</td><td>同伴互评</td><td>1. 促进学生深度学习，使学生掌握听评课的方法；
2. 提升学生的批判性思维能力</td></tr>
<tr><td>教师精讲
（20 分钟）</td><td>1. 解答学生课前提出的疑惑；
2. 采取案例教学法，精讲“优良品德学习的自主开发步骤、原则和效果”</td><td>认真听讲，积极思考，有问必提，及时交流</td><td>1. 解决学生关于价值理解、理念认同和实践方法上的疑惑与困难；
2. 本课程涉及的价值原理抽象，但设计的优良品德学习方法具体而可操性强，讲解过程中穿插一些案例，可帮助学生更好地理解和应用</td></tr>
<tr><td>课程总结
（5 分钟）</td><td>回顾与总结本课内容，布置和说明下次课程设计与要求，沟通和交流学生关于本课程的教学方式与内容的建议与问题</td><td>认真听讲</td><td>厘清本节课的知识脉络；规划下次课程</td></tr>
<tr><td colspan="4">（三）课后：布置任务—提供资料—反思改进
教师布置课后学习任务，提供拓展资料。学生反思自主教学过程中存在的不足，完成学习任务</td></tr>
</table>

附录 1：课前学习资源与学习成果图片

名称

- 1-第五讲 优良品德学习的开发讲义使用稿.doc
- 2-真正幸福网站首页中文简体界面.bmp
- 3-Positive psychotherapy-Building a Model of Empirically Supported Self-Held.pdf
- 4-Positive Psychology Progress-empirical validation of intervention.pdf
- 5-340_ways_to_use_character_strengths.pdf
- 6-"优良品德修养自主设计"报告（样例）.doc
- 7-"优良品德学习自主设计报告"优秀案例.doc

图 1　教师学习资源分享

名称

- 1-【本科生第四模块学习札记】
- 2-【本科生第四模块学习札记经典作业】
- 3-【高尚师德】第五模块问题及建议汇总.doc

图 2　学生学习成果分享

名称

- 【德心应手】第五模块自主学习札记
- 【木兰社】第五模块自主学习札记
- 【尚德听堂】第五模块自主学习札记
- 【五人阅秉】第五模块自主学习札记
- 【五松】第五模块自主学习札记
- 【WT】第五模块自主学习札记

图 3　学生学习成果分享（小组间）

名称

- 【德心应手】求真 臻善 达美——罗水珍第五模块自主学习札记.doc
- 【德心应手】幸福可为——马丽雅第五模块自主学习札记.doc
- 【德心应手】学德之法——王玉第五模块自主学习札记.doc
- 【德心应手】"真善美"就是"幸福"——林莉第五模块自主学习札记.doc
- 【德心应手】积极致幸福——林丹玥第五模块自主学习札记.doc

图 4　学生学习成果分享（小组内）

附录 2：课堂师生教学活动图片

图 5　教师导入课程

图 6　学生代表自主教学，教师听取汇报

图 7　教师提问

图 8　学生情景剧表演

图 9　教师案例教学

图 10　教师精讲答疑

课程思政理念下“招聘与选拔”专业课教学改革路径探究

心理学院　韦文琦　特聘副研究员

习近平总书记在全国高校思想政治工作会议上提出思想政治教育要走进课堂教学，在各种课程教授过程中渗透思想政治教育，这一理念即“课程思政”。“课程思政”理念的提出，丰富了思想政治教育的开展形式，也为本课程的改革提供了新要求和新思路。

“招聘与选拔”课程作为本科心理学的核心课程之一，具有很强的实践性与实用性，与现实社会各环节紧密相关。而该课程所涉及的专业技能对任何一个组织的发展都是至关重要的，只有为组织吸纳进来德才兼备的人才，筛选掉有才无德之辈，企业才能立足于社会并得以长期良性发展。由此可见，立德树人作为教育的根本任务，在这门课上显得更加重要，也应引起任课教师的加倍关注。而将社会主义核心价值观巧妙融入该课程，无疑是如虎添翼，更能培养学生发展为人格完善的、适应当今社会发展的高素质人才。

本研究旨在通过重构、拓展教学内容以及改进考核方式，以达将专业课程中丰富的思政元素与专业内容有机结合起来，强化学生品德修养，提升学生人文情怀，真正践行“思政课程”与“课程思政”的协同发展，从而实现“立德树人”的目的。

一、“招聘与选拔”课程的改革目标

“招聘与选拔”是为心理学专业的学生了解招聘的基本概念和知识，并初步掌握招聘与选拔的一般方法和技巧而开设的一门专业课程。相比其他课程，该课程有很多关于工作分析和效标测量等教学内容，与社会主义核心价值观形成良好的一致关系，因此，将社会主义核心价值观内容融入课程的教学过程之中，具有强大的说服力和感染力。

本课程蕴含丰富的思政元素，比如在选才中涌现出大量的古代与现代的优秀素材。通过这些素材的分享，能够给学生传递更多正能量，让他们在接受专业课程教育的同时心灵受到洗礼。此外，课堂中还可以适当融入职业道德教育、法律意识、诚信理念、爱国主义教育和辩证思维，让学生在掌握基础知识之余，将这些思政内容合理及有效融入，提升学生的人文素养和科学精神，在明白本课程学习意义的同时，提升学习兴趣，使本课程与思想政治教育同向同行，形成协同效应，将立德树人真正做到“润物无声”。

二、“招聘与选拔”课程的改革实践

（一）教学内容的重构——编排教学内容，挖掘思政元素

“招聘与选拔”是基于思想政治教育课程的深入调查研究，从学生所思所想、社会热点、国际国内形势、专业问题等方面导入思政内容，精雕细琢、做实做细，实现趣味性与时效性并重。为了在专业课学习过程中“润物细无声”地对学生进行思想政治教育，我们充分挖掘分析了“招聘与选拔”课程中蕴含的思政元素（见表1），辅以合适的教学方法，希望引领学生形成正确的价值导向，同时提升学生的学习兴趣。

表1 “招聘与选拔”教学案例中的思政元素表

教学内容	教学案例	思政元素
导论	招聘的内涵与外延	介绍招聘与选拔的含义及重要性，掌握并遵守行业的道德准则和职业规范
前期准备	绩效考核	用“不患寡而患不均，不患贫而患不安”来引导学生认识到公正的重要性
效标甄选（理论类）	招聘中需要考察的元素	爱国：坚持一个中国原则、不泄露国家机密、拥护祖国； 敬业：候选人与岗位的匹配性，干一行爱一行的意识； 诚信：学历、技能及经历的真实性；契约精神，不恶意毁约； 友善：同事及上下级和睦，能团队合作； 平等：就业平等，不因民族、种族、性别、宗教信仰不同而受歧视
效标测量（实操类）	角色扮演	围绕社会主义核心价值观内容设计题目，如：如何做到招聘公平（无领导小组讨论）

例如，在效标甄选部分讲述、分析招聘中需要考察的元素时，课程通过引经据典，以讨论的形式，让学生体验传统文化中的智慧，坚持德育为先，通过正面教育来引导、感化和激励学生，并联系当今的社会主义核心价值观，通过合适的教育来塑造、改变和发展学生。融入思政教育的“招聘与选拔”能够充分发挥育人价值，提升学生的综合素质。以下是教学案例的展示（见图1）。

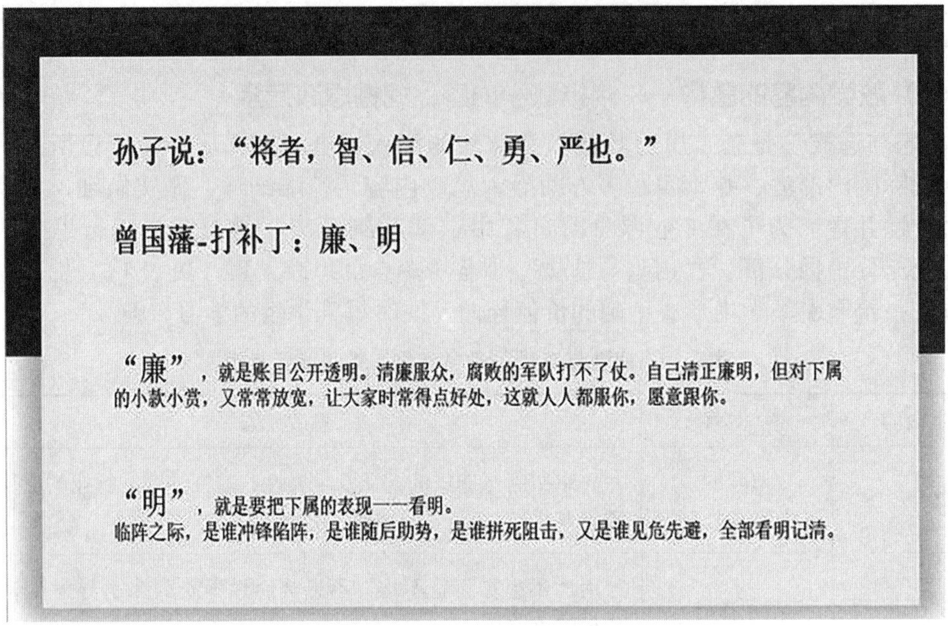

图1　历史典故与思政的融合

同时，用现代案例来说明丰富招聘与选拔相关的前沿理论知识、提高人力资源管理的技能。在理论教授阶段，将课本教学作为铺垫，通过提问、讨论等方式渗透公正法治等理念。在后续任务拓展阶段，开展任务型活动，引发学生思考和感悟。以下是教学案例的展示（见图2）。

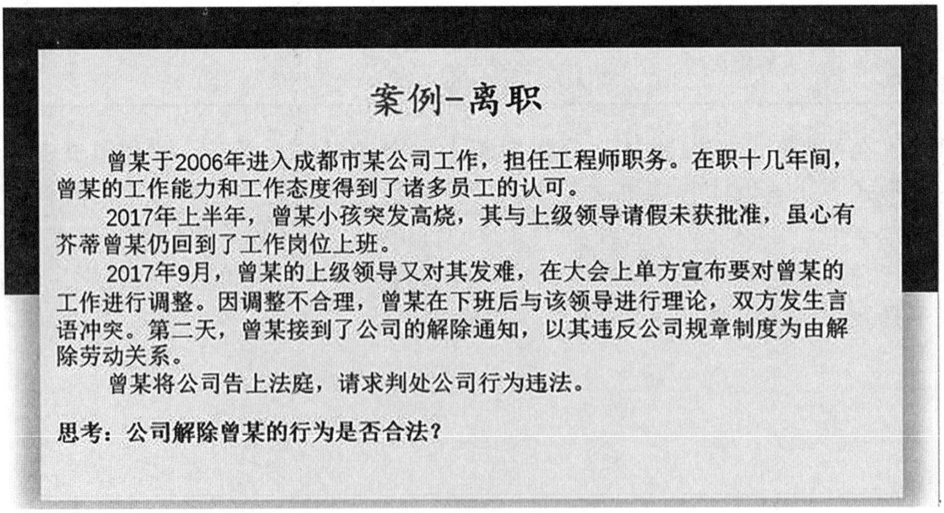

图2　现代案例与思政的融合

（二）教学内容的延伸与拓展——激发学生的思维，畅所欲言

通过课堂实例引入，启发学生思考，发挥自主能动性，培养自省能力，引导学生树立正确的价值观，比如诚信、公正等。如《鬼谷子识人三十六计》中的“明白显问，以观其德”，即想知道对方是否诚实，还是对你有所隐瞒，明知故问是最快、最有效的方法。如果他的说法和事实不符，则这个人的德行明显有问题。这个实例可以引发学生思考自己平时是如何认知他人的以及自己是否做到了诚信公正。通过导入《鬼谷子识人三十六计》，让学生了解见贤思齐，见不贤而内自省，并进行课堂讨论，活跃学生的思维，不仅可以加深学生对教材内容的理解，还能培养学生正确的价值观。（见图 3）

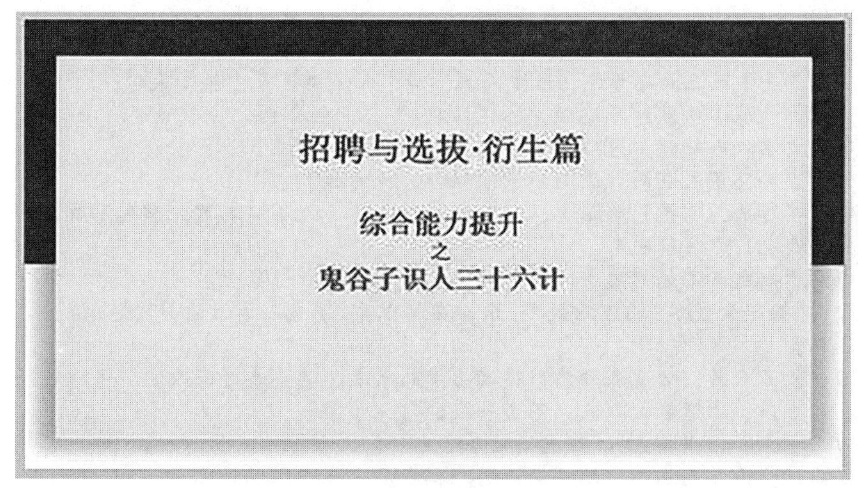

图 3　教学内容的延伸与拓展

（三）教学考核的改进与优化——强化形成性评价，弱化终结性评价

针对“招聘与选拔”的课程性质及教学重点，学生总评成绩由 40% 平时成绩（其中出勤及参与程度占 15%，作业及课堂模拟占 25%）与 60% 期末闭卷考试共同构成。

本课程采用任务驱动的形式，引导学生进行思考讨论。学生在教师的指导下紧紧围绕一个共同的话题，通过对学习资源的积极主动应用，进行自主探索学习。

期末闭卷考试融入课程思政理念，通过引用中国古代经典管理学材料，激励学生从改革实践的大潮中发掘“中国故事”，探究“中国经验”，领略“中国智慧”，从而在活学活用与理论联系实际中坚定“四个自信”。本课程运用《论语》和《孟子 · 告天下》这一议题，引导学生围绕历史典故并结合“招聘与选拔”的所学知识进行思考，并设计方案（见图 4）。

五、方案设计题（每题 30 分，共 30 分）

14、C 公司是一家创业公司，目前处在成立初期，相关人力资源管理理念和管理制度等还没有建立。今天，你作为 HR 部门招聘总负责人参加了企业发展中高层闭门会。会上，公司高层决定把东方传统管理哲学思想作为公司选人识才的理念基石。请你从中提炼出 5 项公司选人识才的核心素质，并以此 5 项素质设计一套笔试和面试的综合方案。

《论语》十二篇

子曰："学而时习之，不亦说乎？有朋自远方来，不亦乐乎？人不知而不愠，不亦君子乎？"《学而》

曾子曰："吾日三省吾身：为人谋而不忠乎？与朋友交而不信乎？传不习乎？"《学而》

子曰："吾十有五而志于学，三十而立，四十而不惑，五十而知天命，六十而耳顺，七十而从心所欲，不逾矩。"《为政》

子曰："温故而知新，可以为师矣。"《为政》

子曰："学而不思则罔，思而不学则殆。"《为政》

子曰："贤哉，回也！一箪食，一瓢饮，在陋巷，人不堪其忧，回也不改其乐。贤哉，回也！"《雍也》

子曰："知之者不如好之者，好之者不如乐之者。"《雍也》

子曰："饭疏食饮水，曲肱而枕之，乐亦在其中矣。不义而富且贵，于我如浮云。"《述而》

子曰："三人行，必有我师焉。择其善者而从之，其不善者而改之。"《述而》

子在川上曰："逝者如斯夫，不舍昼夜。"《子罕》

子曰："三军可夺帅也，匹夫不可夺志也。"《子罕》

子夏曰："博学而笃志，切问而近思，仁在其中矣。"《子张》

《孟子·告子下》

舜发于畎亩之中，傅说举于版筑之间，胶鬲举于鱼盐之中，管夷吾举于士，孙叔敖举于海，百里奚举于市。故天将降大任于是人也，必先苦其心志，劳其筋骨，饿其体肤，空乏其身，行拂乱其所为，所以动心忍性，曾益其所不能。人恒过，然后能改；困于心，衡于虑，而后作；征于色，发于声，而后喻。入则无法家拂士，出则无敌国外患者，国恒亡。然后知生于忧患，而死于安乐也。

（要求：如果用到笔试，只列出考察的素质和对应笔试测验的名称，如果用到面试，需要列出考察的素质以及编写对应的具体面试题目和拟定评分规则。具体方案的设计依据你所提炼的 5 项具体核心素质）

图 4 教学考核的改进与优化

三、"招聘与选拔"的教学成效

本教学案例展现了社会主义核心价值观与"招聘与选拔"二者有效结合的具体方法，即在立足于课堂教学的同时，积极探寻社会主义核心价值观的契合点，这一方面能够增强学生对社会主义核心价值观的认同，另一方面深挖课本主题思想与内涵，将社会主义核心价值观的内涵润物无声地融入教学。教师通过启发式和任务型教学模式，以课本学习作为教学的起点，同时将育人作为教学的终点，最后把教书育人的内涵落实在课堂教学主渠道。

顺应新时代的要求，课程思政对心理学教师提出了新任务和新挑战。如何在理论招聘与选拔课程教学中融入思政元素，如何培养适合社会发展需要，具有科学精神、奉献精神的全面发展的时代新人，是一个值得不断深入探讨的问题。在课程思政的背景下，必须将正确的价值观引领和潜心的知识传授紧密结合，这是开展本课程思政工作的必然途径。

课程思政理念下“社会心理学”专业课程融入价值观教育的实践探究

心理学院　滕飞　副教授

一、课程简介

“社会心理学”是为三个专业（心理学基地班、心理学师范和应用心理学）的本学科二年级学生开设的专业必修课程，处于课程体系的核心骨干地位。作为国家 A + 学科和广东省重点学科，本学科着力于培养具备学习、审思、创新、自主、合作、担当六大核心素养的心理学专业人才。“社会心理学”因其课程的独特性，对于学科人才培养目标可以起到重要支撑作用。具体来讲，“社会心理学”是一门使用科学方法“在人际和社会情境中来解释个人的认知、情感和行为”的科学，关注广泛的社会议题，其目的在于促进个体理解和应对人与自我的关系、人与人的关系以及人与社会的关系。通过本课程的学习，学生可以开阔视野，理解和掌握社会生活的重要规律和原理。同时，依托国家级实验教学示范中心和广东省重点实验室的优质资源和技术保障，学生可以磨炼进行社会心理学前沿研究的基本技能和手段。更为重要的是，响应国家建设“新文科”的号召，学生在学习本课程的过程中将逐渐形成对社会的参与感、关怀感和责任感，进而实现立德树人、以文化人的国家人才培养目标。

二、“社会心理学”课程思政的探索与实践

（一）基本理念

“社会心理学”课程的最大特色在于：内容小到对自我的理解与相处、到人与人之间的交往，大到宏观议题如文化与价值观等与学生的日常生活和社会参与息息相关的主题。除上面分析的学生普遍情况外，教学团队在教学过程中发现，通常有两类学生比较典型：一类学生具有质疑与思考的习惯，对社会问题有一定程度的关注，对于一些重要的社会议题如自我、人际关系等已形成初步的认识和体验，有先入为主的想法和信念；另外一类学生接受传统教育方式，其知识体系多来自外界如媒体、朋辈等，缺乏自己对问题的思考与分析，虽然也有一定的想法和信念，但基本属于被动接受。对于这两类学

生，他们现有的知识和价值体系都是不稳固的，第一类学生因缺乏对科学知识与原理的积累与科学方法的实践检验，他们的知识和价值体系并不牢固，很容易受到现实的挑战而崩溃。而第二类学生，由于未经过独立思考，更多的是人云亦云，因而一般未形成自己的知识和价值体系，也就无从谈应用和实践检验。这两类学生虽然特点不同，但教学的难点都是让其重新审视自己原有的认知结构和认知方法的不足，教学重点则是让学生在掌握本课程中学习到的科学知识和方法的基础上，重新构建正确和经得起实践考验的知识与价值体系，达到一种“先破后立”的效果。

（二）教学策略

根据建构主义教育思想，“社会心理学”课程从传统的“以教师为中心”向“以学生为中心，教师为辅助”的模式转化，从“教师独白走向师生对话”，从“个体孤立式学习”走向“合作式学习”。在整个教学过程中教师发挥着组织者、指导者、帮助者和促进者的作用，利用情境、协作、会话等学习环境要素充分发挥学生的主动性、积极性和首创精神，最终达到使学生有效地实现对当前所学知识的意义建构的目的。同时结合多种不同的现代教学方式，如体验式教学、翻转课堂教学、案例分析式教学、问题中心式（problem-based learning，PBL）学习、团队式学习模式（team-based learning，TBL）、项目式教学等，并妥善利用现代化的互联网技术和资源（如优质慕课、实验室仿真技术等），辅助和引导学生完成知识的自我建构过程。

具体来讲，“社会心理学”的教学由以下几个环节构成（见图 1）。

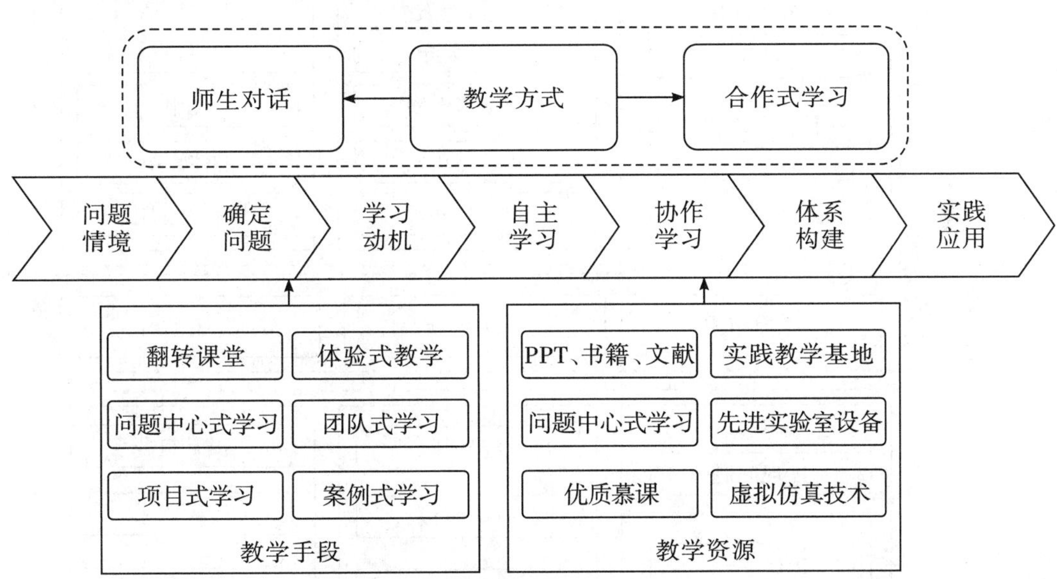

图 1　教学总体策略与方法

（三）课程思政目标

1. 知识目标：学习与审思

学生理解和领会社会心理学的核心概念与原理，具有科学的心理学观念，了解社会心理学的发展历史、发展现状、最新前沿动态；能够根据课堂所学的方法持续进行自主学习，在教师指引下构建自己的社会心理学知识和价值体系，培养终身学习的能力。

2. 技能目标：自主与创新

学生熟练掌握社会心理学的前沿研究技术和经典研究方法，并能运用这些技术进行心理学研究，能够进行研究设计、数据收集和统计分析、论文的撰写和交流。同时，能够将社会心理学相关知识运用于实际生活中，进行自我提升，促进人际关系，解释当前社会中社会现象和个体行为模式背后的原因，并用所学知识服务社会。

3. 情感态度目标：关怀与担当

学生能够增加对社会的接触和关注，激发人文关怀与社会责任感，辩证地看待社会生活，能够以客观无偏的角度来评价和分析社会与个人事件，并且以正确的价值观积极面对生活中的挑战和困难。

（四）课程思政教育的融入

为完成本课程的教学目标，“社会心理学”的教学内容主要由理论知识板块、思政教育板块和实践技能板块三个部分构成（见图2），其中，理论知识板块包括“人与自我”“人与他人”“人与群体”三个部分，思政教育板块包括“学习审思”“自主创新”“责任担当”三个部分，实践技能板块包括“思辨能力”“科研能力”“实践能力”三个部分。

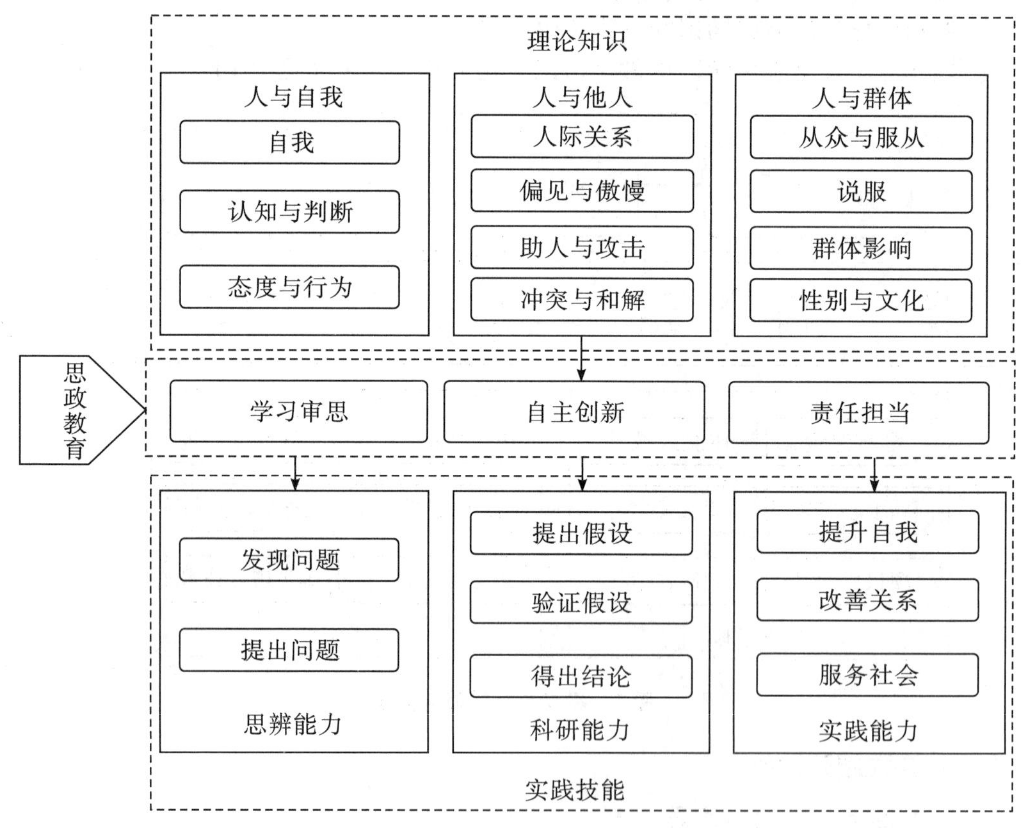

图2 “社会心理学”的教学内容

“社会心理学”课程思政点如表1所示。

表1 “社会心理学”课程思政点

教学周次	课时安排	教学进度（章节讲/知识单元）	课程思政点	融入方式与教学方法	思政育人预期成效
1	3	课程安排与导论	专业认同；社会责任；家国情怀	热点分享与课堂讨论：通过让学生以小组的方式讨论与社会生活关系密切的热点事件，引导学生关怀社会，提升社会责任感，培养家国情怀	坚定社会责任与担当；对本专业的高度认同与科研兴趣
2～3	4	自我	自我价值；自我认识、自我评价	案例融合与课堂讨论：通过学习与自我有关的社会心理学知识与原理如自尊、自我概念、自控等，引导学生正确认识和评价自己	健全人格；正确的自我认知；健康的自我评价方式与内容
3～4	4	认知与判断	辩证唯物主义思维方法	实验探究和模拟体验：通过学习与社会认知有关的心理学知识与原理如社会判断、社会记忆、社会信念形成等，引导学生领悟社会认知与判断的易受暗示性与主观性，辩证地看待事物	求真求实的认识论；科学思辨的思维方法
4～5	5	态度与行为	主动学习；科研意识与兴趣；批判思维	视频融合与实验探究：通过观看经典研究的视频，并让学生自己进行实验操作，学习态度的实质、定义、测量以及态度与行为互相影响的情境、经典实验的内容，引导学生认知态度的形成与对行为的影响，并科学规范态度与行为	形成科研意识与兴趣；主动学习和独立思考的能力、自由的思想
6～7	4	人际关系	换位思考；同理心	案例融合与调查调研：通过学习吸引力和人际关系相关知识点与原理，包括吸引力的定义、功能、影响因素以及爱情相关理论与知识，引导学生正确看待和处理亲密关系与人际关系	健康和谐的人际关系；友善和诚信的人际互动模式

续上表

教学周次	课时安排	教学进度（章节讲/知识单元）	课程思政点	融入方式与教学方法	思政育人预期成效
7 ~ 8	5	偏见与歧视	社会责任意识	案例融合与课堂讨论：通过学习性别歧视与偏见相关知识点与原理，了解性别歧视的主要表现，即产生的原因、机制和影响，引导学生树立正确的价值观和态度	形成公平和公正的价值观，以无偏的态度面对社会和人群的多样性
9	3	期中考试	—	—	—
10 ~ 11	5	助人与攻击	法治精神；奉献精神	模拟体验与社会实践：学习亲社会与反社会行为相关知识点与原理，具体包括利他性与助人行为以及攻击的定义；助人行为与攻击行为的原因和主要影响因素，引导和促进学生的亲社会行为和抑制反社会行为	勇于奉献，志存高远，造福人类；对反社会态度与行为有警觉与抵制，并以法治精神应对
11 ~ 12	4	冲突与和解	团队协作	情景体验与课堂讨论：学习人际和群际冲突与和解的相关知识点与原理，具体包括冲突与竞争的定义；冲突产生的原因与机制，引导学生避免盲目竞争，促进合作	形成团队协作的精神；具备解决冲突促进合作的能力
13 ~ 14	5	从众与服从	独立思考；科学思辨	经典研习与热点分析：学习从众与权威服从相关知识与原理，包括服从与从众的含义、概念的区辨、经典研究、原因及影响因素。同时引导学生正确看待服从与盲从	形成独立思考的能力；遇事可以冷静分析，科学思辨，不盲从，不跟风
14 ~ 15	4	人际影响与说服	独立思考；社会责任感；求真务实	视频融合与案例分析：学习说服相关知识与原理，包括劝服信息对个体态度和行为的影响方式和机制；基于社会规范基础的劝服其相关概念、原理以及当前的研究发现与进展；基于社会规范基础的劝服的具体实施细则与注意事项等，引导学生分析和正确评价当前媒体和广告的影响力	形成对社会事件与问题的关注；提升自身社会责任感与造福社会的使命感

续上表

教学周次	课时安排	教学进度（章节讲/知识单元）	课程思政点	融入方式与教学方法	思政育人预期成效
15～16	5	群体影响	道德选择	课堂讨论与案例分析：学习群体思维和群体影响相关知识点与原理，包括群体影响的定义与种类（社会促进与社会惰化）；群体决策的表现与影响（群体极化与群体思维），引导学生在融入群体的同时克服群体决策的弊端	可以辩证地看待群体及其影响，并形成明达的道德选择能力
17	3	文化心理	文化自信；爱国情怀	调查调研与社会实践：学习与文化相关知识点与原理，文化对人的生理与心理特征的影响，并引导学生形成正确的价值观和视角，以理解和看待不同文化的差异、碰撞和融合	形成对自己文化的认同与高度自信，培养爱国情怀
18	3	汇报总结	—	—	—

（五）课程思政具体融合方式

（1）教学内容融入当下重要社会事件与热点问题，启发学生思维。

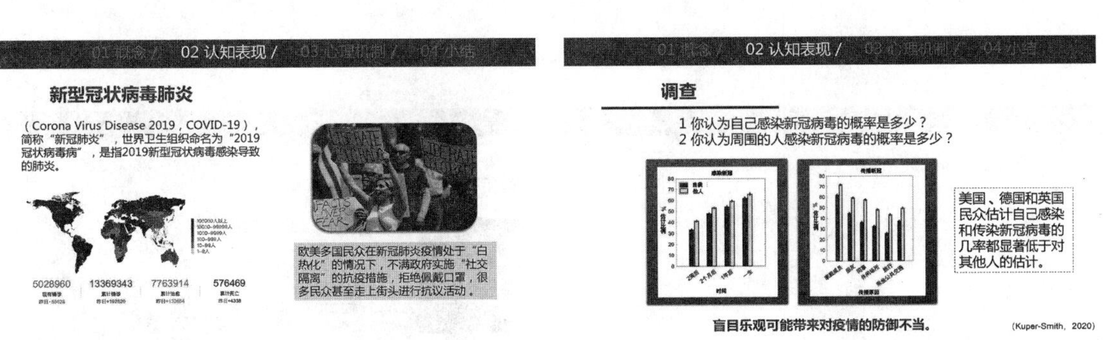

（1）　　　　（2）

图 3　课件展示 1

（2）积极发掘课程本身蕴含的思政内容。

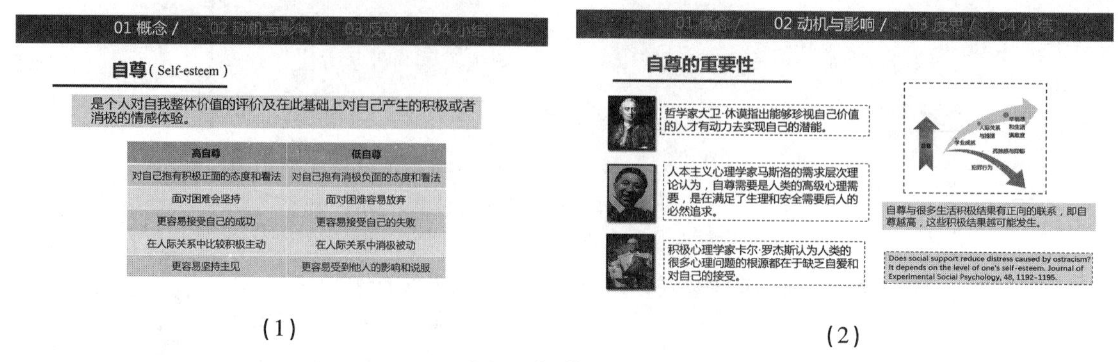

（1）　　（2）

图4　课件展示2

（3）引导学生主动发起、参与社会调查和科学研究。

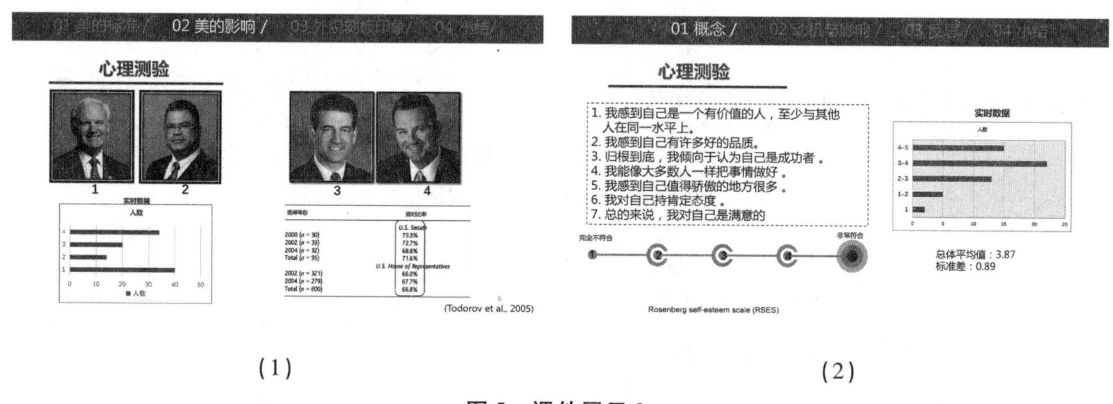

（1）　　（2）

图5　课件展示3

（4）将最前沿的心理学理论融入思政教育，让学生知其所以然。

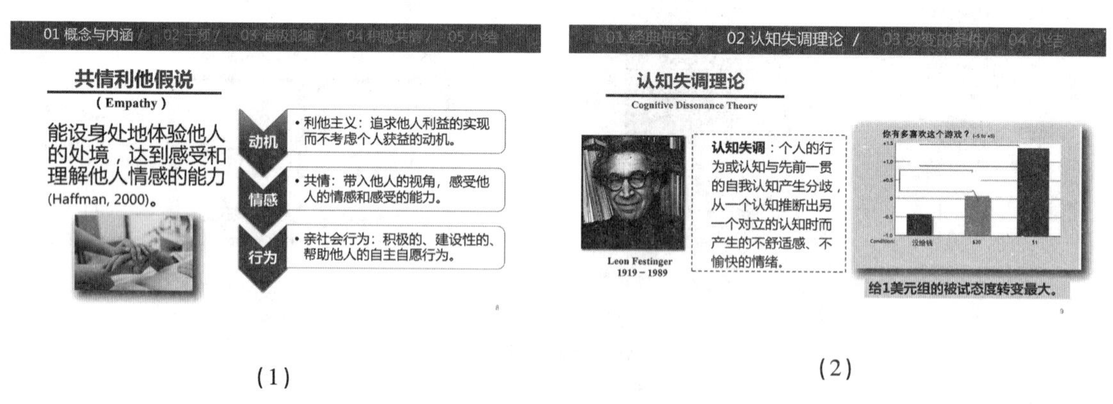

（1）　　（2）

图6　课件展示4

（5）以课后任务与作业继续巩固深化思政教育效果。

（1）　　（2）

图7　课件展示5

图8　授课教师滕飞的公众号

（六）具体教学环节中的思政教育（以媒体影响为例）

以下示例主要通过对媒体影响的理论和现实的学习，提高学生的社会责任感，引导学生审视当前的社会现实和问题，并促进学生的亲社会行为和抑制反社会行为。

（1）构建问题情境。教师将通过不同的方法与技术引导学生从真实社会情境中追寻问题情境。

（2）“抛锚”确定问题。选出与当前学习主题密切相关的真实性事件或问题（锚）作为学习的中心内容（让学生面临一个需要立即去解决的现实问题）。

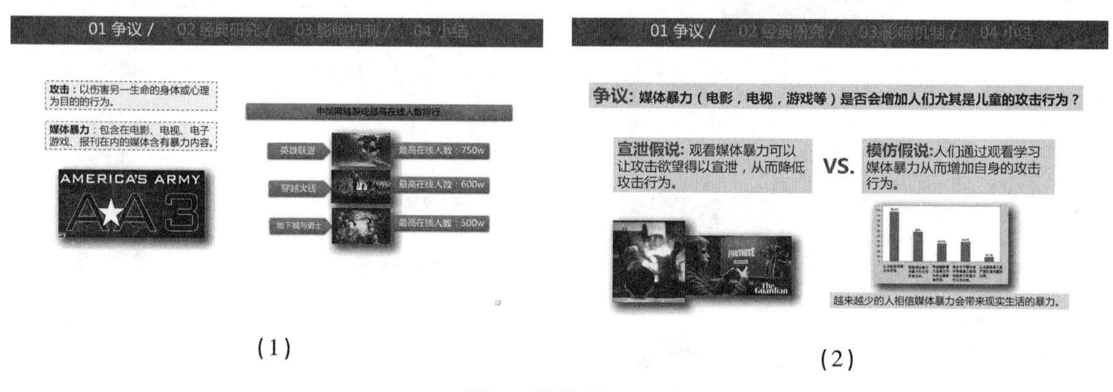

（1）　　（2）

图 9　课件展示 6

（3）激发学习动机。让学生在解决问题的过程中感受到原有知识的不足或与已有认知的相互矛盾之处，以激发其学习动机。当学生发现无法以原有的认知结构去理解新刺激，就会感到需要调整原有的知识体系和认知结构，个体所产生的认知失调或冲突将成为学习的原动力和兴趣的根源。此时教师则从学生们的独特心理和他们在教学中所使用的知识出发，帮助学生解读和构建新的知识和意义体系。

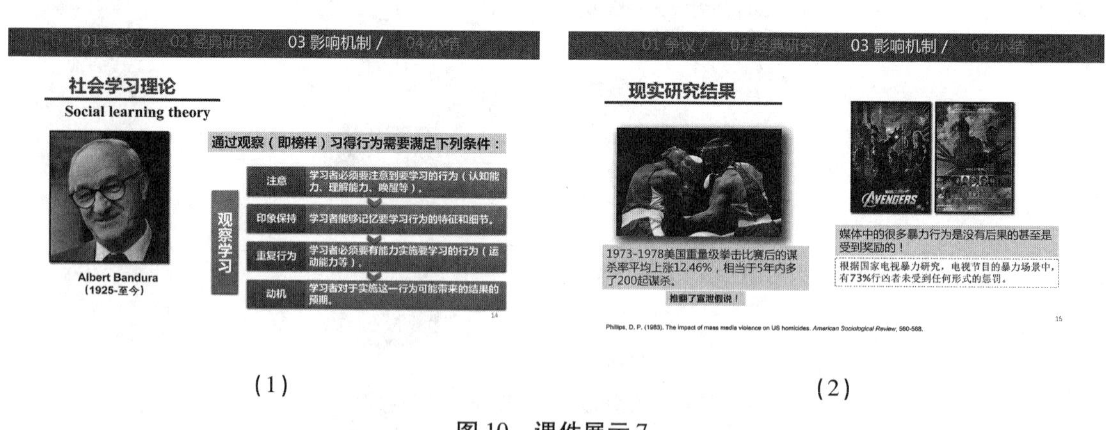

（1）　　（2）

图 10　课件展示 7

（4）自主学习。由教师向学生提供解决该问题的有关线索（例如需要搜集哪一类资料、从何处获取有关的信息资料以及现实中专家解决类似问题的探索过程等），并要特别注意发展学生的自主学习能力。自主学习能力包括：①确定学习内容的能力（学习内容是指为完成与给定问题有关的学习任务所需要的知识点清单）；②获取有关信息与资料的能力（知道从何处获取以及如何去获取所需的信息与资料）；③利用、评价有关信息与资料的能力。

课后任务

慕课

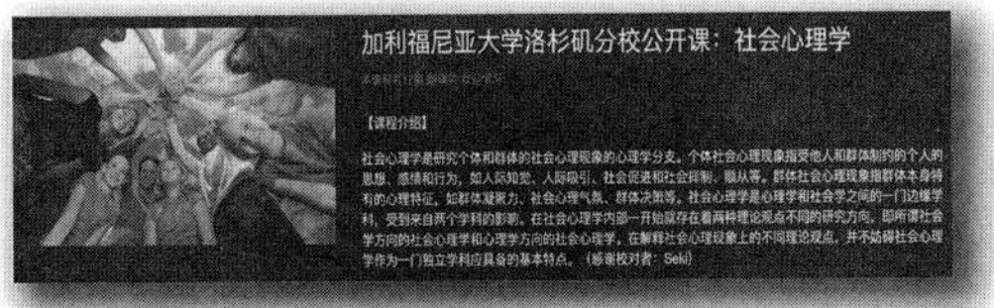

- 观看网络优质慕课暴力攻击部分

文献阅读与评述

✓ Anderson, C. A., Suzuki, K., Swing, E. L., Groves, C. L., Gentile, D. A., Prot, S., . . . Krahé, B. (2017). Media violence and other aggression risk factors in seven nations. Personality and social psychology bulletin, 43(7), 986-998.

✓ 段东园等. 暴力媒体接触程度对攻击行为的影响——规范信念和移情的作用. 心理发展与教育，2014，185-192

- 将文献述评报告上传至课程网络平台

实验任务

- 通过虚拟仿真实验了解攻击的神经机制。

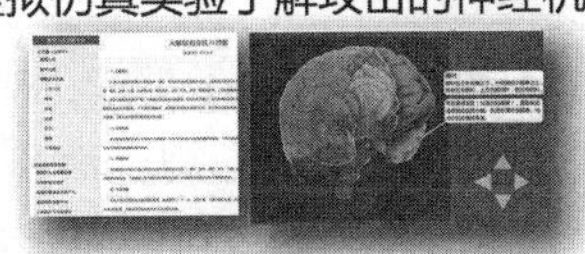

- 参观脑成像中心，学习运用FMRI设备进行认知行为研究的流程。

16

图 11　课件展示 8

（5）协作学习。讨论、交流，通过不同观点的交锋，补充、修正、加深每个学生对当前问题的理解。

（6）体系建构与实践。在自我学习和协作学习的基础上，更新与扩充原有的知识和意义体系，构建新的知识与意义体系，并在新知识体系的指导下，重新发现、分析和解决现实问题。

（七）课程评价方式

将教学评价与思政教育效果相结合，通过学生的心得体会、教学过程的记录、问卷和量表及行为学观察等方法综合评价学生的能力和价值体系。

表 2　课程评价方式

重点评价内容	评价方式	考核要求	比重/%
常规	出勤	全勤，有正当理由（如生病）或特殊情况的，每个学生允许 2 次请假；随机点名，1 次旷课扣 3 分，2 次旷课扣 10 分	10

续上表

重点评价内容	评价方式	考核要求	比重/%
关怀 、担当	平时作业/课堂讨论	能够正确理解课堂讲授的知识并灵活运用。课堂讨论积极参与，有自己的思考，能够清晰表达自己的想法。对社会议题有关怀的态度和思辨的能力	20
创新、自主	小组项目作业	研究问题有理论或者实践意义，研究方法得当，研究程序标准，研究符合伦理道德原则，研究数据分析方法正确，研究结论可靠，研究报告书写符合学术规范，课堂呈现效果逻辑清晰，语言得体。每组的总分×学生贡献率（组员互评）即学生个人得分	20
学习、审思	期中与期末笔试	掌握当前学术前沿知识和技术手段，对于重点知识与原理的把握与理解要深刻全面和灵活，能够活学活用，用所学知识分析和解决现实社会中的问题与事件	25 +25

三、“社会心理学”课程思政的教学成效

本课程依托一流学科平台，教学团队包括2位教授、2位副教授和1位讲师，以及教学经验丰富的讲师和学生助教。本课程主讲人自获得博士学位以来，长期从事社会心理学的教学和研究工作，科研和实践经验丰富，在国际SSCI期刊发表第一作者和通讯作者署名的文章30余篇，主持多项国家级、省部级课题以及省级教育教学改革课题。本课程教学团队能够跟踪学科发展最前沿，培养学生的国际视野，并引领学生采用最先进的研究方法和手段，创新性地对社会生活中具有理论和实践意义的议题予以深入学习和分析，并将所学知识应用于实践，提升自己，造福社会。本课程方案已在最近的三个学期里实施，总体教学效果良好。本课程自开课以来，一直受学生的喜爱和接纳，多次在学生课程质量评价过程中位居学院前列。教师团队将在此基础上，总结经验，完善方案细节，培养出一批批具有良好的生理和扎实的心理学理论知识基础的、思维活跃且严谨踏实的高素质本科生。

2017-2018 学年第 2 学期 社会心理学 教学质量 学生评价统计表

上课校区：大学城校区

对教师评价分：99.606

参评学生人数：74　　有效参评学生人数：66　　对教师所有课程的加权平均分：99.606

评价号	评价指标	单项均值	满意度	权重	理论 / 实验	5(完全同意)100	4(基本同意)80	3(不表态)60
10	我钦佩老师的工作态度和敬业精神	10.0000	99.45946%	0.10	理论	72	2	
11	我喜欢老师的讲课方式	9.9697	98.91892%	0.10	理论	70	4	
12	老师对课程的讲解清楚，语言丰富	9.9697	99.18919%	0.10	理论	71	3	
13	老师的理论联系实际，举例生动	10.0000	100%	0.10	理论	74		
14	老师能介绍本学科的动态和发展趋势	10.0000	99.72973%	0.10	理论	73	1	
15	讲课的进度、难度适当，重点突出	9.9697	99.18919%	0.10	理论	71	3	
16	认真分析学生作业中出现的问题	9.7879	96.75676%	0.10	理论	64	8	2
17	老师的课能激励和启发学生思维	9.9394	99.45946%	0.10	理论	72	2	
18	我学会了如何学习该课程的方法	9.9697	99.18919%	0.10	理论	71	3	
19	该课使我提高了分析相关问题的能力	10.0000	99.18919%	0.10	理论	72	1	1

学生评语汇总：

1:这门课是我入学以来，上过的最符合心中理想大学课堂的课程，非常感谢老师在教学方面的付出，您辛苦了!

图 12　学生对课程质量的评价统计表

同时，本课程会在学期初、学期中和学期末动态追踪学生的价值体现变化和特点，掌握学生思想状态的变化态势并及时发现问题，随时调整教学内容，以期达到最优的思政教育效果。

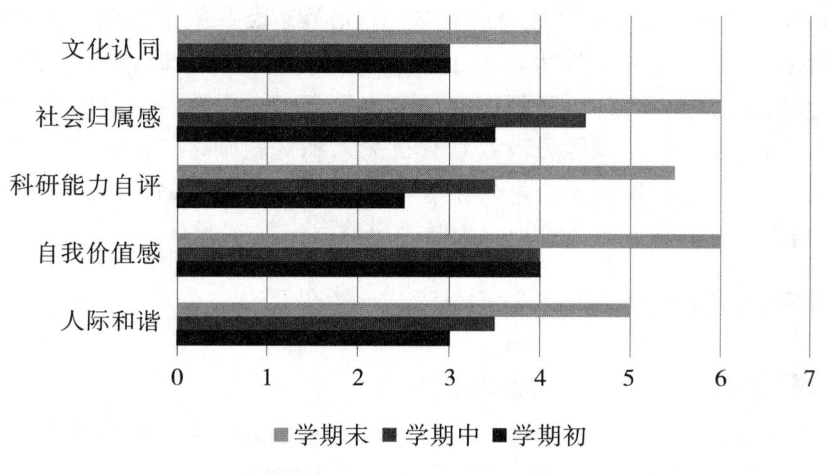

图 13　对课程学习的动态追踪

课程思政理念下的“信息素养”教学探索与实践

教育信息技术学院　张倩苇　教授
教育信息技术学院　尹睿　副教授
信息光电子科技学院　水玲玲　教授

一、“信息素养”课程简介

“信息素养”是华南师范大学2013年首批立项通识课、2015年省级通识课建设项目。从2010年至今，课程内容和教学方式历经10年20余次教学迭代、3个发展阶段：①选修课（2010年9月至2013年8月），利用Blackboard平台+QQ群/博客；②通识课（2013年9月至2018年8月），利用Moodle平台+QQ群/微信平台辅助教学；③基于慕课的混合式教学（2018年9月至今），利用MOOC+雨课堂+微信/QQ群等支持教学。慕课《信息素养：开启学术研究之门》于2018年9月在中国大学MOOC平台上线，已开展基于慕课的线上线下混合式教学5期，2020年11月被评为首批国家级线上线下混合式一流本科课程。

信息素养是21世纪每个社会成员应具备的核心素养之一。加强信息素养的培养是促进学生科研能力和全面发展、助力建设创新型国家的需要。本课程以立德树人为导向，以提升大学生的信息素养为核心目标，强调育人价值、知识传授、技能训练和能力培养的有机结合，将信息素养与课程思政教育有机嵌入到选题确定、文献检索与阅读、学术诚信与剽窃、论文撰写与发表等一系列循序渐进的任务中，帮助学习者掌握科学的学术研究规范，树立良好的学术诚信意识，为学术研究奠定扎实的基础。

二、课程思政理念下的“信息素养”教学探索

（一）课程教学目标以育人价值为导向

本课程坚持立德树人的根本导向，将信息素养的知识传授、技能训练和能力培养有机结合，提高信息素养的育人价值。具体包括以下几个方面。

1. 形成信息意识

识别自身信息需求，从学习、研究、生活等多渠道汲取有用信息；树立学术诚信意识，形成良好的信息伦理道德；将社会主义的核心价值观融入到信息意识之中。

2. 提高信息能力

围绕选题有效使用合适的工具检索文献，调整检索策略；评价所获信息的质量和相关性；能对所收集文献进行组织和整理。强调学术研究的个人能力和社会价值的统一，将社会主义的核心价值观转化为精神追求，内化为自觉行动。

3. 学会批判性阅读和学术写作

批判性阅读学术文献，科学整理归纳文献要点和有争议之处；掌握论文写作和发表的基本要求；以合适的方式进行口头和书面表达，增强信息成果的显示能力。弘扬以爱国主义为核心的民族精神和以改革创新为特征的创新精神。

（二）课程教学内容与思政元素有机融合

本课程共分为 12 个专题，强调“检研”结合，与思政元素有机融合，重构“信息素养”课程教学内容体系（见表 1）。

表 1　课程教学单元与课程思政元素切入点汇总

课程教学单元	课程思政元素切入点
专题一：信息素养导论	介绍信息素养的概念、重要性，培养学生形成良好的信息意识和社会责任
专题二：研究选题的确定	引入国家相关政策、社会热点、科技热点等话题，启发学生研究选题的思路；培养学生的家国情怀和民族精神
专题三：信息源的选择	讲授信息源的类型、筛选和评价，帮助学生在信息时代根据信息需求和标准筛选重要文献，培养学生正确分析和解决问题的能力
专题四、专题五：信息检索（上）（下）	在信息检索的实践操作过程中，依照步骤完成检索任务，深化对理论知识的认识，注意信息安全
专题六：文献管理软件的运用	使用文献管理软件对文献进行分类存储、快速检索、摘记和引用，提高学生的科学素养和人文素养
专题七：文献阅读	利用文献阅读密码表，从“浅层阅读”跨越到“批判性阅读”，培养学生的批判性思维能力，提高学生辨别是非、美丑、善恶的能力
专题八：文献综述提纲的拟定	提纲的设计犹如搭建房子的框架，强调顶层设计、逻辑思维的重要性
专题九：文献综述的撰写	通过撰写文献综述，体会学术道路上科研人员甘于寂寞、敢于克服困难，不达目的誓不罢休的精神，提高学生的科学创新精神

续上表

课程教学单元	课程思政元素切入点
专题十：学术诚信与剽窃	学术诚信，文献的合理引用与方法，加强学生的诚信教育
专题十一：论文的投稿与发表	遵循论文写作、投稿的规范，培养学生实事求是的科学精神
专题十二：文献综述汇报与总结	小组分享文献综述和课程学习反思，强调合作、分享与交流，培养学生团结协作的精神，树立远大理想

（三）课程教学实施与课程思政同构

1. 结合专题教学开展课程思政

为响应国家对改革科研管理体制、建设良好学术环境的关注，课程结合“学术诚信与剽窃”专题开展教学活动，不断深化科研工作者求真务实、实事求是的精神，进而提升学生的学术诚信意识，完善学术道德建设。

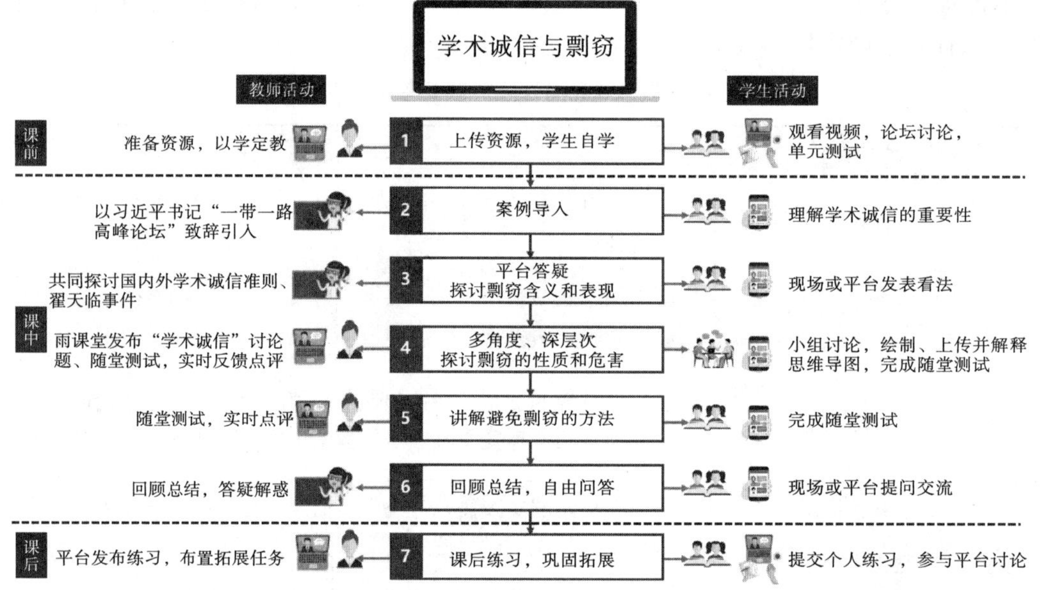

图1　“学术诚信与剽窃”专题混合式教学流程图

以问题为中心，互动讨论搭配师生探究，激发学生学习主动性。课前师生在慕课平台共同探讨学校学习中常见的剽窃表现，课中再过渡到学术研究中剽窃的性质和表现。为使学生认识剽窃的危害，引导学生从学生、教师、学校、社会等不同群体的角度互动讨论其负面影响，从而转变学生认为学术诚信遥不可及的认识，吸引其主动参与学习。

1.在阅读报道之前，你认为哪些行为属于学术不诚信行为？

答：阅读报道前，我认为学术不诚信行为有：

①抄袭、剽窃、侵吞他人学术成果；②篡改他人学术成果；

③伪造或者篡改数据、文献，捏造事实；

④伪造注释；⑤未参加创作，在他人学术成果上署名；⑥未经他人许可，不当使用他人署名；

2.美国高校所规定的学术不诚信行为中，最让你意外或印象深刻的是哪种行为？为什么？

答：最意外的行为是：**“没有教授特别说明，学生商量着一起写作业也是作弊的一种”**，以及**“不能随意与别人分享自己曾经的作业和考卷、笔记以及其他类型教授往年发放的资料”**。这些现象在我们国家是挺常见的，考试期间我们也会向直系师兄师姐们询问笔记和复习资料等，中小学遇到不会写的作业一起商量讨论怎么写更是很常见的事情，未曾想在国外这些居然就属于学术不端行为了。

3.你认为我们可以如何避免学术不诚信行为？

答：①明确学术不端行为的具体细则，仔细阅读理解，注意规避；②避免侥幸心理；③培养学术诚信意识，时时警醒自身。

SCNU黄... 5月31日 1 | 评论(1) | 举报 | 管理

学习、把握学术诚信的要求、规则，注意合理引用！

张倩苇 老师 5月31日 0 | 举报 | 管理

图 2　“什么是学术诚信”讨论的学生发言

2．结合知识点教学挖掘思政元素

通过引入社会热点、传统文化、典型案例，将专业教育与思政教育相融合，增强学生的政治认同感、民族自豪感和爱国情怀。例如，2020 年春季受新型冠状病毒感染疫情的影响，大规模在线教学取代了面对面的教学，课程结合“如何辨别网购口罩真假”这一社会热点话题，展开线上的讨论。

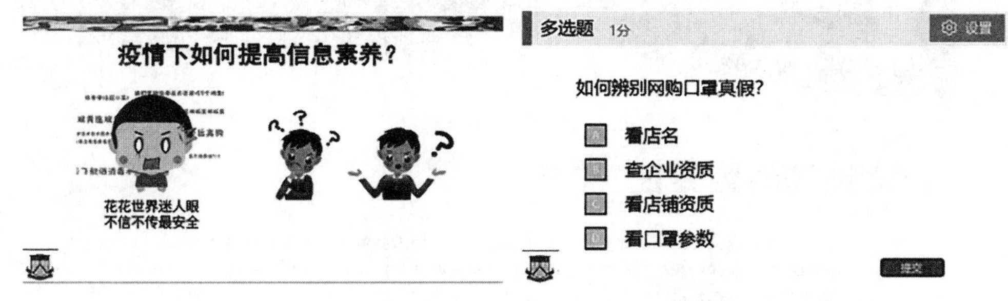

图 3　“如何辨别网购口罩真假”的课件

在“信息素养导论”专题谈到信息素养的重要性时，介绍了汉字激光照排系统的发明人王选院士。在 20 世纪 80 年代，他用一年的时间检索和研究大量国外专利信息，了解到照排技术的发展趋势，实现从“光学机械式”到“激光照排”的跨越式发展，为国家节约科研经费和时间，激发了学生的爱国情怀。

图4　“信息素养导论”专题的课件

3. 挖掘社会热点“研究选题”渗透课程思政

课程通过案例分析（讲故事）、观看视频、实际操作等多种形式的教学，使学生能注意从社会、生活实践中挖掘选题。有小组挖掘到疫情期间在线教学交互的重要性，提出了“远程教育中教学交互及其策略”这一选题。还有的小组结合新型冠状病毒感染疫情期间的政府管理，提出了“新型冠状病毒感染疫情下国内外应对措施概述”“关于政府公共卫生应急机制的研究”等选题，都密切结合了当下的国家政策、社会热点。

图5　学生汇报课件

（四）课程教学评价融入课程思政理念

本课程教学以育人目标为导向，注重过程性评价，将线上评价与线下评价有机结合。

一是借助平台课前课后测验帮助学生自测，借助雨课堂小测验及时评价，有助于及时反馈，帮助教师和学生了解学习者的知识掌握情况。二是开展课堂评价。学生小组讨论绘制思维导图，上传至雨课堂，教师展示各小组作品并请小组代表介绍他们所绘思维导图，学生参与点评。这样既加深了学生对该作业的认识，也提高了他们的自我评价和互相评价的能力。三是提供课后线上拓展练习，巩固强化所学知识。

本课程明确要求学生完成作业时必须遵守学术诚信，不得抄袭。讨论题、测试题均有与合理合法使用信息相关的内容，引用他人观点需要标明出处。文献综述作业的完成，要求符合本课程提供的模板格式；遵守著作权法，不存在抄袭现象；参考文献格式符合“GB/T 7714—2015　信息与文献　参考文献著录规则”要求。将学生的学习平台用户日志（发帖次数、回帖次数、收到的点赞数等）、在线活动完成情况（单元测验、互评作业、指定讨论等）、课堂探究活动完成情况以及文献综述完成稿同时纳入考核的标准。

三、“信息素养”开展课程思政的教学成效

（一）多方面提升育人效果

课程强调理论讲授、案例分析和实践演练相结合，在学习专业知识的基础上，不断渗透思政理念，潜移默化地对学生的思想意识产生影响。通过融合思政理念，使得该课程不仅成为学生收获专业知识、掌握实践操作能力的摇篮，同时也成为价值引领的坚实阵地。学生的信息素养相关能力得到提升，如：①认识到学术规范的重要性，树立严谨治学的态度。②提升了信息检索、文献管理、文献阅读等方面的能力。③熟悉了论文写作步骤和投稿规范，提高了论文写作能力。④提高了团队协作能力。

（二）课程思政与线上线下教学融合受到肯定

学生肯定混合式教学模式新颖、师生互动充分，有助于提高信息伦理、学术诚信等的认识。学生 A：“课程组织创新，线上与线下相结合。教授内容有一定挑战性，对我们的知识结构有很强的完善与补充。强烈推荐！”学生 B：“课程组织方式多样，有小组讨论、线下和线上学习相结合，课堂作业，自主练习等，让学习的过程不再那么枯燥。”学生 C：“课程内容非常丰富，线下线上相结合，有助于学生提高团队协作能力和学习能力！……”学生 Z 认为：“学用结合，将信息素养的培养与课题研究、专业学习紧密结合起来，将文献检索、资料利用、学术规范三部分内容有机地串接起来。”

以马克思主义新闻观引领“新闻理论”教学研究

教育信息技术学院　闫伊默　副教授

“新闻理论”是新闻传播专业的核心课程，在专业人才培养课程体系中具有基础性意义。反观当下，“新闻理论”教学中一定程度上存在着课程本身“内容陈旧、体系僵化”以及专业教学中“轻理论、重技术”等弊端和倾向。2016年召开的全国高校思想政治工作会议上，习近平总书记指出：“做好高校思想政治工作，要因事而化、因时而进、因势而新。遵循思想政治规律、教书育人规律和学生成长规律，不断提高工作能力和水平。”中国特色社会主义新闻理论的形成具有坚实的马克思主义基础，并且其理论内容体系建构在很大程度上吸收了马克思主义理论资源。同时，马克思主义新闻观在指导思想、立德树人、国家认同、政治认同以及意识形态认同上与新闻理论具有高度一致性。基于此，在课程思政思想指导下，秉承“立德树人”宗旨，“新闻理论”课程教学团队提出，用马克思主义新闻观引领新闻理论教学改革，以课程内容体系调整、理论教学创新和实践育人模式为变革路径进行“新闻理论”教学改革，以期实现“新闻理论”课程教学目标及育人成效，为社会主义新闻事业输送“方向明、理论强、业务精”的优秀新闻工作者。

一、调整完善新闻理论内容体系

课程思政要求专业课程承担起思想政治教育的功能，就是从国家发展和社会需要出发，以立德树人为教育宗旨，培养社会主义事业建设的合格者和接班人。目前，“新闻理论”课程内容体系基本上是围绕着“新闻本体—新闻事业”这一基本框架而形成，且该体系传承多年没有大的调整。“本体论”部分，包括新闻起源、新闻定义、新闻价值等内容；“新闻事业”部分，包括新闻事业性质、党性原则、新闻自由、新闻法治、新闻舆论、新闻监督、新闻伦理、新闻管理、新闻工作者等，可谓思之所及、无不囊括，显得包罗万象。毋庸置疑，传统新闻理论内容在体系、内容、阐释等方面的问题也显而易见。回应当下培养时代新人的要求，必须对知识基础这一前提进行内容上的调整和完善。

1. 强化马克思主义新闻观引领

所谓马克思主义新闻观，即马克思主义经典作家和后来党的主要领导人关于宣传、新闻、文化、传播政策以及党内思想交流等的论述及思想。马克思主义是中国共产党指导思想的理论基础，也是我国发展社会主义市场经济、社会主义民主和法治的指导思想。因此，社会主义新闻事业以马克思主义新闻观为根本指导思想是其应有之义，新闻理论以马克思主义新闻观为引领，也同样毋庸置疑，且具有根本性。

虽然现有新闻理论体系也强调马克思主义新闻观的指导意义，但没有将马克思主义新闻观上升到引领性、灵魂性的高度，在对具体新闻理论的阐释中有意无意地忽略了对马克思主义新闻观的观照，而停留在“就理论说理论”的狭窄视野层面。马克思主义新闻观与新闻理论的结合不够紧密，导致理论的思想薄弱、厚度不够，从而使得理论与思想脱节，思想的科学指导意义流于表面化的口号点缀和肤浅理解，进而造成“理论无用、新闻无学”的错误思想认识在新闻传播学界、业界广泛流布。强化马克思主义新闻观对新闻理论教学的引领，必须从思想和方法论的高度对现有新闻理论内容进行阐释、完善和提升。以马克思主义新闻观为统领，对新闻理论体系进行贯穿性再造。

马克思主义新闻观既是一套科学理论和思想体系，也是一种方法论。以马克思主义新闻观引领新闻理论教学，就是要夯实和强化新闻理论的思想基础，增强新闻理论的科学性和现实解释力，使新闻理论作为新闻传播人才培养课程体系的支撑地位更加牢固。纲举目张，以马克思主义新闻观引领新闻理论体系再造，为新闻理论教学明确了目标和方向，也为新闻理论教学改革提供了基础。

2. 优化新闻理论内容体系

针对前述目前“新闻理论”课程内容体系存在的问题，我们提出从宏观上调整理论体系、从内容上充实理论内容、深化对现有理论的理解和阐释，并强调对新闻理论研究的科学方法。

（1）调整理论体系。中国特色社会主义新闻理论包括邓小平理论、“三个代表”重要思想、科学发展观等重大战略思想中的新闻思想，是中国特色社会主义理论体系的有机组成部分。但毫无疑问，目前新闻理论体系存在着较为凌乱的状况，为此我们提出构建新闻理论的宏观体系，以此统领新闻理论内容所涉及的诸多范畴和主体内容。在马克思主义新闻观引领下，将“新闻”置于“社会”这一大背景下，探讨新闻与自然、新闻与人、新闻与政治、新闻与经济、新闻与文化、新闻与社会、新闻与技术等人类社会结构性因素之间的互动关系，在这一宏观体系框架内，具体阐述新闻本体论和新闻互动论的内容，由此避免现有新闻理论内容庞杂、体系欠缺之弊病。

（2）充实理论内容。这里强调充实理论内容，主要是指伴随着时代和社会的变迁，新闻传播实践的发展要求新闻理论进行及时回应，以更好地对新闻实践以方向性指引。基于当下新闻实践所提出的问题及由此产生的理论诉求，我们认为应该将新闻与自然、新闻与技术、新闻与信息以及新闻的人文价值等内容纳入新闻理论范畴。比如，就“新闻与技术”这一范畴而言，当下建立在技术发展和变革基础上的“媒介”对传媒格局进行了颠覆性重组，并对受众的信息接受以及传播者的新闻生产都形成严峻挑战。同时，其所形成的媒介环境对人的主体性的消解以及带来的普遍性的异化，都亟需我们从新闻理论的角度进行审慎性反思。而现有新闻理论体系框架对此类内容和主题却往往付之阙如，亟待补充和完善。

（3）深化理论阐释。中国特色社会主义新闻理论在中国特色社会主义的历史进程中形成，同样也必将随着中国特色社会主义的伟大实践而与时俱进，继续丰富发展。随着社会变革，尤其是媒介技术发展给新闻理论及传播实践带来的颠覆性冲击，既有的新闻理论亟须向深度阐释拓展，以回应新闻传播实践提出的种种问题。比如，“新闻”这一象征着新闻理论建构逻辑起点的概念，在当下新闻传播实践中其内涵就需要调整和深化，才有可能保持对新闻传播的现实解释力。再比如，新闻价值的人文性，在当今时代背景下，亟需纳入新闻理论的阐释范畴。我们认为应对传统新闻理论的诸多内容、范畴和论域进行重新思考，深化现有理解和阐释，以增强新闻理论的科学品格和对新闻传播实践指导的有效性。

（4）强化科学方法。中国特色社会主义新闻学，政治性、实践性和科学性是其重要品格。学习和运用新闻理论，在理解和掌握其内容的基础上，尤其要强调对科学方法的领会和把握。这个方法就是马克思主义新闻观，要学会用马克思主义的立场、观点和方法去分析各种新闻传播现象，努力形成规律性认识。这也是我们为什么特别强调要用马克思主义新闻观来引领新闻理论教学的原因。尤其是随着我国由传统社会向现代社会的转型，伴随着经济全球化及信息传播的全球化，信息生产和流通呈爆炸态势，人们对信息真伪的辨识、解读及阐释都需要新闻理论提供科学的逻辑和方法，才能确保人类社会实践在一定程度上避免出现偏差。坚持马克思主义新闻观，就是将其作为新闻理论体系建构、新闻理论阐释及新闻传播实践的方法论。

二、创新新闻理论教学

如上所述，在“知”的层面，我们建构了相对完善、科学的“新闻理论”课程内容体系，为新闻理论教学提供了基础和范本。以马克思主义新闻观引领“新闻理论”课程教学，就是要让知识转化成学生内在的思维工具，“入脑入心”是“新闻理论”课程教学的目标诉求。我们从原典阅读、情境阐释、案例探讨、技术介入等角度尝试初步构建了有效的教学模式。

（1）倡导原典阅读。如前所述，以马克思主义新闻观引领新闻理论体系的建构，实际上就是加大经典马克思主义作家关于新闻传播思想的引入，将其贯穿和渗透于新闻理论范畴的重构和阐释之中。原典阅读能最大限度地还原经典论说的本义，在此基础上才可能进行有效的批判性解读和吸收。因此，新闻理论教学要回到理论产生的源头，倡导原典阅读，还原马克思主义新闻观的本义并做出响应当前时代的理解和阐释。为此，在“新闻理论”教学设计中，我们要求学生对马克思主义经典作家的经典表述要从“知”的层面进行储备、消化和吸收，就经典思想做读书笔记、写读后感，尝试进行知识和思想输出，并在同学中分享感受和思考，强化学生对新闻理论内容的感知和把握。通过倡导原典阅读和阐释，将马克思主义新闻观渗透进新闻理论的接受和发生中去，从而提高学生的马克思主义思想水平和理论素养，牢固树立起实现中国特色社会主义的伟大理想信念。

（2）着重情境阐释。就“新闻理论”课程教学而言，理论的抽象品格在一定程度上会影响学生的理解和接受。因此，在理论讲授过程中，探索有效的理论大众化路径和有效的传播形式就显得极为重要。教学团队积极谋求对理论的情景化阐释，从理论发生演变的历史、社会和时代土壤中去挖掘故事化元素，尽可能具象化地对新闻理论进行阐释。比如，在揭露普鲁士书报检查令的反动本质时，马克思写道：“指定的表情只不过意味着‘强颜欢笑’而已。你们赞美大自然令人赏心悦目的千姿百态和无穷无尽的丰富宝藏，你们并不要求玫瑰花散发出和紫罗兰一样的芳香，但你们为什么却要求世界上最丰富的东西——精神只能有一种存在形式呢?”① 这种关于新闻自由思想的“原典表述”就要比单纯地对理论进行概括化的表述生动得多，其中蕴含的深刻思想在诗意的表述中得到了有效传达。

同时，理论创始者的自身背景和个性也是实现理论传达魅力的重要元素，人同此心、心同此理，通过共情，实现理论的浸润和感染效果。众所周知，马克思为了解放全人类的理想，一生颠沛流离、穷困潦倒，这种不计自身私利而以“天下为公”的理想和情怀，在当今物欲膨胀、心态浮躁以及理想缺失的时代，尤其值得推崇和学习。情境信息的多元化，可以有效激动人心。在“新闻理论”课程教学中，教师通过讲述理论创始者的人生阅历及其蕴含的伟大品格和情怀，引发学生的情感共鸣，可以有效激发他们树立和强化为社会主义伟大事业而奋斗和奉献的理想信念。

（3）着力案例探讨。案例教学强调对理论的运用并具有强烈的现实观照及问题指向，有利于学生对理论的理解，并能够通过“预演”增强学生们对理论的运用和感知，从而增强对理论的批判性审视能力，在此基础上谋求对理论的接受、发展和完善。在“新闻理论”课程教学中，教师围绕新闻理论的不同专题和范畴，精选古今中外历史及当下新闻传播实践中的经典案例进行展示和探讨。在教学过程中，由教师主持案例探讨的操作范例。然后安排学生分组搜集相关案例，并通过 PPT 的形式在课堂上进行汇报，同时要求全体上课学生就案例表达自己的思考和观点，鼓励他们畅所欲言，辅以教师的有效引导。在激烈的意见辩驳和观点碰撞中，新闻理论自身受到全方位审视，使学生获得对理论的切实理解，规避了常见的对理论进行口号式记忆和教条化理解的弊病，彰显了理论的鲜活性和有效回应实践的力量和魅力。

比如，2020 年武汉新型冠状病毒感染暴发期间，主流媒体的很多正面新闻报道却带来了负面效应。按照之前新闻理论关于“正面宣传为主”以及“舆论引导”的理解，这种反常的“舆论偏差”现象是无法得到有效解释的。我们通过这一案例，让学生去思考其形成原因和演变机制。“真理越辩越明”，学生在理解传统理论内容的同时，增强了对理论的切身感受，从而根据当下社会现实去思考如何延展理论，以增强其对现实解释的有效性，从而增强对中国特色社会主义新闻事业的理论自信和制度自信。

---

① 马克思恩格斯全集：第 1 卷［M］. 2 版. 北京：人民出版社，1995：110.

（4）推进技术介入。新媒体技术的发展，对传统的教育理念和教育模式形成挑战。同时，新媒体技术也形塑了当下学生的信息接受习惯和心理。结合新媒体技术所带来信息传播的便捷、放大、共享、平等、沟通等理念精神和优势，教学团队在“新闻理论”课程教学中积极推进技术介入，利用现有相关慕课资源及视频资源作为新闻理论教学的辅助。

比如，2018 年马克思 200 周年诞辰，中央和地方各级宣传部门及主流媒体制作了大量关于马克思的大众化专题节目。这些以理论大众化为特色和目标的节目内容丰富生动，制作精良，在大众中产生了强烈反响。教师要求学生在课余时间观看，在课上结合教师课程内容讲授，激发学生的情感共鸣，取得了较好效果。教学团队还利用微信公众号平台，推送马克思新闻观诸多经典论述以及专家学者的经典研究成果，加深学生对理论的感知和理解。并通过微信群这一互动平台，组织学生深入讨论，在观点的争鸣中，通过教师正确和有效的引导，增强学生对马克思主义新闻观的认同。

综上所述，在“新闻理论”课程教学中，通过探索上述创新路径，学生亲近理论、感知理论、认同理论，让马克思主义新闻观在学生头脑里生根，并作为新闻理论总的思想统领和方法论引领，增强学生的思考能力，提高学生的思想水平。为培养社会主义新闻事业“方向明、理论强、业务精”的社会主义合格新闻从业者打下坚实基础。

三、构建实践育人模式

实践是检验真理的唯一标准，同时实践也是经过验证而有效的教育模式。新闻传播专业本身就具有较强的实践性，“新闻理论”课程教学的重要意旨也是指向新闻实践。因此，在“新闻理论”课程教学中，要强调“马克思主义新闻观”这一中国特色新闻理论的灵魂能够在实践中得到真理性验证和发扬。对学生来讲，新闻实践既能够加深对新闻理论的理解，也能够在实践中进一步体悟到马克思主义新闻理论的科学性，为马克思主义新闻观“外化于行”提供重要依据和指引，也能够在一定程度上检验教学团队“以马克思主义新闻观引领‘新闻理论’教学研究”的效果。

（1）引导观察社会实践。马克思主义新闻观认为，新闻的起源在于社会性的物质生产，人类丰富的生活实践是新闻传播的对象和不竭源泉。这一点区分了中国特色社会主义新闻事业与西方新闻事业在哲学基础上的差异，奠定和标志了中国特色社会主义新闻理论坚实的唯物主义基础。学习马克思主义新闻理论，检验其成效以及彰显理论科学性的标准就是到生活中去、到实践中去。从毛泽东、刘少奇、周恩来、邓小平、江泽民、胡锦涛到习近平，我国历届党和国家领导人，无一不特别强调社会主义新闻事业突出的“人民性”品格。为此我们要求学生要重视社会实践，鼓励他们深入实际、深入群众，向生活求真知。在社会实践中，要求他们学习毛主席提出的向群众学习要有“甘当小学生”的精神，要求他们将新闻理论放到实践中去观察和体悟，在现实中检验马克思主义新闻观的科学逻辑。

比如，“新闻真实”理论，传统新闻理论强调“真实是新闻的生命”，并提出新闻真实的标准和要求。习近平同志传承马克思主义新闻观思想，也强调新闻工作者要“根据事实描写事实，不能根据想象描写事实”。① 但新闻真实到底是什么？其有何内在要求？新闻工作者该如何做到新闻真实？教师鼓励学生在生活中留心观察，在社会实践中探求真实，让他们亲身体验事实转化成新闻的过程，认识谋求实现新闻真实的努力和障碍，从而形成对新闻真实的切身体验和现实性认知，然后再去观察新闻传播过程中种种新闻失实现象以及在新媒体传播背景下频繁出现的涉及新闻真实的“新闻反转”现象。在此基础上，教师要求学生再回到以马克思主义新闻观为引领的新闻理论中去。回到原典，重新思考马克思关于“报刊有机运动”理论中所蕴含的新闻真实思想，从而规避一般意义上依据口号式的“真实是新闻的生命”而对所谓的“新闻反转”现象进行简单粗暴的偏见式挞伐。在这个理论与实践结合的过程中，使学生亲身感受马克思主义新闻观的深刻性、科学性和有效性，同时增强其对马克思主义新闻观的运用能力。

中国特色社会主义新闻理论是在中国革命和建设中形成的，在这一伟大的历史进程中涌现出了大量新闻工作者的典范，也留下了中国新闻史上经久不灭的光辉篇章。榜样的力量是无穷的。教学团队要求学生把社会实践与新闻理论实现对接，强化中国特色社会主义新闻事业这一主题性社会实践。将新闻史上优秀人物的遗迹、红色革命遗址以及伟大新闻作品的作者及内容所涉地纳入社会实践范畴，鼓励他们沿着前辈的足迹重走“长征路”，在历史厚重中感受中国新闻事业发展的光辉历程，在历史和现实场景的交错辉映中增强中国特色社会主义新闻理论的自信心和自豪感。

（2）强化新闻生产实践。理论在于运用，实践是其旨归。我们要求学生将新闻理论与新闻生产实践结合起来，在从事实到新闻这一生产流程中，通过自己动手实际操作，来感受理论的功用。在“新闻理论”课程教学中，教师有意设计理论专题，根据专题安排同学们进行新闻采写的实际操作。然后将采写过程、感受和成果，向学生公开展示，并与学生展开充分的交流和探讨。我们也要求学生在采访与写作等实践类课程中，要善于从理论上去把握选题、确立主题，要善于就采写实践中出现的问题从理论上去思考和梳理，加深对新闻理论的理解和把握。

感觉的东西是不可靠的，只有理解了的东西才更深刻。如果说上述新闻实践是仿真模拟训练的话，学生的专业实践就是新闻传播的实战操练，也是加深他们对新闻理论理解的重要路径。在专业实践中，教学团队要求学生在各类媒体的新闻专业生产中用心观察和理性思考，善于从具体的业务中跳出来，进行理论反思，从而使其对新闻理论的感受更加真实，对新闻理论形成“共情式”理解，增强理论的延展性。教学团队结合指导学生专业实习工作，鼓励学生在专业实践的基础上形成反思性报告，引导他们不断在理论和实践之间进行思想穿梭、巡回，打通新闻理论与新闻实践的隔阂，从而提升对新闻理论的思考、拓展和创造能力。

综上所述，“新闻理论”课程教学团队以“构建理论体系—创新教学路径—强化新闻实践”这一教改模式，秉承“新闻理论”课程教学的“知—意—行”规律，对“新闻

① 马克思恩格斯全集：第1卷［M］. 北京：人民出版社，1979：191.

理论”课程思政教学改革进行了初步探索。从目前教学创新的实践看，上述教改模式很好地实现了马克思主义新闻观对“新闻理论”课程教学的有效引领，有效强化了学生对中国特色社会主义新闻理论的认同，在内化马克思主义新闻观的基础上，将其“外化于行”，为把学生培养成中国特色社会主义新闻事业的合格新闻工作者打下了坚实基础。

家国情怀视野下的“公共关系”课程思政探索

——以“大国公关——中国国家形象的建构”为例

教育信息技术学院 夏宝君 副教授

一、课程基本情况

“公共关系”是新闻传播专业的重要基础课程，对新闻传播专业人才培养目标的达成起到重要支撑作用。“公共关系”课程在“新闻学概论”“传播学通论”等先修课程的基础上，坚持理论教学与实践教学并重，引导学生进行知识与能力的转化，同时对后续的“人际传播”“品牌学”“市场营销”等课程打下基础，起到了承上启下的衔接作用。

“大国公关——中国国家形象的建构”是“公关关系”第七章第三节的教学内容，其旨在通过对国家公关知识的讲解，引导学生在掌握专业知识的同时提升文化自信、文化认同感和家国情怀。

二、课堂教学目标

1. 知识目标

（1）了解国家形象的概念。

（2）了解国家形象的塑造方法。

2. 能力目标

（1）运用国家形象的相关理论研究问题。

（2）运用媒体传播展示家国情怀、传承中国文化的能力。

3. 素质目标

（1）学会团队协作，提高组织协调的能力，提高人际交往的素质、社会适应能力。

（2）培养自主学习、独立思考能力，提高社会责任感。

三、专业教学与思政教育的融合设计

1. 思政育人目标

（1）对标新闻传播专业人才培养目标，坚持立德树人的根本任务，培养学生对待公共关系事业的正确价值观，培养心怀大国、具备党国意识和公关治理理念，思想坚定、品德高尚的公共关系专业人才。

（2）通过对国家形象知识点的讲解，在理论层面加深学生的公关知识，在实践层面提高学生利用知识解读社会现象、进行社会参与的能力，提升学生对国家的认同感和凝聚力。

（3）通过学生的分组讨论和交流展示，将家国情怀融入身边事物，培养学生的自主学习能力和知识融合能力。

2. 思政设计理念

表1　课程思政设计理念

重视价值导向	（1）将“公共关系”课程作为传播学与思政教育结合的突破口，将国家公共关系与国际传播能力建设、增强国际话语权、“讲好中国故事，传播中国声音”的对外传播工作相结合，加强对学生的价值引导和精神引领； （2）通过“从身边事到天下事”的小组讨论，引导学生关注自身素质提升，将祖国命运与青年担当结合起来，既保证知识传授，又坚持育人为本，体现课程的高阶性
以学生为中心	（1）课堂特别设计主题讨论和分组讨论活动，由学生通过学习通平台的主题讨论实时掌握学情，提高学生的课堂参与性； （2）进行分组讨论和团队协作，通过绘画和分享的形式，完成课堂任务，通过参与、体验的方式，加深学生对“树立中国形象”“讲好中国故事”等知识点的理解和切身体会，体现课程的挑战度
坚持与时俱进	（1）将前沿社会热点事件和学生关心的热点问题融入课堂，如2020年10月14日习近平总书记在深圳经济特区建立40周年大会上的讲话、2020年10月12日习近平总书记考察潮州、国庆假期上映的《夺冠》等影视作品等，作为课堂案例进行解析； （2）特别加入了抗击新型冠状病毒感染疫情的相关案例，通过对疫情期间的政府公关策略、国家形象塑造、企业和公共组织抗疫公关案例等内容的介绍，提升学生的爱国情怀和国家认同感，将爱国主义教育和价值观的引导融入课堂，体现课程的创新性

3. 教学内容思政点建设

表 2　课程思政要点

授课内容	课程思政融入点	教学方法	预期成效
课程导入	1954 年周恩来总理出席日内瓦会议，新中国第一次登上历史舞台	案例讲解	培养学生的历史观和国家认同感
课程导入	2020 年 10 月 14 日习近平总书记在深圳经济特区建立 40 周年大会上的讲话	案例讲解	培养学生的历史观和国家认同感
国家形象的视觉层面	中国元素/中国符号	提问、互动	培养学生对传统文化的热爱，提升文化自信
国家形象的行为层面	疫情期间的中国形象	案例讲解	培养学生的社会责任感、对国家的归属感
国家形象的精神层面	“文明大国”“东方大国”“负责任大国”“社会主义大国”形象的解读	知识讲解	培养学生对价值导向的理解和全球视野
国家形象的精神层面	电影《姜子牙》与《封神演义》及其内涵	案例讲解	培养学生对传统文化的热爱，提升文化自信
国家形象的精神层面	电影《夺冠》与女排精神	案例讲解	培养学生的爱国情怀
国家形象的精神层面	电影《我和我的家乡》与故乡情结	案例讲解	培养学生的家国情怀
社交媒体与国家形象	2020 年 10 月 12 日习近平总书记在潮州考察	案例讲解	培养学生的家国情怀和文化认同感
分组讨论	“从身边事到天下事”—“讲好中国故事”的时代责任和青年责任	分组讨论、团队协作	培养学生的团队合作精神和沟通表达能力，提升社会责任感

4. 教学实施方法

表3 教学实施方法

案例教学法	教师根据教学目标，把本次重点内容用案例讲解的方法，有针对性地突出要点，引导学生自主思考，帮助学生更好地理解教学重点、难点
分组研讨法	以小组为单位进行分组讨论，通过绘画的形式表达想法、交流思想，围绕本节主题获得知识技能，并锻炼团队协作能力和沟通表达能力，共同学习、共同进步

5. 信息技术手段

表4 信息技术手段

学习通 APP	以学习通 APP 为主的学习资源分享平台，辅助完成签到、主题讨论、在线调查、实时反馈、补充学习资料等环节  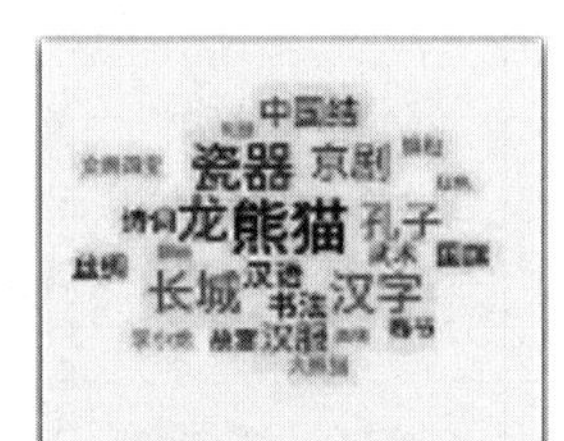
微信	以微信为主的学习讨论群，完成线上实时课程反馈和群组讨论，分享小组讨论成果、在线答疑交流
砺儒云	依托砺儒云课程平台，发布课前学习资料、课后延伸学习任务，进行讨论区留言互动，完成作业收发等教学环节。 华南师范大学“公共关系”课程资源：https://moodle.scnu.edu.cn/enrol/index.php?id=6064
问卷星	“问卷星”问卷调查平台，引导学生进行线上课堂教学评价

6. 学习资料

表 5　学习资料

媒体资源	人民日报、新华社等主流媒体发布的信息资源
案例资源	公共关系典型案例资源库，包含案例资料、影视作品中与课程有关的典型案例资源等 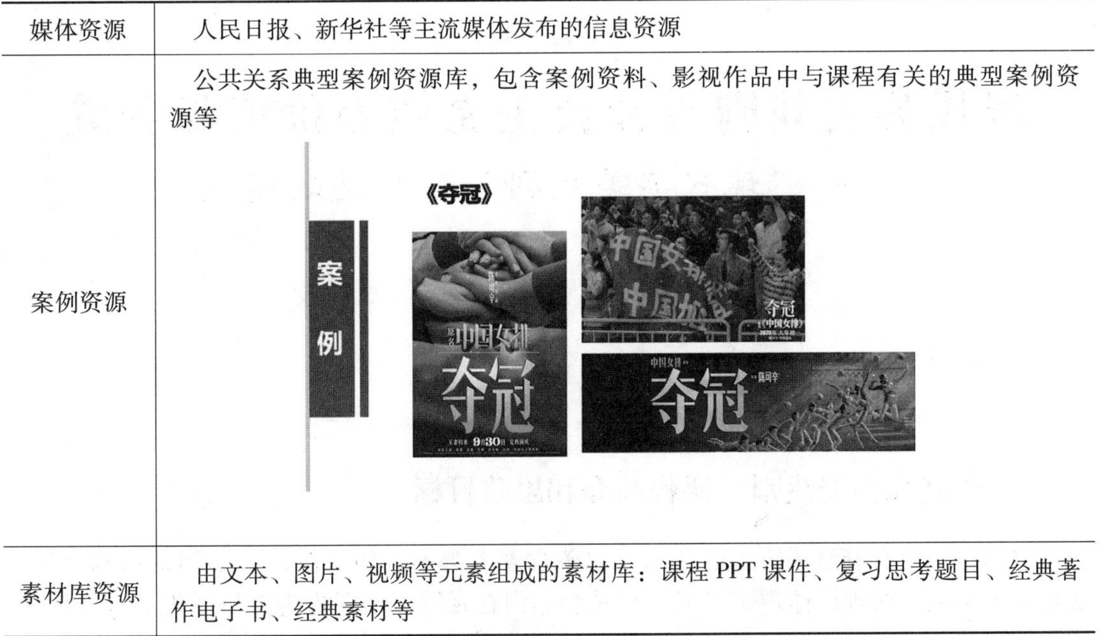
素材库资源	由文本、图片、视频等元素组成的素材库：课程 PPT 课件、复习思考题目、经典著作电子书、经典素材等

四、课程评价

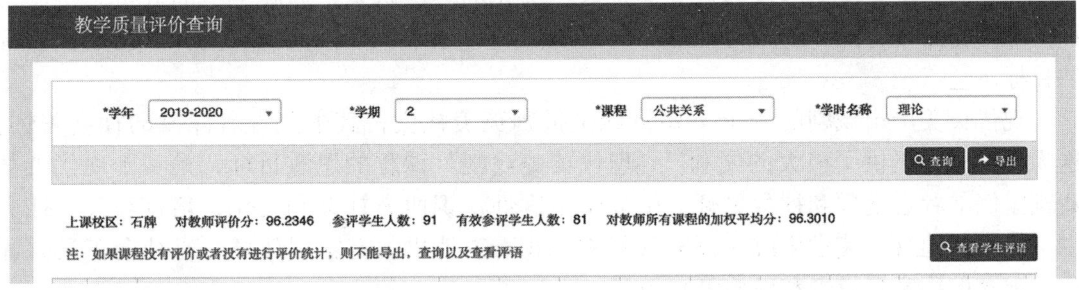

图 1　“公共关系”课程评价截图

现代英美戏剧与社会主义核心价值观养成

——“现代英美戏剧”课程思政建设

外国语言文化学院　胡宝平　副教授

一、“现代英美戏剧”课程简介和思政目标

戏剧是一门有着悠久历史的艺术，它蕴含着人类不同历史阶段、不同地域和民族的文化传统和文化精神，体现了人类文化精髓的内在延续。本课程为全校通识类选修课程。课程精选萧伯纳、尤金·奥尼尔、哈罗德·品特等9位现当代英美戏剧家的剧作，和亚里士多德、叔本华、爱德华·赛义德等西方重要思想家的名著，以深入阅读为基础，结合讲解、讨论、视频欣赏、学生尝试演出等手段，培养学生从较高层次上欣赏现代英美戏剧的能力，增强学生对现当代英美社会、文化的理性认识，提高学生的分析思辨能力和英语语言水平，加深学生对社会、人生的思考和国家认同与文化认同，实现通识教育的目标。

现代英美严肃戏剧的一个重要目标是批判英美社会，其中蕴含着深刻的社会关怀，这为课程思政提供了极大的便利。“现代英美戏剧”课程的思政目标，是基于现代英美戏剧家们的社会批判和社会关怀，引导学生理性认识西方社会和文化，培育和践行社会主义核心价值观，使学生成为新时代里有知识、有能力、有家国情怀、有社会正义感和法治观念的国家建设者和民族复兴力量。

二、“现代英美戏剧”课程内容及思政元素

表1　“现代英美戏剧”各单元教学内容及思政元素

教学单元	教学内容	思政元素及融入方式
绪论	戏剧基本概念及课程要求	（1）从现代戏剧家的创作观导入戏剧家的社会关怀； （2）从课程要求显性强调学术规范和学术道德

续上表

教学单元	教学内容	思政元素及融入方式
一	《华伦夫人的职业》与社会道德	（1）从剧作反映的英国维多利亚时代女性的职业选择困境导入社会平等和公正思想、马克思主义的道德观和社会革命论； （2）从华伦夫人的职业意愿选择导入经济基础对道德这一上层建筑要素的影响； （3）从华伦夫人为自己的辩护导入幸福伦理和“最大多数人的幸福”观
二	《长日入夜行》与家庭	（1）从剧作表现的机能不全家庭认识成瘾行为的危害；从剧中个体选择的结果，结合作者生平，认识个体自由的限度和家庭责任感的重要性； （2）从剧作中的原生家庭影响导入家庭和谐的意义，学习如何恰当地进行亲情表达、家庭教育及家庭成员心理建设
三	《骑马下海的人》与自然和命运	（1）结合“爱尔兰文艺复兴”与爱尔兰民族独立运动之间的关系理解戏剧家的民族意识和国家使命感； （2）从爱尔兰剧作家对中国新文化运动作家的影响讨论如何用艺术服务民族振兴
四	《琐事》与性别问题	（1）从剧作表现的家庭“琐事”和家庭暴力导入两性平等、社会公正与法治； （2）从西方女权主义、性别研究的发展导入社会平等与和谐思想
五	《愤怒的回顾》与阶层身份	从戏剧主人公的愤怒情绪导入西方的社会流动性困境和“福利国家”矛盾，并从剧作反映的英帝国衰落、“美国时代”认识国家富强和民族自决、社会平等
六	《动物园的故事》与存在之荒诞	从剧作反映的美国大都市中不同群体之间的隔阂认识个人主义的西方社会的分裂，认识友爱、互助的力量
七	《蝴蝶君》与异文化想象	（1）从文化误读、西方中心主义导入历史上的欧洲殖民主义，揭批语言中的帝国主义、文化后殖民主义； （2）从文化差异导入中华优秀文化传统，跨文化交际中文化自信和主体意识、平等意识
八	《哥本哈根》与科学	（1）从“哥本哈根之谜”导入科技伦理、科学家的爱国主义与人类关怀、理性爱国； （2）从世界不定性导入科学家的共同体意识和责任担当，以及科学发展观和人类文明可持续发展的观念

三、“现代英美戏剧”课程思政理念

本课程为通识教育课程，是高阶性课程。课程教学的目标、内容、方法和过程等方面均按照通识教育的“全人”教育这一宗旨来设计并严格执行。

第一，挖掘学科、课程、知识之间的结构关联，通过一系列规定性学习（prescriptive learning），扩展心智。本课程每单元的阅读材料不仅有剧本，而且包括相关研究论文、理论和思想经典原著及相关经典的或优秀的平行文本。例如，课程第一单元“《华伦夫人的职业》与社会道德”要求学生阅读萧伯纳剧作《华伦夫人的职业》和3篇研究论文（《从问题剧看萧伯纳的思想倾向》《萧伯纳的戏剧与费边社会主义思想》《萧伯纳戏剧的“讨论”艺术研究》），亚里士多德的《尼各马可伦理学》、叔本华的《论道德的基础》或穆勒的《功利主义》，以及《羊脂球》《茶花女》《她身之欲——珠三角流动人口社群特殊职业研究》《角色变迁中的男性与女性》等相关平行文本。学习过程贯串文学、历史学、哲学、伦理学、社会学、物理学、心理学等多学科知识、方法和思想，打破了学生自身的专业（课程）界限。

第二，教学过程中恰当融合、平衡知识、技能和美德，以培养符合国家建设和发展需要的“全人”。推动学生学习自然科学、道德与政治哲学、文化研究等影响人类历史发展的重要思想，学习文学、艺术、音乐等不同形式的文化表达（课程中会结合舞台演出、电影、名画、音乐作品、海报设计等多样的文化产品），特别重视训练学生的严密分析能力和跨文化交流能力，以培育有理想抱负、有责任担当、有强烈国家认同和民族文化自豪感的社会主义建设者和接班人。如“《蝴蝶君》与异文化想象”这一单元，会展示歌剧《蝴蝶夫人》不同的舞台版本、电影改编、京剧片段，结合相关理论著作讨论历史上西方对中国的“东方主义”（orientalist）式认知和刻板印象，学生在深度讨论、反思中增进知识，提高能力，增强中华文化自信和民族认同。

第三，在深度阅读经典原著、写作和讨论辨析中形成批判性思维。坚持让学生直接面对原典。每单元的阅读材料除研究论文外，均选择第一手英文和中文原著，学生直接面对“人格化”的榜样，直接“倾听”伟大人物自己的言语，通过原典把握自然、社会和人，联结理论和实践、历史和当下。教学过程倡导苏格拉底式教学法和积极学习，师生之间和生生之间在平等、互相尊重的讨论和交流中推进课程。例如，课程第一单元“《华伦夫人的职业》与社会道德”的课堂讨论从剧本的现实主义手法、人物塑造的典型性、“圆形”人物（round characters）、“讨论”剧等艺术性特征入手，逐步深入到剧作作为“社会问题剧”（problem play）的思想性和社会批判性，讨论剧中反映的维多利亚时代的虚伪道德、英国资本主义的发展、社会不公与剥削、“新女性”、“费边社会主义”的改良思想、经济基础与社会道德伦理等与伦理道德和社会正义这一中心主题相关的问题。教师做必要的补充解释、答疑和纠错，师生在讨论中互相启发，互相补充，教学相长。

第四，在自主、合作、探究中养成积极学习的习惯、严谨的学风和扎实解决问题的能力。每个单元均围绕一个中心主题展开，以中心主题设置问题和任务，鼓励学生充分利用信息技术和互联网海量资源，自主获取信息，严密整合信息，批判性分析信息，合理规范地利用信息。鼓励学生既能独立自主，又能协同合作，积极分享，勇于突破，创新地解决提出的问题。

四、“现代英美戏剧”课程思政思路和实施方式

本课程与思政课程同向同行，灵活、有机地寓价值观引导于知识传授和能力训练之中，构建了类型丰富、层次递进、相互支撑的课程思政内容，注重在阅读、讨论、互动和交流、反思这样的潜移默化过程中让学生坚定理想信念，将社会主义核心价值观内化为精神追求、外化为自觉行动，以培养德智体美劳全面发展的社会主义建设者和接班人。

第一，将显性思政和隐性思政相结合，因时制宜。学界和教育界一般均认为，课程思政在性质上基本是隐性思政。本课程在实践中既有隐性思政，也有相当的显性思政，实施的关键在于有机融入，从而某种程度上可以为课程思政提供不同的视角。例如，在第一单元的“《华伦夫人的职业》与社会道德”里，多轮教学中讲解了属于显性思政的马克思主义的无产阶级革命论和马克思主义道德观；在关于剧作如何批判资本主义社会剥削的讨论中，引入了社会主义核心价值观中的“公正”，有机实现了隐性思政。又如在“《哥本哈根》与科学”这一单元中，可以自然、有机地结合剧中表现的伟大科学家的爱国精神，原子弹研制之争同时进行爱国主义、科技伦理方面的显性和隐性思政。

第二，主题引领，将“洋”与中、历史和当下相结合。以本课程设计的 9 大主题——社会道德、家庭、自然与命运、性别问题、阶层身份、存在、语言、异文化想象、科学为引领，每单元均可以从戏剧反映的特定历史时期的英美社会问题，为思考当下中国的问题提供借鉴。例如，在第三单元的“《骑马下海的人》与自然和命运”里，教学中从讲解 20 世纪初“爱尔兰文艺复兴”与爱尔兰民族独立运动之间的关系，爱尔兰戏剧运动对中国“五四”时期茅盾、郭沫若、余上沅和赵太侔等人的启发，即如何用戏剧推进中华民族文化革新，讨论艺术家的民族意识和使命感，以及如何用艺术服务民族振兴等在当下中国有现实意义的问题。

第三，使用全面的视角和真实的材料。虚假的材料不仅缺乏说服力，而且可能产生难以预料的负面效果，片面的视角则可能导致片面甚至极端的认识与行为。本课程在进行课程思政中强调采用真实材料和全面视角，力避虚假信息和断章取义，培养学生的理性精神。例如，在“《蝴蝶君》与异文化想象”这一单元讨论西方世界对中国的偏见时，既提供历史上中国统治者不尊重科学的史料，也提供中国人为世界文明进步做的功绩（如“丝绸之路”、加州铁路修建、造纸术和印刷术等）；既提供今日中国对世界和平、发展做的贡献，也提及中国人在国内外旅游时的不良行为，引导学生思考偏见和歧视的不合理之处及形成的原因，倡导跨文化交流中宽容看待差异、学习先进文化、平等和谐共处的核心价值观。

第四，大量使用比较分析。“有比较才有鉴别”，本课程始终强调从冷静客观的比较分析中反思他人、他国及自身，学生在比较中发现不足并找寻改进、发展的道路和方法，在比较中坚定国家认同和民族自信、文化自信。如在“《蝴蝶君》与异文化想象”这一

单元，在讨论西方认知和观念中根深蒂固的“东方主义”的二元对立思维时，以今年世界各国，特别是中国、美国、英国、日本、韩国、印度、西班牙等国家抗击新型冠状病毒感染疫情中的表现，从地理和地缘、人口数量、经济发展状况等方面展开不同层面的比较，显示出中国在抗击疫情中的上佳表现以及中国作为大国的责任担当，强化学生的民族自豪感，批判西方中心主义的二元对立思维的荒谬处。

五、思政效果评估

本课程对学生有严格的要求，学生在阅读、写作和讨论交流中，基本实现了课程设定的思政目标，其中有两个方面特别值得一提。第一，班级学风稳健、踏实。学生能在剧本阅读和讨论中反思自己在家庭、学校和其他场合的言行和思想，明确表达出改进的方向。剧本中一个个冲突性强、触动人心、发人深省的故事让学生得到情感净化和精神上的升华，也让他们在阅读、讨论中反躬自省，课程起到了塑造学生良好品格和培养学生积极的世界观、人生观和价值观的作用。本课程要求大量的阅读和写作任务，学生绝大多数能按照开学初公布的教学计划，按时完成阅读任务和写作任务，在读书报告和论文写作中能遵循学术规范。第二，学生对民族、国家的建设发展和个体责任与使命的认识得到深化，民族自信心和自豪感增强，懂得理性爱国的意义，生活中也能较理性地对待自我、他人乃至文化差异，努力做到宽容以待，平等相处。有的学生在思考如何将戏剧运用于社区教育和社会公益活动中，表现出积极的社会关怀和行动意识。下附两位学生的课程反馈节选。

另外，更大的收获还是课堂上针对剧作背后问题的探索和思考。不论是讨论了2个月的女权问题、“愤怒的青年”中的存在主义思想、跨文化交流中的中西冲突还是科学上个人与人类群体关切的主题，都给了我理解两性差异、种族歧视、家庭伦理等人类长期存在的问题有了知识面上的拓展。尤其是当我在听同学们的讨论时发现了有同感的地方，还有一些特别的观点，也为我看待问题提供了新的思路。让我最有收获感的，还是当我们的讨论从剧作本身上升到了一些更深入的人性问题或者社会问题的时候，我们有了更多的自省和反思。这种思维碰撞超出了我开学初对这门课的期待。

图1　马克思主义学院2019级学生林颖怡课程反馈节选

思想方面：而且，我觉得这堂课程最大的收获在于这些戏剧让我学会反思，反思我的个人行为，反思我对待他人的态度，反思当今社会的种种行为，我也成为一个有思想的人了。我把它们带到现实生活中，在阅读《长日入夜行》时，我的内心不断地叩问我自己：我与我的家人平时是怎样相处的？父母有没有维持好夫妻之间的关系？我对待父母、姐妹的态度是否正确？能不能做的更好呢？这些都带给我很大的启发性。而《蝴蝶君》这部剧作则让我想到一直存在着的种族歧视问题，以及最近因为弗洛伊德之死而爆发的游行示威，我们当代人该如何处理这些社会问题呢？我们该如何对待其他国家、民族的人呢？而在课上我们老师和同学分享了自己经历和见解，分析了黑人的处境以及产生种族歧视的原因。这些都是我在其他课程中不能学习到的东西，我们会结合剧本以及相关的理论知识，讨论当今发生热门的政治、社会问题，直击热点，从以前的香港暴乱事件、PUA 男、N 号房事件、到现在欧美国家的反对种族歧视游行示威，大家都提出独到的见解，让我们的现代英美戏剧课程不仅仅局限于剧本。我们批判这个社会丑陋的一面，也看到了人性的光芒一面，我们不断的摸索、不断的探寻，坚持真理、相信正义，这也是我在这个课堂所学到的。

图2　2019级学生梁思琪课程反馈节选

外语使用的“中国心、中国情、中国味”

——华南师范大学“大学英语”课程思政

外国语言文化学院 胡宝平 副教授

一、“大学英语”课程思政的特殊意义

“大学英语”课程的自身特征使其成为课程思政的重要阵地。首先，“大学英语”是高校里持续时间最长、覆盖与影响范围最广（除英语类专业外的所有学生）的公共必修课之一，课程教学中会广泛使用跨国界、跨媒介、跨学科、内容多元的教学材料，其中大量教学材料为了保持“原汁原味”的英文而直接采自西方国家，但青年学生的辨别能力尚不足，容易盲目或茫然，这使得教学过程中的积极思想传承和价值引领尤其必要。其次，今日高校的“大学英语”课程，大多不再是昔日那样单一的通用英语课程（以训练学生的语言基本技能为主要目标），而是形成了以通用英语、专门用途英语、学术交流英语和文化为一体的多元课程综合体，这使“大学英语”进行综合的思想教育的必要性和可行性更强。再次，“大学英语”课程如新版《大学英语教学指南》所说，“是高等学校人文教育的一部分，兼有工具性和人文性双重性质”，而学生学习和使用英语的目的，是“直接了解国外前沿的科技进展、管理经验和思想理念，学习和了解世界优秀的文化和文明”，最终能“增强国家语言实力，有效传播中华文化，促进与各国人民的广泛交往，提升国家软实力”。从中我们可以看出，在新时代社会主义建设语境下，大学英语教学的目的与课程思政的目标有着内在的、直接的关联，这是“大学英语”课程思政的必要性和可行性的另一方面。最后，学生普遍对“大学英语”课程有很高的期待，这要求我们在课程教学中要特别注意思政教育的方式和方法。

外国语言文化学院大学英语部承担了省级课程思政教改项目“多元课程体系下大学英语课程思政的实施路径研究”，在理论学习、校际交流和教学实践中积极探索适合我校校情和学情的课程思政路径和方法。

二、“大学英语”课程思政的目标、内容层次和实施原则

从“大学英语”的工具性角度，“大学英语”课程思政是要培养学生成为高水平、

负责任的英语语言使用者。从人文性角度，“大学英语”课程思政要开拓学生的国际视野，培养拥有文化自信和中国情怀的社会主义建设者和接班人。简而言之，我校“大学英语”课程思政的目标，是培养学生英语使用的“中国心、中国情、中国味”。

“大学英语”课程团队在理论学习、实践探索的基础上，形成了一个基本认识：“大学英语”课程思政内容必须有自身的重点和层次，才能真正达到习近平总书记所说的“守好一段渠、种好责任田”，与思政课程和专业课程“同向同行、形成协同效应”的目标。若无自身的重点和层次，虽然看起来可以保持灵活性，但是实践中容易出现随意、松散、零碎、目标模糊、与专业课程等的课程思政简单重复或“胡子眉毛一把抓”等弊端。我校“大学英语”课程经过多年建设和发展，已经形成了由通用英语、专门用途英语、学术英语和文学文化若干模块构成，包含多门具体课程的体系化综合课程。例如，专门用途英语模块有“商务英语”“职场英语”“旅游英语”等具体课程，文学文化模块有“英语短篇小说选读”“跨文化交际”“口述中国文化”等多门具体课程。

因此，课程教学团队一直致力于在多模块、体系化的课程框架中形成体系化的课程思政内容，最终总结出了符合我校学情的思政内容核心和层次。我们将“大学英语”课程思政内容的核心定位于现代文明精神和文化批评意识，其中，社会主义核心价值观是现代文明精神的集中体现，且包含了中华文明的精髓，应在“大学英语”课程中恰当传递。我们基于不同课程模块，定位了课程思政的内容层次：通用英语课程着重文化知识掌握的准确性和语言技能应用的恰当性；专门用途英语课程着重科学方法、理性思考、职业精神、科技伦理，培养学生的责任感和使命感；文学文化类课程着重培养学生的文化平等和包容观念、跨文化交流能力，进行文化批评和反思，特别是辨别西方意识形态宣传策略的能力，以及“讲好中国故事”、促进中国文化走出去的能力；学术英语着重培养学生维护学术道德、尊重他人的成果和知识产权的意识，以及在学习与研究中切实遵守学术规范的能力。

“大学英语”教学团队在学习、实践和与其他高校同行的交流中吸取经验，避免误区，总结出我校“大学英语”课程思政的三大基本原则：第一，外语课程的人文性意味着“大学英语”课程思政可以有显性内容和显性方法（即不能不加区别地统一视为隐性思政），教学中需要将显性内容和显性方法与隐性内容和隐性方法恰当结合，合理平衡。不同类别的课程性质不同、特点各异，教学方式和方法也不尽相同，在育人功能上发挥的作用也各有重点，不同课程用统一的模式进行思政教育是不切实际的，也与课程思政建设的初衷背道而驰。第二，“大学英语”课程在性质上首先是技能课程，其思政教育既须避免“强行植入”——将思政内容强硬添加到语言知识传授和技能训练中，造成“眼中金屑、米中掺沙”的“两张皮”结局，又须避免“大水漫灌”——不分场合、不加区分地进行思政教育，使技能课程变相成为思政课程。实践中，以典型事例激发兴趣，引导学生深入思考、举一反三，是更为有效的方法。第三，由于语言应用总是发生于具体的社会和生活情境，“大学英语”的课程思政须避免脱离实践、疏远生活地进行空洞说理，而要解释实际文化现象，回答现实生活中出现的重要理论和实践问题。

三、“大学英语”课程思政实施案例拾萃

1. 案例 1（通用英语）：“return”还是“revert”——识别殖民主义圈套

现象：中外媒体对于香港、澳门的“回归”的报道，用词有多种，如“take over”“transfer”“transition”“handover”“recover”等。其中，最常见的译法有两种：“return”与“revert”——前者为我国传媒所采用，后者则集中出现于西方媒体及学术界。

■ **香港回归：Return 还是 revert?**

--Premier Li Peng said Hong Kong's **return** to China is an important step towards the reunification of the motherland...(*China Daily*. Mar. 29, 1997)

--At midnight on June 30,1997,Hong Kong will **return** to Chinese rule after 150 years as a British colony.(*China Today*, Feb.2, 1997, p.45)

--He will officially take office on July 1,1997,the day Hong Kong **reverts** to China. (*Time*. Dec. 23, 1996. p.47)

--Pro-democracy activists are worried that their rebuff could establish a chilling precedent when the British colony **reverts** to Chinese rule six months from now. (*Newsweek*, Jan, 13, 1997. p.13)

--The renewal of China s most favored nation trade status... Will depend in part on how China handles Hong Kong's **reversion**. (VOA. Mar. 8, 1997)

图 1　课堂教学幻灯片

图 2　《不列颠百科全书》网络版词条（检索时间为 2020 年 10 月 14 日，标记系笔者所加）

图 3　美国国务院档案网络版词条（检索时间为 2020 年 10 月 14 日，标记系笔者所加）

相关案例：美国领导人称新型冠状病毒时，使用了“China Virus”“Chinese Virus”等有歧视性的说法。

图 4　记者拍到的 2020 年 3 月 19 日美国前总统特朗普白宫新闻发布会讲稿

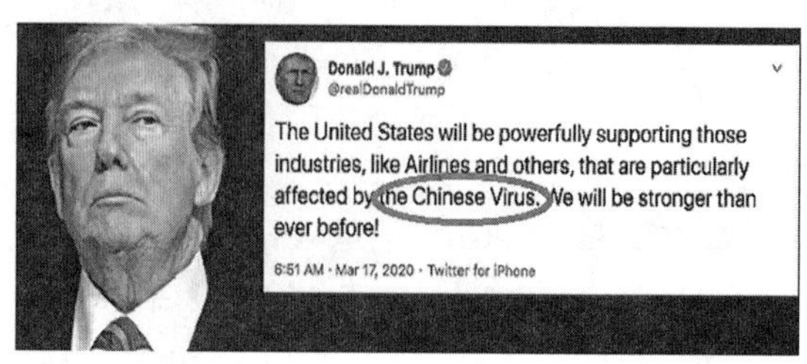

图 5　美国前总统特朗普 2020 年 3 月 17 日的推特

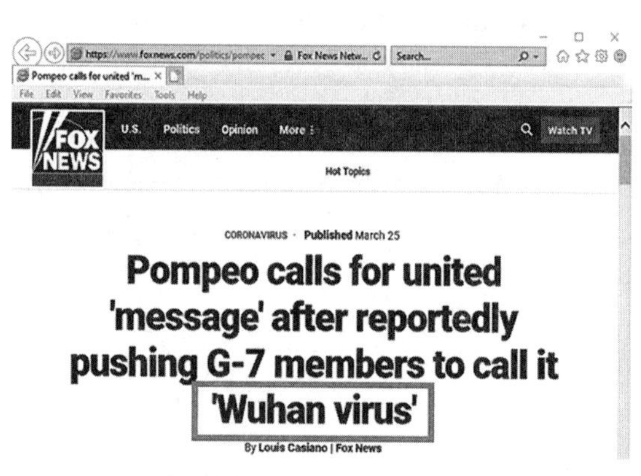

图 6　美国福克斯新闻官方网站 2020 年 3 月 25 日报道截图（标记系笔者所加）

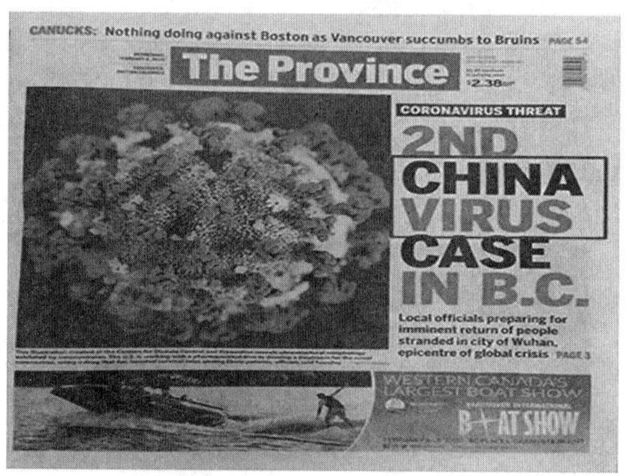
CANUCKS: Nothing doing against Boston as Vancouver succumbs to Bruins

The Province

CORONAVIRUS THREAT

2ND CHINA VIRUS CASE IN B.C.

Local officials preparing for imminent return of people stranded in city of Wuhan, epicentre of global crisis

WESTERN CANADA'S LARGEST BOAT SHOW

图 7　加拿大英属哥伦比亚省报纸 2020 年 2 月 5 日头版（标记系笔者所加）

思政目标：增强学生对具体语言使用背后的政治和意识形态内涵的认识，识别西方媒体宣传中的殖民主义、霸权主义、种族主义圈套，从而在对外交流过程中能维护国家尊严，有理有据地爱国。

教学方法：结合时政热点，学生查询工具书，小组研讨，教师补充讲解。

教学过程要点：教师向学生展示从广播和电视新闻、报刊等搜集的关于香港和澳门回归的新闻报道，指出国内外媒体的不同用词，然后向学生提出问题：为什么英美媒体普遍采用“revert”（及相应的“reversion”）一词，使用该词有何特别含义？学生使用词典和搜索工具查询两个词的意义和用法，交流汇报他们的研究发现。然后，教师进行总结和点评：词语选择经常超出纯语言层面，其背后可能是意识形态之争，是国家利益之争。教师联系新型冠状病毒感染疫情期间美国领导人将新型冠状病毒称为“Chinese Virus”等各类案例，让学生认识到语言使用关乎爱国，鼓励学生做高水平的外语使用者，在国际交往场合用自己扎实的外语能力为维护国家尊严和利益服务，做有知识、有能力的爱国者。

2. 案例 2（专门用途英语）：“Carefully slide”——构建中国形象

现象：今天国内许多大中城市的公共场所，如旅游景点、道路交通、办公场所等，均提供了中英双语告示牌，但是大量告示牌的英文出现了各种各样的错误或不严谨之处。

图 8　某大楼内告示牌

图 9　某省野外告示牌

图 10　某办公场所告示牌

图 11　某公共场所告示牌

图 12　某水塘告示牌

图 13　某地警犬标识

思政目标：增强学生对于语言使用的准确性和恰当性的意识，引导学生在各类工作场合严谨地用好英语，以专业精神和敬业精神提升个人形象、城市形象和国家形象。

教学方法：结合实际应用，学生试错、讨论分析，课后调研。

教学过程要点：教师选择某旅游景点的若干中文告示牌，请学生现场翻译，接着将学生的翻译版本与景点的英语版本进行比较，继而与英美国家相同场景的告示牌进行比较，让学生来发现自己译本和景点译本里的问题和错误。接着，学生讨论教师提出的问题：这些翻译错误出现的原因可能有哪些，是英语水平和能力本身不足，还是工作态度不够严谨、方法不够恰当？我们如何避免犯这些错误？然后，教师进行总结：外语使用的目的首先是达成有效交流，本可避免的错漏可能损及个人形象、城市形象甚至民族形象。教师鼓励学生进行课后调研、访谈，发现现实生活中遇到的错误使用的常见情形、比例、影响等，认识准确、恰当使用外语的重要性和避免错误的方式、方法。

3. 案例 3（跨文化交际）：十二生肖与十二星座——“讲好中国故事”

现象：西方人对于带有独特中国文化特征的事物，经常会有偏见，对中国人和中国文化持有很多负面的刻板印象。可是，对于今日中国的发展壮大，又经常产生误解，甚至将中国的发展视为一个威胁。这显示出西方人依然用二元对立思维来认知中国，而漠视中国对于全球经济发展和国际秩序稳定所做的巨大贡献。

思政目标：增强学生的文化平等意识和民族文化自信，引导学生辩证、历史地看待不同民族的历史和传统，进而能在对外交流中，“讲好中国故事、传播好中国声音，向世界展现真实、立体、全面的中国，提高国家文化软实力和中华文化影响力”。

教学方法：学生试错、文献阅读、讨论、课后调研。

教学过程要点：教师选取中国历史、文化、传统和当下现实中的事例，如“黄祸”论、陈查理和傅满洲形象，及至外国媒体对中国抗击新型冠状病毒感染疫情的扭曲报道，等等，要求学生结合文献，总结外国人对这些事例的不同反应，分析这些反应出现的原因，特别是政治和意识形态因素。同时，选取若干实例，如历史上的裹足、十二生肖与中国传统，让学生进行角色扮演，尝试向外国友人介绍，进而以剑桥大学学生 Janus Dongye 在 Quora 网站的一篇极受好评的回答“How is China able to provide enough food to feed its population of over 1 billion people? Do they import food or are they self－sustainable?”为例，提出中心问题：在向外国人介绍中国事物时要注意哪些因素，如何介绍会更有效？最后，教师总结对外交流和宣传中的一些方法、技巧及注意事项，鼓励学生凭借丰富、扎实的知识储备，积极、自信、客观、辩证地向外国友人介绍中国，在民间层面为中国的建设发展谋得理解、尊重和更好的发展环境。

十二生肖与价值观教育

有一次，我参加接待了一个欧洲访问团。一位德国客人问：“你们中国人怎么属什么猪啊、狗啊、老鼠啊！不像我们，都是金牛座、狮子座、仙女座……真不知道你们祖先怎么想的！”

我用平和的语气说：“是的，中国人的祖先很实在。十二生肖两两相对，六道轮回，体现了祖先对我们的期望和要求。”

我说：“第一组是老鼠和牛。老鼠代表智慧，牛代表勤奋。智慧和勤奋一定要紧紧结合在一起。如果光有智慧，不勤奋，那就变成小聪明；而光是勤奋，不动脑筋，那就变成愚蠢。这是最重要的一组。

“第二组是老虎和兔子。老虎代表勇猛，兔子代表谨慎。勇猛和谨慎一定要紧紧结合在一起，才能做到胆大心细。

（1）

“第三组是龙和蛇。龙代表刚猛，蛇代表柔韧，刚柔并济是我们的祖训。

“接下来是马和羊。马代表勇往直前，羊代表和顺。如果一个人只顾目标，不顾及周围环境，最后不见得能达到目标。但如果光顾及和顺，他可能连目标也失去了。所以，勇往直前的秉性，一定要与和顺紧紧结合在一起。

“再接下来是猴子和鸡。猴子代表灵活，鸡定时打鸣，代表恒定。灵活和恒定一定要紧紧结合起来。

“最后是狗和猪。狗代表忠诚，猪代表随和。无论是对一个民族的忠诚、还是对自己理想的忠诚，一定要与随和紧紧结合在一起，这样才容易真正保持内心深处的平衡。”

解释完毕，全场鸦雀无声。

（《特别关注》2006年第10期）

（2）

图 14　课堂教学幻灯片

Quora　Home　Answer　Spaces　Notifications

If China has so much money to invest in other countries, why don't they develop the poor parts of China?

（1）

How is China able to provide enough food to feed its population of over 1 billion people? Do they import food or are they self-sustainable?

Janus Dongye, Interested in Chinese history and geography

Updated Apr 25, 2019

Seeing is believing. Open your Google Earth and have a look at what is really going on in China from above. Western media won't normally tell you about this. I will guide you through and point you w... (more)

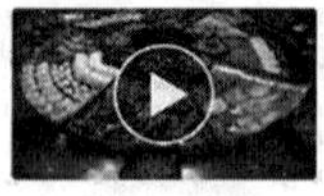

（2）

图 15　美国 Quora 截图（检索时间为 2020 年 10 月 14 日）

案例 4（学术英语）：Plagiarism（剽窃）——遵守学术规范

现象：学生课堂展示与分享论文写作的时候，需总结、借鉴、利用别人的成果，但是本科生在论文写作过程中，因总结、借鉴和利用时操作不当而被视为抄袭的情况非常常见。

思政目标：增强学生的学术道德观念和规范意识，能在自己的写作过程中切实遵守学术规范，既体现出自己的诚信，又展现自己的创新。

教学方法：学生试错、文献阅读、讨论。

教学过程要点：学生课前阅读若干篇关于同一主题的文章后，当堂写一段作文，文中须引用所读文章的观点和文字。教师提供国际学界接受度最高的两种论文写作规范指南的最新版——*The MLA Handbook*（第8版）和*Publication Manual of the American Psychological Association*（第6版），介绍其中关于剽窃（plagiarism）和学术不诚信（academic dishonesty）的定义，以及引用他人观点和文字时如何进行标识的规范做法。然后，学生根据规范，讨论、比较自己作文中的不规范之处，并进行修改。同时，要求学生课后阅读若干所修读专业领域内权威期刊上的论文，研究其格式、体例的特征和要求。最终，学生认识到之前写作文时有违学术道德之处，以及一些错误的理解和错误习惯，从而能在日后写作文时做到尊重他人的成果，遵守学术规范，维护学术道德。

四、结语

语言使用从来都不是纯粹的语言层面的活动，而是充满了政治、意识形态、道德伦理内涵甚至争锋。我校的“大学英语”教学重视将价值观塑造和引领贯彻到英语语言知识传授和技能训练当中，既增长学生的知识和见识，提高学生的语言应用能力，又增强学生的政治认同、家国情怀、道德修养和法律意识，培育、践行社会主义核心价值观，塑造学生的灵魂、品行和人格，使学生能真正成为堪当社会主义建设和民族复兴大任的时代新人和先锋力量。

“军事理论”课程融入课程思政的探索和实践

美术学院　曾小玲　助教

“军事理论”课程作为本科生必修课程，以国防教育为核心，设立前置军事技能课程，具有较好的开展基础。同时，军事理论课程以增强学生国防观念和国家安全意识，强化学生爱国主义为目的，与课程思政具有相似的同向的目标培养指向，在价值引领上具备天然协同效应关联。

不过，“军事理论”虽然具有较强的课程思政的资源，在新时代、新要求下如何让“军事理论”本身的课程思政资源发挥教育优势、如何引导学生在课程学习的过程中坚定“四个自信”、如何在课程实践中引导学生讲好中国故事，这是“军事理论”课程在实际课程教学中需要完成的任务。

一、本次教学改革要解决的问题

本课教学改革基于过往华南理工大学版《军事理论》教材使用及课程教学中存在的现实问题，具体问题如下：

学生在上完“军事理论”课程后，仅在课程当下觉得内心澎湃，无法与现实生活产生关联，更无法将学习到的内容很好地通过自身的表达，融入到日常生活中。让学生理解“军事理论”课程与个人息息相关，且每个公民有义务讲好中国故事的任务迫在眉睫。

为什么学生会出现上述问题，笔者认为有两方面的原因：第一，教材内容阐释扁平化，以文字阐述为主，未有涉及教学所需图例、案例及相关视频链接；第二，由于军事理论课程学分设置较少，部分学生仅将此作为一门影响较小的课程，并没将其作为修身立命的课程修读，也导致学生对课程认识不足，影响学生对个人与国家关系的理解。

二、针对问题如何解决

（一）增加蕴含课程思政的现实案例

“军事理论”课程“军味”浓厚，理论性强，这就需要从现实案例出发，增加课程案例，使学生将理论与实际相结合成为可能，为其未来讲好中国故事积累一定的现实素材。

教材《军事理论》分为四大章，每个章节从内容编排上相互独立。下图展示的是各章节选用的案例，由案例将四大章有机串联，综合体现了中国在对内对外所展现出来的中国精神、中国力量和中国效率。

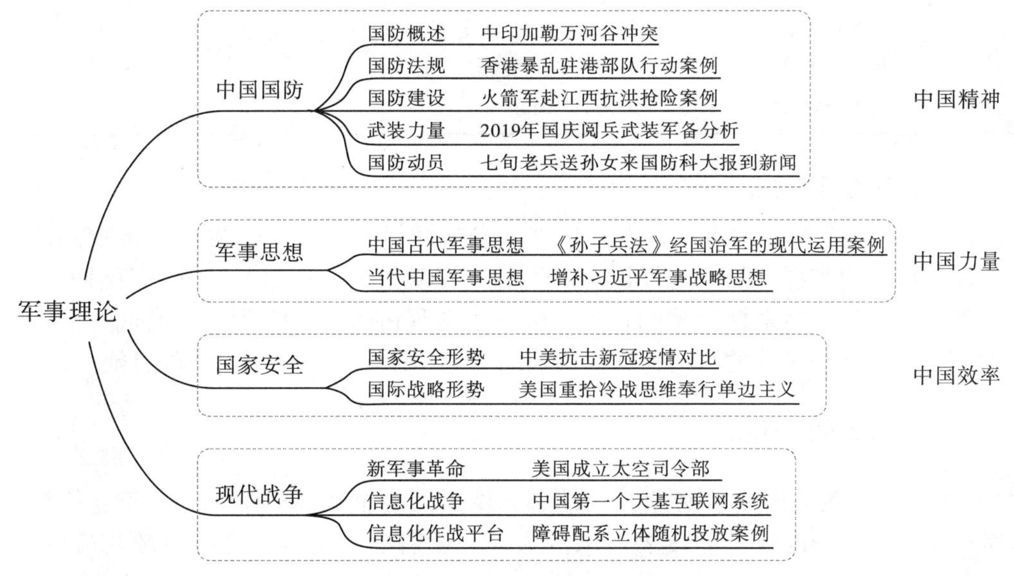

图1 《军事理论》选用案例分布图

（二）通过多元的方法和手段讲好中国故事

1. 增强课堂互动性

要让我们的年轻一代讲好中国故事，传播中国声音，由内而外地转化教学成果，“军事理论”课程尝试增设互动或展示环节，将课堂给到学生，利用所学知识尝试讲述好主题章节内容。

表1 “军事理论”课堂互动内容一览表

增设内容名称	内容简介	设置目的
我为国家代言	在“中国国防”或“信息化装备”板块抽40分钟的时间，以中国国防课程材料为素材，增设“我为国家代言”主题演讲环节	增加学生对国家改革开放取得伟大成就的深入理解，增强主人翁意识
我是战略师	在“军事思想”板块抽40分钟时间，选取各个时期中国军事思想片段形式历史微剧	以沉浸式的方式增强学生对负责历史条件下国家行为的理解，树立大局观
实地考察	作业增设以小组为单位到爱国主义基地实地考察的内容，以限定选取某一历史人物为线索，开展考察报告撰写	在考察中体悟小人物与国家的休戚与共，增强家国情怀

续上表

增设内容名称	内容简介	设置目的
做爱国的卫士	在上学期课程改革的基础上，结合国家安全教育月，在“国家安全”板块抽 40 分钟办主题沙龙，围绕着大学应该如何爱国、大学生应该如何防间谍做主题沙龙讨论	提升国家安全意识

2. 突破课堂有限性

“军事理论”课程学时有限，内容繁多，未能详尽。基于大学生已具备较强的自学能力，课程中需要掌握的简单的知识点以砺儒云课堂上的视频进行补充，有目的地设定课程问答题目，让学生掌握相关知识点，解放了课程讲解细碎知识点的时间，能有更充裕的时间来落实课程思政的目的，这样为前面的互动性课堂提供了时间的可能。

三、教学成效与推广

“军事理论”为全国高校必须开展的必修课。面向全体高校学生，基于立德树人根本任务，培养符合新时代社会发展需求的人才，就需要有机融合课程思政相应的要求。当代青年，要将课堂所学与社会现实相结合，要将个人发展叙事和国家叙事相结合，这就需要在日常的课堂中融合思政内容，提供锻炼机会，培养相关能力。

“数学分析1”课程思政元素及教学案例

数学科学学院　冯伟贞　副教授

课程思政是指以构建全员、全程、全课程育人格局的形式将各类课程与思想政治理论课同向同行，形成协同效应，把“立德树人”作为教育的根本任务的一种综合教育理念。习近平总书记在全国高校思想政治工作会议上强调，要用好课堂教学这个主渠道，各类课程都要与思想政治理论课同向同行，形成协同效应。

课程思政的改革是以“学科德育”为核心理念的课程改革，就是把德育的核心内容有机分解到每一门课程，充分体现每一门课程的育人功能、每一位教师的育人责任。

“数学分析1”作为数学与统计学专业学生进入大学的第一课，是开展课程思政改革的重要阵地。“数学分析1”课程思政需要通过落实知识与技能、过程与方法、情感态度价值观的三维统一，重点在课堂教学中落实微积分发展史、数学欣赏、数学应用、数学探究四个维度的内容渗透，帮助学生领会唯物论、辩证法、理性思维、数学审美等方面的数学德育内涵。

一、极限论板块的思政元素及案例

表1　极限论板块课程思政元素及案例表

序号	知识教学内容	思政教学案例	思政元素
1	实数集	第一次数学危机：无理数的发现	求真求实引发数学的一次巨大革命
2	函数图象	欣赏美丽图像	数与形的统一——数学审美
3	数列极限导入	穷竭法与刘徽割圆	了解数学文化，渗透有限与无限的辩证关系
4	数列极限导入	中国古代的微积分思想	加强文化自信
5	ε-N 定义，ε-δ 定义	极限思想的本质	体现了动态与静态的对立与统一规律，感悟量变到质变的飞跃

续上表

序号	知识教学内容	思政教学案例	思政元素
6	无穷小量	第二次数学危机：无穷小是零吗	严密的数学理论体系的创建带给数学勃勃生机，科学辩证引发数学革命
7	实数完备性	实数理论的发展史	了解科学发展的历程，体会理性思维在科学研究中的价值
8	实数完备性	构造法——基于构造的数学发现	大道至简——数学审美

二、微分学板块的思政元素及案例

表 2　微分学板块课程思政元素及案例表

序号	知识教学内容	思政教学案例	思政元素
1	微分学板块导入	应用的迫切需求引导微积分的创立	（1）物质决定意识 数学知识是由物质决定的，它来源于物质世界，寓于物质世界中。当然有的数学发现是从理论上获得的，但它们是物质世界和谐性发展的需要，是人类对客观事物规律的能动反映和预测，而且必将在实践中得到应用，更何况这种能动性也是受客观存在制约的。 （2）物质统一性 数学是对物质世界存在的数和形关系的抽象与概括，是普遍性的规律，具有相同的数量关系的不同物质都可统一于相同的数学表达式（或结构）中
2	微分与导数概念的引入	牛顿与莱布尼茨的各自执着	名人故事与思考历程，了解科学创新
3	导数概念引入	数学应用案例	从差商到微商，感受“静”与“动”的变化，感受从量变到质变的飞跃
4	泰勒公式	可达到任意逼近的精彩	极致的精确——数学审美
5	函数的凸性	凹与凸的对立统一	对立统一关系

三、“数学分析 1”课程思政的教学执行

通过落实课程思政课堂内外一体化以达到育人目标。首先是融入课堂相应讲授环节。其次是通过建立网络平台整合课程思政教学资料，引导学生进行课外阅读。再者是在课程微信群等平台进行课外交流。笔者在华南师大数学科学学院 2019 级一个教学班进行思政教

改实验，整个教学过程畅顺，师生互动状况好，学生给出的本门课程课堂评估分为 99.464。

图 1 “数学分析 1”课程思政网站

(1)　　　　　　　　(2)

图 2 班群上“数学分析 1”课程思政内容交流

课程思政理念下“中国区域地理”教学探索与实践

地理科学学院　张正栋　教授

一、“中国区域地理”课程简介

“中国区域地理”是地理科学专业的一门专业主干课程，是最能体现地理学综合性与区域性特点的专业基础课程。该课程主要讲述中国的自然结构及其评价、海域与岛屿、人口与经济发展、文化传统与现代化、灾害与环境、景观与区划、国土整治与区域发展战略、我国八大综合区的资源环境条件、经济发展特点、开发利用中的问题及区域发展方向等内容。本门课程的学习要求学生能深入地认识我国的主要地理问题，全面理解区域自然—社会—经济—文化系统的演进过程及其综合规律，掌握区域人地关系系统研究的基本理论与方法，以培养学生的综合分析能力和区域分析能力。

二、“中国区域地理”与“课程思政”的契合点

“中国区域地理”课程在进行课程思政立体化育人上具有得天独厚的优势。地理学科的实践性、开放性、地域性、综合性的学科特点是课程思政育人的基础。学生通过学习“中国区域地理”，可以激发探究中国地理问题的兴趣和动机，养成求真、求实的科学态度，提高地理审美情趣；可以认识中国的基本地理国情，关注我国环境与发展的现状与趋势，增强热爱祖国、热爱家乡的情感；可以了解全球的环境与发展问题，理解国际合作的价值，形成正确的全球意识；可以增强对资源、环境的保护意识和法制意识，形成可持续发展观念，增强关心和爱护环境的社会责任感，养成良好的行为习惯，从而引导学生树立科学的资源观、人口观和环境观，以及可持续发展的观点。“中国区域地理”是一门与自然科学、社会科学交叉的学科，其特殊性决定了对学生进行爱国主义教育的重要价值。

三、“中国区域地理”课程中渗透思政教育的实施策略

1. 深挖教学内容，渗透思政教育

《中国区域地理》一书由总论和区域分析两大部分组成，总论论述全国性的主要地理问题，区域分析分区阐述全国八大综合区区域发展的情况，共有十六个章节。教材中有不少素材或内容本身就是很好的家国情怀教育题材，在教学中有侧重地展示这些内容并加以灵活处理，带领学生去品味、去讨论，深入挖掘出课程思政的契合点，将教学内容内化为家国情怀情感。

以第一章“区位和疆界”为例，可以挖掘的思政教育契合点如表 1 所示。

表 1　“区位和疆界”教学内容与思政教育契合点

教学内容	思政教育契合点
1. 中国在世界的地位 人口、面积、社会经济指标在世界中的位置	能够进行国土安全意识教育和国情教育，综合国力的世界地位可以提升学生的民族自豪感
2. 区位和疆界 我国的地理位置和疆界	中国疆域的辽阔和地理位置的优越性能增强学生国家认同感的民族自豪感、对祖国未来发展的信心。通过对地缘政治的考察，培养学生的国家安全意识
3. 中国遥感图像的地学分析 从地表结构、现行构造带、地表组成物质等方面分析中国遥感图像	我国丰富多样的自然景观和得天独厚的资源可以提升学生的国家认同感和自豪感。而我国复杂的生态环境使不同区域面临各种发展问题，也让学生树立参与区域发展的责任感和使命感

2. 拓展教学内容，延伸思政教育

《中国区域地理》教材内容精炼，虽然蕴含着丰富的思政素材，但大部分内容以事实性的地理知识为主，要在教地理知识的同时达到德育的目标，仍需要教师从多方面获取教学素材，结合当下时代的热点，不断拓展、延伸、调整教学内容，以更好地传递时代精神，引导学生在学习的过程中主动体会、感悟和思考，实现专业课程“知识传授”与“价值引领”作用的统一。

第一，拓展教材内容，丰富课堂素材。以“人口与经济发展”一章为例，可以拓展的教学内容如下：

表2 “人口与经济发展”教学内容与思政教育契合点

教学内容	拓展内容举例	思政教育契合点
1. 人口及其问题	我国人口素质提高的大数据：我国虽然人口数量大，教育资源基础薄弱，但是由于社会主义制度的优越性，我国成为教育大国，全国整体的国民素质在短时间内得到大幅提高	提升学生的民族自豪感和制度自信，树立努力学习报效祖国的理想信念
2. 土地利用与大农业开发	1. 深圳市土地利用变化模拟：从中看到在改革开放的背景下，深圳从一个小农村变成一个大都市，凸显区域经济发展的惊人速度。 2. 梅州“八山一水一分田”的山区土地利用格局：认识到社会经济发展与地理环境之间的关系	提升学生对社会主义建设成就的自豪感；树立运用所学为乡村振兴出谋划策的责任感和使命感
3. 水利及其开发建设	我国从古到今的水利建设成就；我国重要大江大河的水利工程及其影响	在古今的伟大水利工程中可以看到中华优秀传统文化和精神的发扬；对祖国伟大工程的认同感；渗透人地协调发展的国策教育
4. 矿业开发与能源工业	区域能源开发和转型的案例；新能源的开发和利用	渗透人地协调发展的国策教育；科技强国的自豪感
5. 工业建设与布局	乡镇企业带动区域发展的案例	提高学生社会主义建设成就的自豪感；树立运用所学为乡村振兴出谋划策的责任感和使命感
6. 交通建设和运输、邮电业	我国交通建设伟大工程；“一带一路”的国际通道	提高学生对我国发达基础建设的自豪感；渗透“走出去”的国策教育
7. 旅游业	农村依靠旅游振兴的发展案例	通过国家实现乡村振兴、全面脱贫的成就，树立自豪感和责任感
8. 城乡建设	关注家乡城乡建设的过程，以珠三角城乡建设为例	增强对家乡的认识、热爱美好家乡的情感

第二，结合时事热点，将学科和时代需求有机融合。在课堂中结合时事进行教学，既可促进学生对知识的运用和迁移，也是对学生进行德育教育的重要契机。比如，2020年10月12日，习近平总书记到广东潮州考察历史文化街区保护情况，号召当地百姓爱这个城市，呵护好、建设好这个城市。习近平总书记还考察了潮州的企业，提出新形势下需要自主创新才能走出高水平的自力更生之路。对于“传统文化与现代化的空间进

程”以及“人口与经济发展”章节的教学，这就是一则很好的思政教育补充素材。在中国文化地理的教学中，能够有机融入社会主义核心价值观和中华优秀传统文化教育，特别是中国特色社会主义的“四个自信”（道路自信、理论自信、制度自信、文化自信）的教育内容，向学生传递在城乡发展的过程中也要“记住乡愁”。而在中国产业地理的教学中，能够融入对时代变革的认识，认识我国正经历百年未有之大变局，在这样的时代背景下，地理学科可以指导我们寻求发展道路，从而也树立了学生作为“地理人”的学科自信。

第三，专题式融合授课，凸显教育主题。“中国区域地理”的课程讲授结构本身是从学科逻辑出发，按照地理要素和地理区域编排内容。将思政教育和专业课程有机融合，教师可以对内容结构进行调整，使课程凸显思政教育的主题。比如可以将“中国的区位和疆界”“人口与经济发展”“中国近海”这几个章节的部分内容进行重构，组合成一个国情教育专题，融入国内政策、外交政策等内容；而“灾害与环境”一章本身就可以作为一个生态教育的专题，融入十九大报告有关生态环境建设的内容。

3. 开展实践活动，深化思政教育

有效的思政教育不仅需要依靠课堂的灌输，还需要真实的体验。实践是“中国区域地理”课程学习的重要环节，实践不仅能出真知，更能内化学生的意识，是在这门课中渗透思政教育的重要途径。这门课程选择了历史悠久的雷州半岛作为学生区域地理的野外实习基地，实习总时间 10 天，目的在于加深学生对区域地理理论的理解，理论联系实际，扩大知识面，提高思维能力并培养学生区域自然地理野外独立工作能力，提高综合素质和创新能力，为区域科学研究与教学能力打下必要的基础。通过这次野外实习活动，可以增强学生理解并掌握中国区域地理自然和人文各要素之间的相互联系、相互作用规律以及与人类活动之间的相互关系，形成正确的人地观，认识到区域经济发展与环境之间的关系，认识到社会发展与地理环境改变之间的关系，从而将学生培养成为具有责任感和使命感的人才。同时，在实践的过程中，也锻炼了学生的意志、培养了学生吃苦耐劳的精神和团队合作意识，这些都是学生未来建设祖国、服务社会必不可少的品格。

四、“中国区域地理”课程思政的教学案例

案例：第一章“区位和疆界”

[教学目标与要求]

（1）了解中国在世界的地位、中国的区位与疆界。

（2）理解影响我国地形的主要因素、线性构造带，掌握我国地表结构、地形轮廓的基本特征，分析我国地形、地貌的成因，应用我国的自然条件分析一些自然现象。

[教学内容]

（1）中国在世界的地位：主要讲述中国的人口、面积、经济发展概况。

（2）区位与疆界：主要讲述中国的地理位置、疆界。

（3）中国遥感图像的地学分析：主要讲述中国的地表结构、线性构造带、地表组成物质。

[教学方法]

多媒体教学法、问题式启发教学。

[教学实施]

表3 第一章“区位和疆界”教学实施

教学内容	教学实施	设计意图
1. 中国在世界的地位 人口、面积、社会经济指标在世界中的位置	给学生提供大量的数据和图表，包括人口数据、陆地面积数据、GDP数据、主要工农业产品产量数据、外汇储备数据、进出口贸易数据、国际旅游业收入数据等。让学生参与讨论，包括横向比较得出我国在世界中的地位，以及从时间上的纵向比较得出我国近几十年来的发展进程	培养学生数据分析的能力；让学生了解我国在人口、面积和综合国力上的国情；提升学生的民族自豪感。我国主要经济指标居世界前列，同时也有不足，需要年轻一代奋力拼搏，提升学生责任感、使命感
2. 区位和疆界 我国的地理位置和疆界	1. 利用电子地图，认识中国所在的地理位置及其意义。 2. 强调我国的海陆面积和边界，认识周边的邻国，介绍相关的国际公约和协定。 3. 通过问题，引导学生将中国的区位和疆域与中国在世界中的地位联系起来，从地理视角分析中国当今在世界中的地位的原因	在区域尺度思想的指导下，感受中国疆域的辽阔和地理位置的优越性，增强国家认同感的民族自豪感、对祖国未来发展的信心；通过对地缘政治的考察，培养学生的国家安全意识
3. 中国遥感图像的地学分析 从地表结构、现行构造带、地表组成物质等方面分析中国遥感图像	1. 借助遥感卫星图像，运用地理规律分析我国的自然地理环境。 2. 在引导学生思考环境脆弱区域发展问题时，将“创新、协调、绿色、开放、共享”和“绿水青山就是金山银山”等科学发展思想理念贯穿其中，渗透生态文明的思想	引导学生认识到我国丰富多样的自然景观，具备得天独厚的资源，提升国家自豪感。但同时认识到我国具有复杂的生态环境，认识到国家不同区域面临的问题，让学生树立环境意识和积极参与区域发展的责任感和使命感

[课后作业]

（1）填图题：在空白的中国地图上，标出我国疆界东、西、南、北4个极点的位置、地名、纬度、经度和陆地边界、海域边界、邻国。

（2）填空题：填写中国疆域的相关数据。

（3）选择题：考查对中国自然地理环境的掌握。

（4）改错题：考查对中国自然地理环境的掌握。

（5）问答题：考查对中国自然地理环境的掌握。

（6）思考题：对中国陆地面积的不同表述的科学性进行思辨。

设计意图：主要考查学生对国情的掌握，将专业知识与国家安全意识、思辨能力融合，保证课程思政的教学效果。

五、“课程思政”理念下“中国区域地理”的教学成效

目前正处于高校实现从思政课程主渠道育人向课程思政立体化育人的创造性转化期，“中国区域地理”课程充分发挥课程内容的德育性，将学科知识和思政教育有机融合，使显性课程和隐性课程相结合，专业课程与思想政治理论课程发挥协同效应，达到思政教育有形化无形、春风化雨、润物无声的效果，以塑造学生正确的世界观、人生观、价值观，让学生的素质和思想境界得到提升，为国家培养满足社会需要的现代化建设者和接班人。

本课程面向的学生均为修读地理师范专业的学生，在课程中融入思政教育不仅能够培养三观正确的本科生，同时也作为一种典范，让这些学生在未来走向教师岗位时，也能够在自己的地理课堂中渗透思政教育，发挥地理学科的育人价值。由此，本课程的影响力覆盖高校专业教育、教师教育以及基础教育，实现全程育人，有效落实了我国课程思政的实施，为其他专业课程开展课程思政实践提供了良好的范例。

“遗传学”课程思政的探索与实践

生命科学学院　何风华　副教授

一、“遗传学”课程思政案例简介

21 世纪是生命科学的世纪，遗传学是生命科学类专业的核心课程之一。近年来，遗传学取得了空前的发展，它的分支几乎扩展到生物学的所有领域。遗传学是主要研究生物遗传信息的存在形式、储存方式、传递规律、变化方式及影响的学科。遗传学课程教学的定位是使学生深刻认识生命的本质和价值，了解生物界及生物多样性，形成生物进化的观点和树立正确的自然观，而且有助于学生领悟生命科学在促进经济与社会发展，增进人类健康等方面的重要地位和巨大作用。

华南师范大学“新师范”建设行动计划要求完善“大思政”工作格局，推进思政课程和课程思政建设，将思想政治教育贯穿教师教育全过程。深入挖掘专业课的思政内涵，推动以“课程思政”为目标的教学改革是当前课程教学改革的主流方向。实现“立德树人”与遗传学课程教学的深度融合，既是新时代新师范遗传学课程教学的需要，也是新时代新师范生命科学类人才培养目标的需要。在遗传学课程的教学中，我们将科学家的故事、典型科研案例、最新的科学研究进展等写进教案，充分挖掘遗传学课程思政资源，使学生能够对现阶段遗传学的知识进行消化和升华，培养具有独立科研思考能力、创新科研思维能力的高素质复合型人才，培养学生严谨的科学态度、团结协作精神和人文精神。

二、“遗传学”课程思政案例的探索与实践

（1）“遗传学”课程蕴含着许多爱国主义和人文精神的教育要素，在课堂教学设计中，有意识地引入我国在遗传学研究中取得的成就，使学生了解我国科学家在遗传学发展中做出的重大贡献，从而激发学生的爱国主义热情和坚持追求科学真理的精神。

在绪论部分讲授遗传学发展历史时，介绍我国早期遗传学的开拓者、中国稻作学之父丁颖院士和他的学生卢永根院士，以及卢永根院士的学生刘耀光院士的事迹。丁颖院士是广东高州人，是新中国科技战线的一面旗帜，广东省的科技奖即命名为“丁颖科技

奖"。丁颖院士是我国著名水稻遗传育种专家，被尊称为我国的"稻作学之父"，他以在广州郊区发现的野生稻为材料进行水稻遗传育种的研究和创新，培育了许多在生产上大面积推广的重要水稻品种，现在生产上推广应用的主要水稻品种，其血缘大多来自丁颖院士培育的水稻品种；他长期运用生态学观点对稻种起源演变、稻种分类、稻作区域划分、农家品种系统选育以及栽培技术等方面进行系统研究，取得了重要成果，是我国现代遗传学形成和早期发展中做出重要贡献的一代宗师。卢永根院士，长期从事作物遗传学的教学和研究工作，研究领域包括稻的遗传资源、水稻的经济性状遗传、稻的雄性不育遗传和栽培稻的杂种不育性遗传等方面，取得了杰出成就。同时，他的严谨、创新的治学精神和方法，也为后人树立了榜样。刘耀光院士继承丁颖院士和卢永根院士的科学精神，在水稻细胞质雄性不育的分子机制上做出了开创性的研究成果。

在基因突变章节的讲授中，介绍引发绿色革命的水稻矮秆半矮秆基因的发现。20 世纪 60 年代，引发绿色革命的奇迹稻 IR8，其矮秆基因来自于中国台湾的水稻品种低脚乌尖；1956 年，广东潮阳县洪春利、洪群英在"南特 16 号"发现矮秆突变种质，随后选育出矮脚南特，实现了水稻的大幅增产。大陆的矮秆基因多来自于矮脚南特，广东农科院黄耀翔院士在矮秆半矮秆水稻的育种中有突出贡献，被尊称为"矮秆半矮秆水稻之父"。我国拥有非常丰富的农作物基因资源，为全世界的作物育种贡献了关键的基因资源。

在讲授细胞质遗传部分植物雄性不育时，介绍"世界杂交水稻之父"袁隆平院士。袁隆平在 1960 年 7 月意外发现一株特殊性状的水稻——"天然杂交水稻"，并在试验稻田中找到一株"天然雄性不育株"。他立志用农业科学技术击败饥饿威胁，从事水稻雄性不育试验，于 1973 年实现了不育系、保持系和恢复系的"三系"配套。他始终在农业科研第一线辛勤耕耘、不懈探索，为人类运用科技手段战胜饥饿带来绿色的希望和金色的收获。他是当代中国人学习的楷模，更是新世纪呼唤的时代精神。

（2）培养学生树立严谨的科学态度和正确的人文精神。科学是严密的知识体系，体现了严密的思维方法。遗传学课程蕴含大量的科学思维和方法，因此学习该课程的重要的一点就是思维方法的学习、训练、掌握和运用。以假说为基础的演绎法是自然科学研究的最重要的科学方法，孟德尔用假说演绎法研究豌豆的 7 对相对性状，从而发现了遗传学的 2 个基本规律，摩尔根用假说演绎法发现了伴性遗传和连锁互换规律，微生物遗传学家莱德伯格等也应用假说演绎法发现了微生物遗传物质的横向传递，假说演绎法贯穿遗传学研究的每个方面，遗传学课程思政教改要着重讲解假说演绎法及其应用。另外，人类单基因遗传病和群体遗传学的章节也要注重严谨的科学态度的教育。一个完整的遗传病家系是遗传学研究的宝贵资源，发现这样的系谱一定要有多学科领域的研究者进行科研合作，才能揭示人类遗传病的致病机理。多基因遗传病虽然也是遗传病，但环境因素在多基因遗传病中起到很大的作用。科学研究需要严谨的态度，在做群体调查的时候，如果对调查群体不进行遗传平衡检验，很可能得到相反的结论从而影响进一步研究，否则得出的结论很可能就是错误的。

（3）培养学生团结合作的精神。在讲述遗传学家的科研故事的时候，贯穿了团结协作精神的教育。人类研究自然的目的不是征服自然，而是了解自然、利用自然、改造自然，从而提高自身的生活质量。在人类研究自然的漫长道路上，对人类本身的了解是最艰难的。埃弗里等人证明 DNA 是遗传物质的肺炎双球菌转化实验的事例启发学生做科学研究没有少数服从多数，要充分论证自己的实验结果，与科学家交流分享自己的成果；从沃森和克里克揭示 DNA 双螺旋结构的故事中，首先看到的是不同领域和专业的精诚合作，沃森和克里克最终解读了这一世界难题，从而荣获诺贝尔奖，鼓励学生要多和其他专业的学生交流，不能“闭门造车”；由于种种原因其贡献被埋没了的女科学家富兰克林的故事，告诫同学们科学研究不能忽视任何参与人的贡献，更不能歪曲事实，窃取别人的劳动成果，做人做事要坦坦荡荡。

在讲授遗传学发展的前沿领域时，可介绍人类基因组计划中国参与的 1% 的项目。人类基因组计划（human genome project，HGP）被誉为生命科学领域的“登月计划”，主要由美、日、德、法、英等国的科学家共同参与，我国得到完成人类 3 号染色体短臂上一个约 30Mb 区域的测序任务，该区域约占人类整个基因组的 1%，中国因此成为参与这一研究计划的唯一一个发展中国家。从工作量上看，1% 的数量并不算大，但却意义深远。这向全世界证明：只要目标集中，措施有力，中国科学家有能力参与国际重大科技合作研究，跻身于国际生命科学前沿，并做出重要贡献。从人类基因组计划揭示的故事中可以看到，各国通力合作，解密了人类基因组计划，可见合作很重要。目前“一带一路”建设就很好地诠释了合作的重要性。

（4）在“遗传学”的教学中，还需要让学生理解伦理、道德、法律也是遗传学实践中需要重视的问题。遗传病患者的基因组应属于个人隐私，如果没有相应的法律加以保护，被检对象可能在就业、恋爱、婚姻、保险等方面受到歧视。所以要注意保护患者隐私，并适当进行人文关怀。可通过很多报道出生缺陷的故事，如中央电视台报道的成骨不全症的患者林林和瑞瑞的故事，使学生注重人文关怀。唐氏综合征的典型事例（舟舟的故事），告诉大家唐氏综合征患者如果得到精心的照顾，就有可能和正常孩子一样生活自理，甚至可以上学。每一个患儿都有生存的权利，所以一定要劝说患儿家长不要轻言放弃。

高校课程思政是新时代为培养中国特色社会主义合格建设者和可靠接班人而提出的新理念。我们希望通过上述教学设计和实践，帮助学生学好遗传学，培养具备更坚持、更奉献的人生观，更科学、更人文的职业道德，更优秀的综合素养，达到遗传学“课程思政”的教学效果。

课程思政视域下的公共课课程教学设计研究

——以电子商务概论课程为例

华南师范大学教师发展中心　蔡韶华　高级实验师
华南师范大学教师发展中心　王楚鸿　研究员
广东开放大学人工智能学院　陈亚芝　讲师

一、课程思政的发展背景

习近平总书记在全国高校思想政治工作会议上强调，要用好课程教学这个主渠道，“使各类课程与思想政治理论课同向同行，形成协同效应”①。在这种背景下就要求高校的思政教育必须有个大的改善和转变，推动“思政课程”向“课程思政”这样一个广义的、内涵更加丰富的领域延伸。从“思政课程”单一的表现形式转向“思政课程”与“课程思政”相结合，从而构建思想政治教育的综合性体系，就在这种大背景下形成了。

二、基于“课程思政”的教学设计

“课程思政”改革的基础是对课程进行开发设计。课程体系不完善，“课程思政”就不能得到更好、更科学的发展。“课程思政”的教学设计，首先要仔细梳理各专业课程的思政元素，根据不同学科的性质特点，把握好所要挖掘拓展的重点。而在自然科学类课程中，还要突出培育科学精神、探索创新精神。下面，笔者详细以“电子商务概论”课程为例，给出基于混合式的课程思政教学设计与应用模式的建设思考。

（一）重构教学内容，进行德育渗透

“电子商务概论”课程本身蕴含着丰富的课程思政元素。只要我们善于挖掘，找好切入点，就可以就地取材对学生进行课程思政教育，而且会起到事半功倍的效果。所以在进行教学目标设计时，除了明确学科教学的培养目标外，还应该渗透文化的精华，对

① 习近平．把思想政治工作贯穿教育教学全过程　开创我国高等教育事业发展新局面［N］．人民日报，2016－12－09．

学生进行价值引领。如此日积月累，课程思政教育转化为学生的精神力量，最后内化为素质。学生在学知识、长技能的同时，精神和人格也能得以提升与发展。

电子商务概论融入课程思政后，做了如表1的教学内容调整，希望润物细无声地将课程思政渗透到每个章节、每个教学环节之中。

表1　电子商务概论德育目标设置

教学进度（章节/知识单元）	课程思政点	融入方式与教学方法	思政育人预期成效
知识单元一：电子商务概述	我国电子商务发展状况	融入方式：介绍我国电子商务的高速发展，引导学生上网搜索电子商务助力抗疫的资料 教学方法：任务驱动、社会调查	1. 感知中国电子商务高速发展和助力抗疫的重要作用； 2. 潜移默化地对学生进行爱国主义教育； 3. 增强学生对国家发展方向和未来命运的理论自信和社会主义制度自信
知识单元二：电子商务文化	电子商务的创新文化	融入方式：总结课前学习热点：电子商务中有哪些引领世界的创新发明？如何看待外国说我们的发明是剽窃？ 教学方法：翻转课堂，课堂辩论	1. 正确了解我国的创新发明； 2. 激发学生创新思维和创业热情
知识单元三：电子商务多媒体设计	线上案例分析：故宫文创产品的设计	融入方式：线上学习讨论故宫如何利用电子商务推广文创产品，并从中弘扬中国传统文化？ 教学方法：案例分析，网上讨论，实验探究	1. 培养学生创新思维； 2. 增强社会责任感，利用新媒体传承传统文化，弘扬中国正能量
知识单元四：多媒体上机操作	组织操作案例研讨，分享实验经验	融入方法：组织操作案例研讨，分享实验经验 教学方法：网上讨论，实验探究	1. 培养学生团队合作能力； 2. 强化分析问题，解决问题的能力； 3. 创新能力
知识单元五：电子商务信息流	“信息茧房”破解之道	融入方法：引导学生思考什么是信息茧房？如何避免自己陷入“信息茧房”的误区 教学方法：翻转课堂，课堂讨论	1. 培养学生批判性思维； 2. 客观求真，理性分析大数据的能力

续上表

教学进度（章节/知识单元）	课程思政点	融入方式与教学方法	思政育人预期成效
知识单元六：电子商务资金流	第三方支付的崛起	融入方法：线上搜集支付宝和微信应用数据，思考我国第三方支付领先世界的原因 教学方法：课堂渗透，社会调查	1. 感知互联网金融创新趋势； 2. 激发学生民族自豪感和创新意识
知识单元七：电子商务物流	基础设施建设与物流	融入方法：对比国内外抗疫期间物流公司不同做法和所起的作用 教学方法：对比法，社会调查	1. 感知物流和人工智能技术在中国的高速发展； 2. 激发学生民族自豪感和创新意识
知识单元八：网络营销	案例分析：电影中中国元素的市场推广	融入方法：分析《流浪地球》《哪吒》等中国影片票房成功背后的推广逻辑，以及中国文化和价值观的弘扬 教学方法：课堂渗透、案例教学、专家讲座	1. 深耕中国传统文化内涵； 2. 结合创新媒体技术，学生思考如何做出更符合中国文化观和价值观的市场推广文案
知识单元九：多媒体运营推广	探讨和升格创新创业项目标题文案	融入方法：响应总书记号召，探讨和升格创新创业项目标题文案，助力我校创新创业团队 教学方法：案例教学、游戏竞赛	1. 响应总书记号召，助力我校创新创业实践； 2. 提高理论联系实践能力； 3. 激发学生创新意识
知识单元十：推广文案制作实践	制作推广文案初稿	融入方法：制作和升格创新产品的优秀推广文案 教学方法：任务驱动、翻转课堂、思维导图	1. 响应总书记号召，助力我校创新创业实践； 2. 培养学生勤奋好学，团结协作和批判性思维
知识单元十一：多媒体推广实践	上机实践：升格推广文案	融入方法：升格小组制作创新创业产品推广文案 教学方法：任务驱动、实验实践、小班研讨	1. 响应总书记号召，助力我校创新创业实践； 2. 培养精益求精的责任心； 3. 培养职业胜任力

从表1可以看出，在教学过程中应在专业学科知识体系中寻找与德育知识体系的“触点”，顺其自然而不是牵强附会、生搬硬套，用学生喜闻乐见的方式，润物无声地开展德育教育。学生既学习到了专业知识，也拓展了思考的深度。

（二）教学方法设计

“电子商务概论”这门课程教学采用混合学习活动模式设计：学生课前通过观看微视频、网上查阅资料、互相讨论交流等形式自主学习，课堂上教师与学生共同讨论和交流，为学生答疑解惑，帮助学生完成知识内化吸收。通过调整课堂内外研学时间，让师生协同实现教学目标。而在每个具体知识点的学习过程中，采用了不同教学设计方式，给学生提供多元学习途径与内容（见表2），增强学生对知识点的理解和掌握。

表2　混合式课程思政教学设计的多元学习途径与内容

多元学习途径	混合式课程思政教育融入	教学成效
在线微课平台提供各类学习支持服务	在线平台提供多样化的课程资源，根据教学目标，专业课程各个模块找到契合点融入思政知识点	通过线上、线下相结合，让学生在轻松愉快的方式下不知不觉掌握了该章节的知识点，并将立德树人贯穿于教学知识点中
课程教学中开设专题讲座	在课程教学过程中贯穿思政类型的专题讲座。譬如：美学名师教授岭南文化与审美，加强学生对传统文化的认识，再讲授如何用新媒体呈现中国传统文化并进行推广，和电子商务课程知识点衔接紧密	受到学生的广泛欢迎，也让有美学特长的学生开始思考以后如何在互联网社会中勤练内功，找准人生发展的第一颗扣子。提升学生的思想性、人文性、审美观
课程论坛加强师生互动	通过课程论坛、QQ群、微信群等交互平台和工具，师生、生生参与讨论、答疑，拓展知识。除了为学生提供必要的专业知识点的引导和辅助，教师会发布一些带有思政元素的帖子，让学生感受互联网科技对平常生活的影响，提高对当今社会热点问题的分析能力	课程论坛参与讨论、答疑，知识拓展，加强师生互动，强化专业知识的理解，同时提高学生对社会热点问题的关注度与思辨能力
考核评价，让自主学习与协作学习同步发展	要求学生在学习该门课程后，引入校企和高新技术企业真实项目，制作多媒体营销方案。助力国家创新创业项目，也拓展学生的发散性思维和创新思维	此教学环节的设置激发了学生的自学意识、团结意识、竞争意识和创新意识，同时实践成果导向的OBE学习产出，充实课程思政案例库

（三）应用模式提炼

根据以上课程思政教学设计来完成应用模式构建（如图 1 所示）。

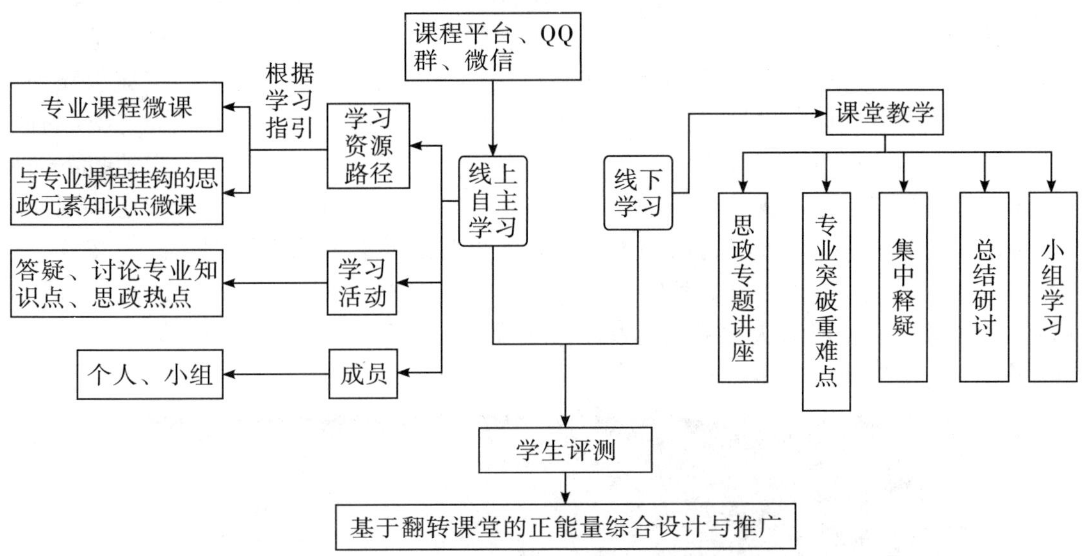

图 1　课程思政混合式教学模式图

基于混合式教学的课程思政应用模式可分为两个部分，即线上自主学习和线下学习。

（1）线上自主学习着重培养学生独立思考的习惯和持续成长的能力。学习者在具体学习活动中通常是以在线学习活动为开端，学生的积极参与是课程思政得以实施的重点保障。“电子商务概论”在学习平台有丰富的知识体系学习资源，也有与专业模块对应的契合度高的课程思政知识资源提供。学习者通过登录课程平台，根据自己的学习需求和学习指引选择学习资源。为了增加学习者的参与度，微课资源制作方式多样，有动漫短片，有难点精讲。在线论坛讨论话题贴近学生生活，寓价值观引导于知识传授和能力培养之中。以信息流章节的内容学习为例，学生在线上积极预习，参与测试和专题讨论，由于讨论的问题跟知识点密切相关且切近学生学习实际，学生在论坛中积极讨论，不过一个星期，跟帖数达到 360 多个，不少帖子都经过认真学习，看法有见地、有深度。

（2）线下教学各个环节进行思政元素渗透，帮助学生塑造正确的世界观、人生观、价值观。线下学习是面对面教学过程，可以从心理上消除虚拟学习的孤独感，从而形成良好的学习文化氛围。该环节主要是以课堂教学模式展开，内容包括请专家结合本门课程特点进行思政专题讲座、教师专业课程讲授和课程思政的贯穿、集中释疑、专题总结研讨、小组互动学习等。在线下教学各个环节进行思政元素渗透，能够最直观地帮助学生塑造正确的世界观、人生观、价值观。

例如在信息流的线下教学中，教师讲解信息茧房概念，专门导入了蕴含思政元素的案例：剖析了一个西方势力如何帮助特朗普赢得总统大选的例子，撕开了西方“自由民主”的外衣，让学生认清了西方体制的虚伪，坚定了学生“四个自信”的信念。介绍信息茧房的影响时，又引入信息失真导致美国人对新型冠状病毒感染疫情掉以轻心，导致美国新型冠状病毒感染疫情大暴发的例子，让学生们在学习知识点的同时进行中外政治体制对比，坚定理想信念和政治认同。

“电子商务概论”的学生发展能力目标包含培养学生良好的科学分析素养、较强的语言表达能力和较强的沟通能力。因此，线下教学环节中翻转课堂的学习探究是一个很重要的环节。本课程经常会设置小组协作与讨论环节，通过生生间讨论、交流、互动与对话，既提高学生间的团结协助意识、客观思辨能力，也提高交流沟通能力。例如有的学生进行信息茧房的危害性探究时，就学习理论联系实际，组队小组下意识地找不同地区、不同性格的学生进行头脑风暴探讨，希望探究的角度更具客观性。其中还特别让一位新疆的学生（见图2）分享自己的体会，她的发言虽然有些拘谨青涩，但是在这一教学环节，很好地让大家把刚刚学到的知识融入知识探究中，既避免落入“信息茧房”的误区，也提高了学生理论联系实际、表达沟通等能力，学生间还以学习探究为目的，进行了民族大团结的小组协作。

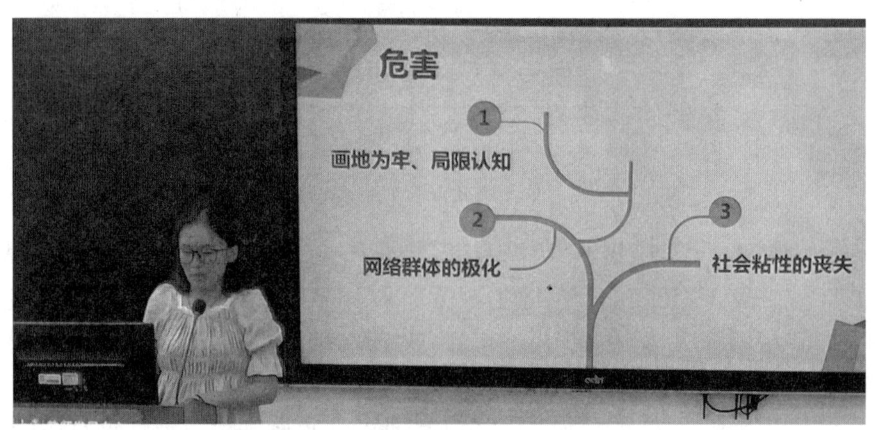

图2　新疆学生分享学习心得

在如何规避陷入信息茧房的误区的专题讨论中，学生的发言上升到了政府层面，要求加强监管，并且从吴京的票房神话提炼了舆论引导过程中的文化基因和价值范式（见图3），显示了学生们已经落实本单元的重点和难点，考虑问题具有高阶性和挑战度。

图3　从吴京的票房神话提炼舆论引导过程中的文化基因和价值范式

（3）认真做好课后反思，为课程思政资源建设提供更加喜闻乐见的素材。由于课上小组合作学习的时间有限，因此小组讨论部分不太充分。课后做好反思，教师团队帮助学生做好优秀作品的打磨和升格。学生经过反复修改，形成蕴含课程思政元素的学习产出上传到知识体系库和课程思政资料库，提高了课程资源的吸引力，完善了思政元素与专业课程理论和知识相融合的探索。例如在信息流的教学中，教学团队要求学生研读《数字化时代下的新家庭主义》一文，思考如何突破信息茧房，提升家庭生活质量。由于与生活息息相关，学生纷纷积极参与课后讨论帖，几天时间就有 100 多个跟帖。学生用所学知识分析问题、解决问题已经成为习惯，而且这种方式可运用所学知识，提升生活质量，共建和谐社会，潜移默化地把课程思政教育贯穿在学生生活当中。

三、结语

苏格拉底认为“知识即美德”，即一切知识都具有“善性”，问题在于是否有发现的慧眼。[①] 在教育史上，价值作为一个目标，很早就被纳入教学活动。本研究通过“电子商务概论”的课程思政教学方案设计，充分挖掘课程的思政功能，不断优化课程建设。希望这种教学设计能够抛砖引玉，在反思中改进，唯其如此，才能真正让“各类课程与思政课同向同行、形成协同效应”的应然成为明天的实然。

---

① 沈赤．找到从“思政课程”到“课程思政”的密钥［N］．人民日报，2018－03－29．

“中国水彩画鉴赏”课程教学中的课程思政探索与实践

教师发展中心　金玢　讲师

一、项目简介

（一）课题简介

项目名称：公共艺术教学融入爱国主义教育研究——以“敦煌石窟与佛教文化”“中国水彩画鉴赏”“中国电影艺术欣赏”课程为例。

项目负责人：王楚鸿。

项目参与人：吴文星、金玢、崔雨竹。

2019 年，在王楚鸿副主任的带领下，教师发展中心（艺术教育中心）的 3 位老师立项了校级课题“公共艺术教学融入爱国主义教育研究——以‘敦煌石窟与佛教文化’‘中国水彩画鉴赏’‘中国电影艺术欣赏’课程为例”，在此基础之上，展开了从经典影片品读中国传统文化这门课程的规划与申报。

（二）课程简介

教学目标：中国水彩画鉴赏 + 爱国主义教育。

习近平总书记在党的十九大报告中强调，要繁荣文艺创作，坚持思想精深、艺术精湛、制作精良相统一，加强现实题材创作，不断推出讴歌党、讴歌祖国、讴歌人民、讴歌英雄的精品力作。总书记的指示为艺术创作者提出了工作要求，指明了努力方向。

采用课堂传统教学与课堂现场教学，聚焦古今中外艺术史中表现劳动人民的经典画作，体味东西方各个时代劳动人民的风采，能够汲取养分，感悟智慧，自觉养成对艺术从认知、认同到归属、依恋的家国情怀。水彩艺术作品体现的思想内容、道德取向、价值追求和审美判断，会潜移默化地影响着学生们的思想和行为。

中国水彩鉴赏课程的中心目标，是为革命事业放歌，为民族崛起树碑。同时，为今天的美术创新拓路，为文化发展育人。

课程围绕中国古代、近现代劳动人民的智慧性劳动和创造性劳动的重点进行教学。

艺术之所以叫"艺术"，在于它是艺术创作者独有的艺术表达的本领和技术。创作，是在某种精神、责任和使命的激发下催生的灵感性劳动，它的艰苦性、艰巨性和卓越的贡献性，皆系于此。革命历史要获得精神层面和价值层面的再生，就必须依靠先进思想引领下的创作艺术来完成。继承和宣传革命历史精神的任务也将变得越来越重要，创作革命历史题材的难度随之不断增加，要不断攻坚克难、创新表达，面对新情况、新问题，迎接新要求、新挑战。革命历史题材庄严尊重，只有保持对客观事实的忠诚度，对价值取向的坚定不移，坚持与时俱进的创作态度、精益求精的艺术追求，才能让越来越悠远的革命历史闪着光芒活起来，永远照耀我们艺术教学前行的道路。

二、改革实践

（一）调整课程目标

调整课程目标，从原来的纯艺术课教学调整为在艺术课教学中融入爱国主义和人文主义教育的内容，将学生艺术鉴赏能力的培养与道德修养的培养结合起来，在教学中强化爱国主义教育，达到立德树人的教学目标。

（二）创新课程内容

教学方法创新："课堂教学 + 美术馆 + 博物馆"三结合的方式。

跟随习近平主席的脚步，通过对《古代文明之光》《大潮起珠江——广东改革开放40 周年展览》系列展览的学习，考察广州的永庆坊、粤剧艺术博物馆、广彩传承人工作室等爱国主义教育基地。选择从我们熟悉的广东本土出发，通过岭南水彩画创作技法的学习，探讨岭南美术的现代意义以及全球数字化所发生的生态变化，引导学生去发现、思考、探究，并在中国传统水彩艺术学习过程中加深对中华文化的认知与认同，潜移默化中培养学生的思考能力、观察能力和理解能力。

课堂上从中国传统艺术开始讲起，讲解商周、秦汉、魏晋南北朝、隋唐、宋、元明清劳动人民艺术的结晶，主要侧重近代革命创作题材、现当代爱国主义的水彩画创作。

（三）教学手段的创新：探究式学习 + 体验式学习 + 交往式学习

从美术馆（广东省美术馆、广州艺术博物馆、深圳当代艺术与城市规划展览馆）、博物馆（广东省博物馆、广州市博物馆）藏品开始博物馆之旅，了解中国水彩所蕴含的文化意义与核心价值，感受最美的过去，创造更美的未来。通过课堂教学，课堂上、课堂下采用照片、实物、视频、美术作品等形式展示古代中国艺术与广东改革开放 40 年的峥嵘岁月，积累创作灵感。了解中外水彩历史、技法，在历史与艺术并重的指导下，课程设计紧紧围绕革命题材、爱国主义教育题材与更多的文物进行对话，完成水彩拓展学习，获得更多知识、更大的满足。介绍水彩艺术发展史，强调劳动人民在艺术创作中的主体地位，突出主题教学中多学科知识的综合运用，这在一定程度上打破了传统教学中相对单一的模式，有利于培养学生的综合能力和多元思维。课程试图改变传统教育手段偏重知识学习的弊端，不仅有助于学生的智力发展，更可以通过爱国主义教育和情感教育帮助学生树立正确的价值观，培养家国情怀。

（四）创新教学模式

通过教学模式与教学方法创新，提高教学质量。采用翻转课堂等新型教学模式，利用“对分易”等先进的教学管理平台进行考勤、分组讨论、课堂抢答等，提高了教学效率，增强了学生学习的主动性与参与度。

1. 博物馆、美术馆学习，合作学习

让学生走出教室，走进美术馆、博物馆，在创作实践中学习，分组讨论，让学生互相启发，互相学习，提高学习的主动性。

图1　走进博物馆

2. 翻转课堂

翻转课堂，让学生成为教学活动的主角。

图2　翻转课堂

（五）创新学生评价模式

跟随教学内容与教学模式的改革，对学生的评价方式进行创新。改变过去以期末考试或撰写学期论文为唯一评价标准的模式，建立多层次、多维度、多元化的评价体系，以学生平时作业、课堂参与度、翻转课堂表现、小组合作成果等来对学生学习效果进行评价，以适应课程目标与内容改革的需要。

（六）教学融合

“中国水彩画鉴赏”设计了丰富的教学案例，将课程思政融入点与教学内容相融合（见表1）。

表1 “中国水彩画鉴赏”教学案例中的思政元素

授课内容	课程思政融入点	融入方式与教学方法
丹青难写是精神	水墨画、水彩画，中西两个画种，出自东西方两个世界，它们都在不同的历史、文化和社会背景中诞生、发展、成长、成熟，成为东西方两大艺术体系。虽然这两大艺术体系道不同，但它们又有许多异曲同工的因素：两个画种都以水为媒介。在与墨或色的混合中，都力求产生丰富的层次效果。中国画墨分五彩：焦、浓、重、淡、清，这一基本理论与技法是与用水相关的；水彩画不同层次的色彩效果，也是用水的调和而产生的。中国画与水彩画在作画中都追求水与光、水与色的自然掺和所产生的天然韵味，都是两个画种力求表现出的高端艺术效果，有墨韵、水韵、机理、天趣等美感	课堂现场展示各种纸张，讲述中国纸的故事。 从基础材料了解中国艺术
中国传统绘画工具的鉴赏 	中国传统绘画材料有着辉煌的传统色彩体系，具有独特的东方文化审美内涵，在漫长的岁月中，凝练为中国精神不可或缺的一部分 	通过实物、PPT和视频，进行中国传统颜料和西方化学颜料、中国传统画笔与现代水彩画笔的比较学习

续上表

授课内容	课程思政融入点 	融入方式与教学方法 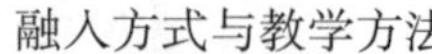
爱我大中华，“纸”缘身在此山中艺术创作 	学生课堂创作 	通过小组讨论、创意共享，利用传统颜料与现代水彩颜料完成立体的艺术作品 
中外水彩画的历史和水彩技法 西方水彩画特点和表现技法 	近年来，中国的一些水彩画家意识到了中国画博大精深的理论体系和独特的表现手法，以及两个画种之间的异曲同工之处，都认真在思考、探索、实践，力求吸收、融合两个画种可借鉴的因素。中国画融入水彩画的光色、色调；水彩画吸收中国画骨法用笔、追求意境。中西文化交汇碰撞以及民族危难困苦之际，水彩画家们自觉地将艺术创作与本土现实结合起来，在主题上表现出关切现实的文化精神，在风格上透溢出变革创新的锋芒 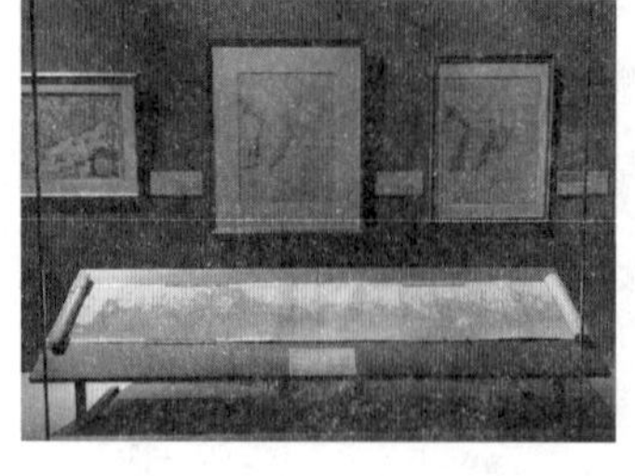	通过小组讨论的方式，让学生自己分析中国水彩画的区域特点和表现技法。正确看待中国传统艺术对现当代水彩画的影响  

续上表

授课内容	课程思政融入点	融入方式与教学方法
中国劳动人民的艺术创造性  	艺术铭记历史、丹青绘就时代，劳动人民的创造性是最伟大的。高尔基曾说：“我知道什么是劳动：劳动是世界上一切欢乐和一切美好事情的源泉。”从古至今，大量的艺术作品反映了艺术家对劳动的体验与感受，记录了劳动者的艰辛、欢乐与坚强。我们聚焦中华文明的历史劳动人民的成果，感受各个时代劳动人民的风采！现存文物是民族精神、民族意志、民族性格的集中体现 	通过系列作品，让学生了解和反思中国水彩画的现实问题  
现当代爱国主义题材的水彩画创作  	国家重大题材美术创作工程，是文化部为贯彻落实习近平总书记系列重要讲话特别是在文艺工作座谈会和在中国文联十大、中国作协九大开幕式上的重要讲话精神，贯彻落实《中共中央关于繁荣发展社会主义文艺的意见》，以及《文化部“十三五”时期文化发展改革规划》，为迎接中华人民共和国成立70周年、中国共产党成立100周年而精心组织实施的美术创作工程。工程的实施，能够推动重大现实题材、爱国主义题材、重大革命历史题材的创作，引导广大美术工作者按照习近平总书记的要求，努力攀登艺术高峰，创作中华民族的新史诗，引导美术创作随时代而行、与时代同频共振	通过小组合作、微课展示、翻转课堂的形式，让学生进行探究式学习 

三、改革成果

（一）学生评分

“中国水彩画鉴赏”课程获得大部分学生的喜爱和好评，评价分数均为 95 分以上。

（二）学生走进博物馆参观一系列展览，并将课堂所学应用于社会实践，取得了良好的效果

（1）学生利用课余时间走进博物馆，听教师讲解，将课堂所学和艺术作品进行整合，切实认识到艺术对大学生身心教育的重要性。

（1）

（2）

（3）

图 3　广东省博物馆系列展览

（2）学生参观抗疫展览，了解艺术作品与国家的命运息息相关。

(1)

(2)

图4　广东省博物馆“众志成城”展览

（3）学生和教师一起送文化下乡，不仅向当地的劳动人民学习，还将课堂所学习到的知识文化与乡镇的中小学生进行交流。

旅游管理类专业“微观经济学”课程思政改革探索与实践

旅游管理学院　瞿华　副教授

课程思政是以构建全员、全程、全课程育人格局的形式将各类课程与思想政治理论课同向同行，形成协同效应，把“立德树人”作为教育根本任务的一种综合教育理念。这就要求将思想政治教育融入教育教学之中，坚持以社会主义核心价值观为指导方针，挖掘课程中的思想政治教育资源。华南师范大学旅游管理学院向来重视课程思政建设，自开设“微观经济学”课程以来，一直坚持“育人为本、德育为先”，坚持对为资本主义私有制辩护的意识形态的内容，对宣传资本主义制度才是符合人性的、合理的、最有活力的内容加以揭露和批判，而对现代商品经济运行的经验总结和反映社会化大生产规律的内容加以吸收和借鉴，坚持用马克思主义立场、观点和方法，特别是习近平新时代中国特色社会主义经济思想分析经济现象、经济问题和指导经济发展实践，坚持为我所用、有所取舍，将相关理论和中国特色社会主义实践紧密相连，最大限度地为实现中华民族伟大复兴的中国梦和我国社会主义现代化建设服务。

一、改革目标

包括微观经济学在内的西方经济学理论是西方经济学家对西方资本主义市场经济运行和发展及现实经验教训的总结与描述，是资本主义上层建筑的一部分。同时，社会主义也有市场，资本主义也要计划，因此，在学习“微观经济学”时需对其进行认真鉴别和适当批判与借鉴，将中国经济发展的现实和微观经济学相关内容有效地融合，既要促使学生深入了解中国特色社会主义市场经济运行的现实情况和基本规律，深刻理解“坚持社会主义市场经济改革方向，核心问题是处理好政府和市场的关系，使市场在资源配置中起决定性作用和更好地发挥政府作用”，从专业和思政的角度为他们确立科学的世界观、人生观和价值观奠定基础，从而有利于增强他们对中国特色社会主义道路自信、理论自信、制度自信、文化自信的坚定意识，又要引导学生在微观经济学传统理论学习的基础上，着重培养其分析能力、鉴别能力和创新意识，特别培养以马克思列宁主义、毛泽东思想、邓小平理论、“三个代表”重要思想、科学发展观和习近平新时代中国特色社会主义思想为指导，发现问题和解决问题的能力。

二、教学设计与实施

（一）教学内容

本课程选择马克思主义理论研究和建设工程重点教材《西方经济学（第二版）上册》（高等教育出版社、人民出版社出版）和高鸿业主编的《西方经济学（微观部分·第七版）》（中国人民大学出版社出版）为主要教材，考虑到课时、专业、年级等因素，从相关内容和思政相结合的角度设计一系列思政教学专题（见表1）。

表1 “微观经济学”教学内容与思政教学设计

教学专题	主要内容	融入的思政元素
1. 导论	微观经济学的由来、发展、研究对象、研究方法和学习方法	结合《大国崛起》第四集“工业先声”，了解西方经济学产生和发展的社会背景，结合我国新型工业化道路等改革开放举措实现经济发展和和平崛起，帮助学生正确理解微观经济学研究对象、研究方法，坚定“四个自信”
2. 供求和均衡价格	需求、供给相关概念和规律，市场均衡、弹性理论	在对课本知识学习的基础上，结合马斯洛需要层次理论、供给侧结构性改革、我国居民消费需求和收入增长趋势、价格改革历程分析，以及《中共中央关于建立社会主义市场经济体制若干问题的决定》《中共中央关于完善社会主义市场经济体制若干问题的决定》《中共中央关于全面深化改革若干重大问题的决定》等重要文件中关于市场与计划、政府职能转变、劳动价值论等相关论述，让学生理解和感受到我国居民幸福感增强和社会主义制度的优越性
3. 消费者选择	基数效用论、序数效用论及消费者均衡	在让学生了解消费者选择理论的缺陷的基础上，介绍《中共中央国务院关于完善促进消费体制机制　进一步激发居民消费潜力的若干意见》《关于加快发展流通促进商业消费的意见》《国务院办公厅关于进一步激发文化和旅游消费潜力的意见》《国办发〔2020〕32号国务院办公厅关于以新业态新模式引领新型消费加快发展的意见》《中华人民共和国消费者权益保护法》等政策文件和法律法规，提倡理性消费，厉行节约，反对浪费，消除攀比、炫耀、过度消费心理，增强学生的社会主义“道路自信、制度自信、文化自信”

续上表

教学专题	主要内容	融入的思政元素
4. 企业生产理论	企业的性质和目标，企业短期生产函数和长期生产函数	结合历年中央经济工作会议、“中国国有企业改革40年历程回顾”、熊彼特“创新理论”、供给侧结构性改革、《工业和信息化部关于印发产业技术创新能力发展规划（2016—2020年）》，华为公司、格兰仕集团、巨人集团等案例，国家五大发展理念的“创新”理念等相关内容，总结我国国企改革和创新发展取得的成就，激发学生创新意识，积极投入市场经济大潮中建功立业
5. 成本理论	成本最小化和利润最大化，短期成本和长期成本	结合中央提出的“去产能、去库存、去杠杆、降成本、补短板”五大重点任务，国家发改委等四部委联合发布的《关于做好2019年降成本重点工作的通知》和《降成本与供给侧结构性改革》等相关内容，让学生深刻理解我国在发挥市场作用的同时为促进提质增效、高质量发展而进行科学的宏观调控的必要性，彰显我国社会主义制度的优越性
6. 完全竞争市场理论	完全竞争厂商的短期和长期均衡、完全竞争市场的短期和长期均衡	结合世界大米、小麦等农产品市场的特点，让学生感受到我国粮食安全问题的重要性，理解习近平总书记对粮食安全等相关问题的深刻阐释，有利于增强学生居安思危的意识；以“全国统一市场准入负面清单制度2018年起实行”的视频观摩，引导学生讨论“党的十九大报告中为什么有‘市场准入负面清单以外的行业、领域、业务等各类市场主体皆可依法平等进入’的论述”，加深学生对党和国家关于市场和政府关系问题的理解
7. 不完全竞争市场理论	垄断、垄断竞争厂商的短期和长期均衡、寡头市场特征	在理论学习的基础上，融入“中国电信业改革”、3G—5G牌照发放、“高通被国家发改委处罚”、“民间资本获准进入石油等垄断行业”等案例和《中华人民共和国反垄断法》等内容分析，并结合《习近平谈治国理政》出版和发行的讨论，说明我国在经济治理等各方面水平不断提升，增强学生对“四个自信”的认同感
8. 劳动力要素供给和洛伦兹曲线、基尼系数	生产要素使用、生产要素供给原则、劳动力供给曲线和洛伦兹曲线、基尼系数	结合《习近平关于社会主义社会建设论述摘编》中“人民对美好生活的向往，就是我们的奋斗目标；把做好就业工作摆到突出位置，多渠道创造就业岗位；建设更加公平可持续的社会保障制度；加快推进健康中国建设”等专题，和《中华人民共和国劳动法》《国民旅游休闲纲要（2013—2020年）》、国内外带薪休假制度比较、精准扶贫（如习近平在湘西十八洞村视察的案例）等内容，让学生深刻领会中国共产党全心全意为人民服务的宗旨和不懈实践的精神，激发大家积极投入到为实现中华民族伟大复兴的“中国梦”的奋斗中

续上表

教学专题	主要内容	融入的思政元素
9. 市场失灵与微观经济政策	垄断及其管制、外部影响、公共物品、信息不对称和不完全	结合国内外反垄断案例、典型经济犯罪案例，“拆除秦岭别墅”、“大江大河治理”、“厕所革命”、我国新型冠状病毒感染疫情防控防治、银行电信反欺诈等案例，加深学生对“创新、协调、绿色、开放、共享”五大理念、“两山理论”和国家治理水平不断提升的理解，更深感我国社会主义制度的优越性
10. 经济学前沿或经济热点话题	中央经济工作会议、新型城镇化、互联网经济、产业融合创新发展、人工智能产业发展等	融入对党的十八大以来诸如《中共中央关于全面深化改革若干重大问题的决定》等重要文件的学习，推荐阅读国内外经济学相关重要刊物和《经济学前沿问题》（齐默尔曼主编）等著作，结合每年诺贝尔经济学奖获奖者贡献之话题，探讨中国特色社会主义市场经济理论建设和创新，进一步培育学生立足本国、放眼世界、崇尚理论联系实践、爱我中华等意识和情怀

（二）教学方法：课堂讲授、案例教学和情境教学等方法综合运用

“微观经济学”思政教学中，除了以传统的教学手段和教学方法进行课堂讲授外，还采用案例教学、研讨式教学和情境教学等多种教学方法和教学手段，深度融入“课程思政”，积极加强师生互动，增强学生学习自主性，尽力达到认知、态度、情感和行为的一致，以切实培育社会主义核心价值观。

具体而言，课前布置预习内容，提供相关教辅资料（见图1），学生在这一阶段通过自主学习初步提炼出核心内容和问题；课堂上采用先提出问题后进行阐释（问题导向法）或先讲授理论后举例阐释的方法，案例教学则以具体理论结合经典案例特别是中国案例（见图2），情境教学则利用视频、多媒体等现代化教学设施，为学生展现具体场景，寓教于“乐”，让学生身临其境般地理解和领会教学内容。课后布置相关思考复习题和辅助材料，巩固基础知识的学习和促进更深度的学习（见图3）。

图1　2013年11月3日，习近平总书记在湖南省花垣县十八洞村考察

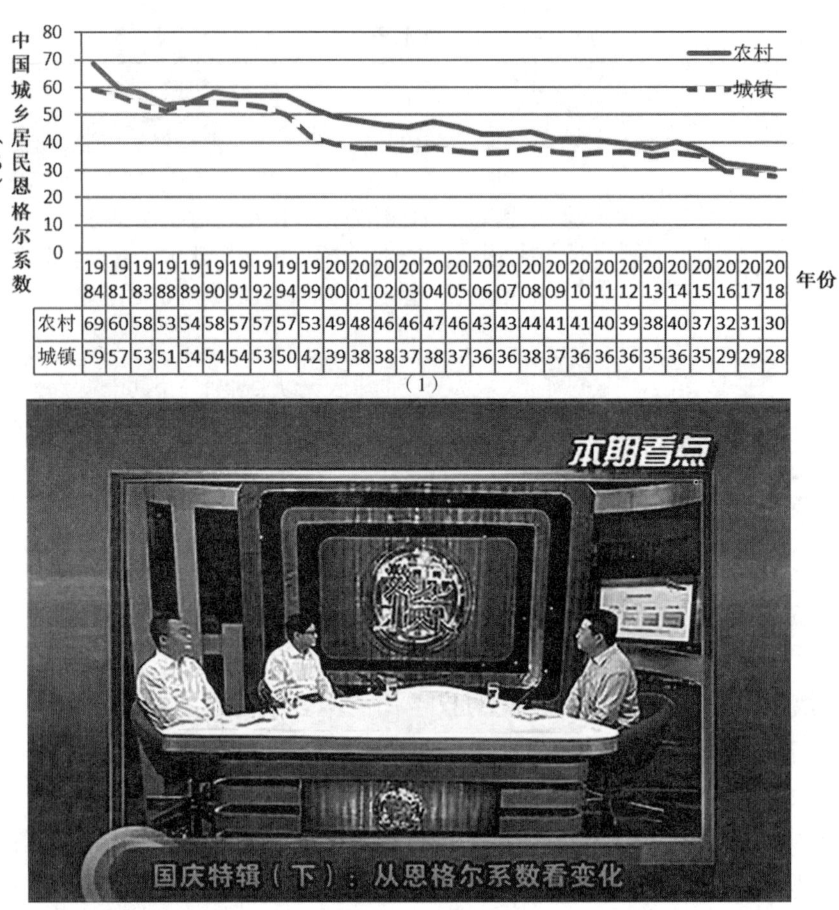

年份	1984	1981	1983	1988	1989	1990	1991	1992	1994	1999	2000	2001	2002	2003	2004	2005	2006	2007	2008	2009	2010	2011	2012	2013	2014	2015	2016	2017	2018
农村	69	60	58	53	54	58	57	57	57	53	49	48	46	46	47	46	43	43	44	41	41	40	39	38	40	37	32	31	30
城镇	59	57	53	51	54	54	54	53	50	42	39	38	38	37	38	37	36	36	38	37	36	36	36	35	36	35	29	29	28

（1）

（2）

图 2　中国城乡居民恩格尔系数和从恩格尔系数看变化

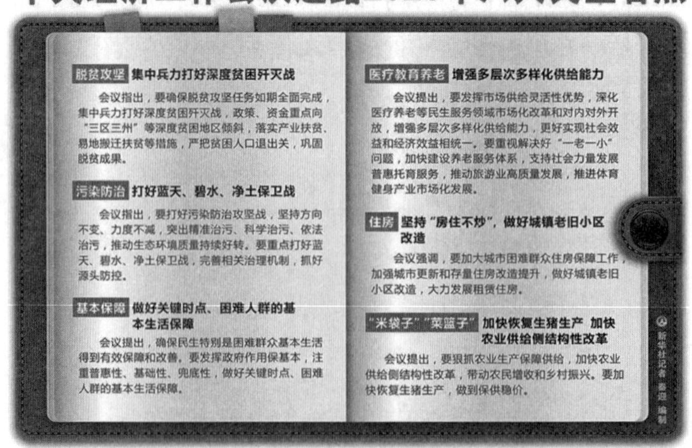

图 3　中央经济工作会议相关学习材料

（三）教学和研究相结合

在教学过程中，为提高学生的学习积极性，我们为学生提供了相关参考书籍和学术刊物名单，结合“大创”项目、专业竞赛活动和户外调研，让学生结合当前国家经济生活中的重要话题或热点议题，深入实际经济生活，感受改革开放以来，特别是党的十八大以来，人们生活水平不断提升，幸福感不断增强，利用经济学的相关理论展开论文撰写等学术活动，进一步增强了学生爱党、爱国、爱社会主义的思想情感，以及理论联系实际、发现问题和解决问题的能力。

三、教学效果

（一）课堂教学质量评价较高

在笔者的认真、努力和学生的积极配合下，本课程教学改革初步探索取得较好的效果。2019—2020 年第一学期笔者讲授的“微观经济学”课堂教学质量评价分数为 94.81 分。

图 4　课堂教学质量评分

（二）学生发表部分学术论文

旅游管理学院部分本科生将所学经济学等相关理论知识与近年经济社会和旅游产业发展的热点话题相结合撰写学术论文或研究报告，在期刊上发表相关成果。如，徐婧等在《四川旅游学院学报》杂志上发表论文《广东省城市旅游效率的时空演化研究》，黄丽满等在《资源开发与市场》杂志上发表论文《旅游企业员工人工智能焦虑对知识共享的作用机制》《民宿情境下的主客互动研究》，何俊良在《国际公关》杂志上发表论文《研学旅行与文化的融合情况探析》等。

“教育法学”课程教学融入传统文化中的道德信念的探索

政治与公共管理学院　彭虹斌　教授

一、案例简介

“教育法学”课程教学使学生了解和掌握教育法学的基本知识和基本理论以及我国教育法治的新理论与新问题，在案例教学过程中帮助学生树立遵纪守法、诚信友善、奉献社会的传统美德意识。本课程全面阐述了教育法学的基本概念、范畴和问题域，并努力使教育法学研究从经验认识层次、法律解释水平上升到理论认识层次，进而提炼教育法学理论，以指导教育实践。本课程在结构和内容上力图反映我国教育法学研究的新成果：一是对教育法和教育法制的基本问题进行了历时性和共时性的研究，并对受教育权和教育权进行了详细的讨论。二是教育法学对教育法律关系主体——学生、父母、国家、学校、教师、社会组织与公民个人的法律地位等问题进行了全面分析。三是对教育实践中的教育法典型问题进行了专题研究。团队负责人彭虹斌教授主持省部级课题、教育质量工程项目以及“教育法学”新形态教材建设项目多项。目前教学团队承担本科生专业必修课“法理学与教育法”以及省级在线开放课程“教育法学”。

“教育法学”采用线上线下混合教学模式，以生为本，使学生了解教育法和教育法制的基本问题，并掌握分析教育法律关系主体的基本方法。本教学团队重视在课程中结合传统文化的道德理念的课程思政要求，把传统文化中的仁、义、礼等道德信念融入教育法学，将传统道德信念教育和法治教育相结合；在课程教学中通过引入社会热点和传统道德文化，基于传统道德文化分析教育实践中涉及教育法问题的典型案例，把专业教育和思想政治教育有机融合，培养学生遵纪守法的行为习惯，使学生恪守和践行社会主义核心价值观，增强学生对优秀传统美德和传统文化中的情理观念的认同感和自豪感。

二、教学设计与实施

（一）课程思政改革目标

以理论教学和案例教学为主线，依托省级在线精品课程“教育法学”的教学资源，在课程思政改革中旨在传承和弘扬中华民族优秀传统文化，践行社会主义核心价值观，创新并激活教育法学课程，使思想政治教育与法律教育相结合，达到“文化融入学科，学科拓宽深度”的双赢效果。

（二）案例一：中国古代法的起源以及法与礼的关系

在课堂教学中通过引用东汉许慎所著《说文解字》对“法”的解释，剖析我国古代传统文化中“法”与“律”的含义，使学生明晰“法”与“律”的最初来源与丰富内涵。《说文解字》对“法”的解释：“灋（fǎ），刑也，平之如水，从水；廌（zhì），所以触不直者去之，从去。”从“法”字的造型上看，法是要追求“平之若水”的。《说文解字》对“律”的解释：“律，均布也，律者所以笵（fàn）天下之不一而归于一。故曰均布也。”均布，是古代用竹管或金属管制成的定音仪器。把法律一词中的“律”字比作均布，说明“律”有规范人们行为的作用，是人们必须普遍遵守的行为规范。另外，参照中国历史上最早解释词义的《尔雅・释诂（gǔ）》篇的记载：“法，常也；律，常也。”意思是，法是人们日常行为的准则，它规定必须怎样或者不得怎样。

从夏商周时期到唐朝，礼与法的关系不断衍变，通过梳理历史和演变过程，让学生了解“礼”和“刑法”的关系，从而明白中国农业社会是“礼”与“法”结合、礼治为主法治为辅的社会。在课程教学中引经据典，穿插经典有趣的故事案例，使学生体会到“礼”是一套规范社会生活、处理民间事务以及争端的价值体系，包括正式与非正式的祭祀、仪式、礼节、风俗、道德规则和政治规范，甚至法律上的规范。通过案例分析和讨论，让学生领悟到礼治的“礼”指终极的伦理道德规范，包括儒家总结的礼仪制度，可以理解为社会交往中的规范或习俗。正是因为我国有悠久的礼治传统，法治只是在社会矛盾激化、治安状况恶化，或者社会矛盾威胁到政府统治时才会被使用，政府才会采用严酷的刑罚来维护社会稳定。因此，通过挖掘优秀古典书籍中的“法”“理”知识，让学生在感受悠久历史文化的同时重新认识两者的本源关系，引发深刻的自我反思，并将课堂所学内容实践于生活，以社会所需要的优秀的社会主义建设者和接班人为培养导向，为国家持续不断地输出知法明理、德法兼修、守法正义的社会主义好青年。

图1　课程负责人给学生讲授“法”的概念

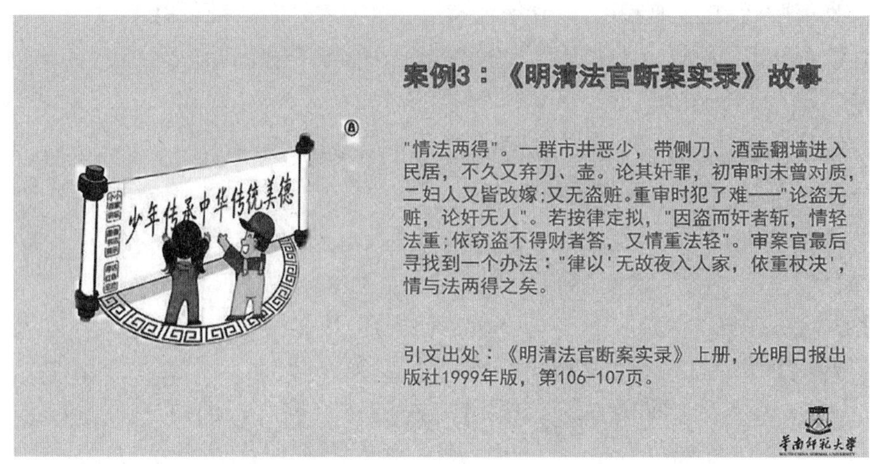

图2　课程负责人以案例给学生剖析“情”与“法”的关系

（三）案例二：黄甲等与江苏省如皋师范学校附属小学返还捐赠余款纠纷上诉案——受赠人死亡，募捐余款归谁所有?

1. 基本案情

黄甲、顾某系夫妻，其子黄乙生前系江苏省如皋师范学校附属小学（以下简称“如师附小”）的学生。1996 年 10 月，黄乙被确诊为小儿急性淋巴细胞白血病。1997 年 3 月，黄乙所在的少先队四（2）中队在全校发出了“让‘百灵鸟’重新歌唱”的募捐倡议，募得的捐款人民币 20 100 元交给黄甲、顾某为黄乙治病。因黄乙换骨髓至少需 20 万元，1998 年 1 月，如师附小在如皋市报上以全校少先队员的名义发出题为“为了挽救一棵生命的幼苗”的倡议，呼吁社会各界为黄乙治病进行捐款。经新闻媒体引导及社会各界的安排、策划，如师附小成立了募捐办公室对捐款进行管理，至 1998 年 4 月，共募捐人民币 241 783. 65 元（包含已给付黄甲、顾某的 20 100 元）。在黄乙治病过程中，黄甲、顾某凭票到如师附小支取并使用捐款。1998 年 10 月黄乙病故。1999 年 9 月 28 日，黄甲、顾某到如师附小支取了用于黄乙治病及丧葬费的所有费用，并注明“结清所有账目”，合计支用捐助款人民币 171 049. 71 元，剩余 70 733. 94 元。2001 年 12 月，黄甲、顾某诉至法院，要求如师附小返还剩余捐款，后又于 2003 年 8 月撤回起诉。2005 年 4 月 8 日，如师附小与如皋市慈善会签订定向捐赠协议。5 月 13 日，如师附小将捐款余额 70 733. 94元捐给如皋市慈善会。2005 年 5 月 9 日，黄甲、顾某再次诉至法院，要求如师附小返还捐赠余款人民币 70 733. 94 元。

争议焦点在于募捐款项在用于特定用途之后的余款所有权应归哪方所有？是由募捐人学校所有，还是应该作为受赠人学生的遗产由其家长继承？

2. 案例分析

这其中有两点我们需厘清：一是如师附小代理黄乙及其家庭还是代理个别的捐赠人?我们认为只能是后者的代理而非前者，因为相对于黄乙及其家庭而言，如师附小的募捐行为是自主、自动和自觉的，不存在接受委托问题；二是捐赠目的除为黄乙治疗白血病外是否还包括改善这个遭遇不幸的家庭的生活状况的目的？我们认为，从如师附小发起的倡议及捐赠人响应倡议的情况来看不包括这样的目的，但在个别捐赠人个体意愿中也无法绝对地排除这样的目的。

在课堂教学中组织学生对这个经典案例进行讨论和分析，可以使学生基于仁、义和礼等道德信念明晰法律的情理观念。在无法查明的情况下，法官对公众爱心本意的斟断就显得十分重要，而且这样的斟断还必须考虑它的反面，即如果余额甚巨，在捐助目的实现或消失后，捐赠人的本意中是否还包含着捐助其进行奢侈性享受呢？我们认为这显然是需要排除的，如不排除，将会使众多的爱心行动异化到相反的方向上去，最终对社会的文明及此类募捐活动的健康发展不利，这显然也是不符合优秀传统文化所提倡的仁与义等道德信念。此外，还要充分挖掘经典案例，重新审视自己的逻辑思维方式，在考虑由谁继承遗产时，鼓励学生以历史思维思考专业理论知识上的争议点，以辩证思维和系统思维分析不同群体利益及其行为选择，以创新思维反思如何应对法理矛盾。由于本案例存在遗产继承争议，按学生所持观点进行分组，展开辩论，激发课堂教学氛围，可培养学生团队协作、相互鼓励的精神意识。

三、教学改革成效

“教育法学”课程采用线上线下混合教学模式，在课程教学中贯穿课程思政元素。团队成员依托负责人主持的省级在线精品课程资源，提高教学效率，激发学生学习积极性和创新思维。本课程运用案例教学法贯穿整个课程建设，通过运用丰富的教育法学案例，将内涵丰富、达意抽象的道德教育和社会主义核心价值观具象化、生活化，减少学生对思政内容的抵触心理。以中国特色的情理法传统，加强课程思政教育。中国传统的情理法结合的法学传统是民族文化中有待挖掘的宝藏，吸纳优秀传统文化的情理理念，取其精华，并巧妙地与教育法学课程结合在一起，思想政治教育的改革将会更上一层楼。

本课程负责人将中国传统儒家文化中的礼教和道德教育与教育法学相结合，有利于思想政治教育的改革；加之本课程教学团队学养深厚、教学方法丰富，总结的课程思政案例具有鲜明特色，有利于打造国内一流的融合优秀文化道德理念的教育法学课程。

解读中国“抗疫”密码，育好时代“调研”新人

——“社会调查统计与方法”课程思政案例

政治与公共管理学院　刘劲宇　副教授
政治与公共管理学院　颜海娜　副教授
马克思主义学院　程青玉

一、案例综述

“社会调查统计与方法”作为人文社会科学专业的重要课程之一，其教学目标在于使学生能够从特定的学科视角掌握发现问题、分析问题的方法规范，学会将相关理论运用于认识社会问题的过程中，了解社会调查的基本原理、一般程序和基本方法，引导学生在社会实践中提升调查研究能力。本课程教学团队重视结合课程目标和课程思政要求，培养学生发现、分析问题与解决问题的能力，提升学生团结协作、理性思考的思维品质；将专业教育和思想政治教育有机融合，引导学生将知识应用到对国家、集体与个人有意义的问题上去，凸显知识与技能的意义化、价值化。

在课程教学中，我们紧紧围绕专业知识学习和能力培养这一显性主线，并以当代大学生人生观和个人社会价值的实现为隐性主题，关照现实生活，巧设情境，围绕议题，开展主题讨论。同时还结合此次抗击疫情中的鲜活故事和案例，以疫情中暴露出的社会问题为切入点，深入主题，引导大学生提高专业素养，养成尊重科学、勤于观察和思考的探究精神以及服务社会的专业意识。课程以《资本论》《湖南农民运动考察报告》等马克思主义社会调查研究经典为枢纽，引导学生聚焦专业能力提升，培养学生的社会责任感和人生价值观，鼓励学生自觉将个人发展、职业目标与国家发展需要相结合，与祖国同命运共呼吸。

二、“社会调查统计与方法”课程思政融合的教学案例

本课程基于使学生掌握社会研究的理论基础、基本的研究方式、实地调查方法的知识目标，和培养学生在社会实践中发现问题、分析问题与解决问题的能力目标，全面融入课程思政元素，将专业教育和思想政治教育有机融合，做到知识传授和价值观引领相

统一（见表1）。

表1　“社会调查统计与方法”课程思政元素

教学内容	教学案例	思政元素
中国社会调查的发展历程与社会研究概念的嬗变	习近平总书记“要在全党大兴调查研究之风”；费孝通《社会调查自白》	讲述从事社会调查研究的前辈们的初心和使命，引导学生将个人发展与社会发展、国家发展结合起来，激发其为国家学习、为民族学习的热情和动力，提高学生服务国家、服务人民的社会责任感
社会调查的特征	毛泽东的调查与论著中体现的调查研究的特点	引导学生运用马克思主义理论的观点与方法，注重扎根基层，从历史出发，结合现实问题，探析社会问题的本质，为掌握调查研究方法奠定方法论基础
研究目的	毛泽东《反对本本主义》	没有调查，就没有发言权。引导学生脚踏实地做调查，顶天立地做学问，帮助学生树立职业意识与为人民服务的意识
选题的重要性和标准	比较研究《热浪：芝加哥灾难的社会剖析》	以芝加哥灾难为例子，联系中国“抗疫”实际，指导学生以理性的方式认识社会问题，以科学的方式分析问题、理解问题，探求解决问题的思路与可能路径
研究问题的明确化	抗疫中的典型社会现象和人物形象	指导学生进一步明晰选题研究的社会价值，并以价值为导向、以现实为参照，以人民为中心明确研究问题
文献综述的撰写	学生们自主提出的研究问题	指导学生梳理选题相关文献综述和收集相关资料，培养学生的学术规范和道德意识
定性研究概述	马克思《资本论》的创作过程	从“手稿”“大纲”到《资本论》，马克思、恩格斯通过不断采集事实材料、收集文献资料来丰富理论视野，提升理论水准。帮助学生克服畏难情绪，激励学生攻坚克难
定性研究范例展示	马克思《资本论》中“质”的研究方法	以马克思主义社会调查研究方法论与马克思主义中国化理论为指导，引导学生对话西方社会科学方法理论，探究研究方法本土化的可能途径
观察法和无结构访谈法	毛泽东在社会调查中的“察言观色”	调查工作要有耐心、有步骤地去做，不要性急，应有正确的调查方法和真诚的调查态度
问卷的设计	中外抗疫模式对比	讲好中国抗疫中显示的制度优势，加深学生对社会主义国家与制度的理解与认识，增强参与社会主义建设的决心

续上表

教学内容	教学案例	思政元素
资料收集方法的类型与特点	毛泽东《寻乌调查》	毛泽东的寻乌调查，为我们树立了深入实际、调查研究、实事求是的光辉典范。指导学生本着实事求是、理论联系实际的原则，坚持辩证唯物主义和历史唯物主义的思想来收集资料
资料分析	毛泽东《湖南农民运动考察报告》	提高解决实际问题的能力是应对当前复杂形势、完成艰巨任务的迫切需要。帮助大学生提高解决实际问题的能力，练就真本领，激励他们牢记初心使命、勇于担当作为、善于攻坚克难，自觉担负起党和人民赋予的时代重任

三、案例解析

（一）思路与理念

1. 思路

（1）巧设情景，引入话题。采用议题式教学，针对大学生在疫情中的所见所闻，巧设情境，广开言路，引导学生透过现象看本质，对此次疫情进行更加深入的思考与探究。重新审视人类与疾病的抗争历程，思考人与自然、人与人、人与社会的关系。以理性的方式认识社会问题，以科学的方式分析问题、理解问题，探求解决问题的思路与可能路径。

（2）结合时政，启迪思考。导入抗疫中的热点事件，透过疫情这面镜子，一方面照出了责任与担当，在一线英勇奋战的广大疫情防控人员不畏艰险，冲锋在前，舍生忘死，彰显了中国精神，引导广大的青年大学生向逆行英雄学习。另一方面照出了社会问题的存在，针对部分不和谐、负面的社会现象，从中不断进行反思，引导学生运用社会调查工具，解析社会现象，进入情境思考，在社会现象剖析中形成积极的道德价值观。

（3）榜样示范，价值引领。结合抗疫中的典型事例，引导学生在调研中践行正确的价值判断和价值选择。以《资本论》《寻乌调查》《湖南农民运动考察报告》等经典为例，结合社会调查一般过程，深描典型事例中体现的价值判断和价值选择，激发学生的情感共鸣，增强其对模仿对象的心理认同，推动学生道德层面的知行转化。

（4）主题升华，践行理想。以个人价值的实现为切入口，帮助学生明晰“社会调查统计与方法”课程学习的社会价值、从事社会调查工作的使命与担当，激发学生的学习热情，让学生明白为什么而学，培养学生的社会责任感，鼓励学生自觉将个人发展、职业目标与国家发展需要相结合，与祖国同命运共呼吸。

2. 理念

一是凸显课程思政的要求，二是紧扣课程目标融合思政元素，三是发挥现代教育技术的作用提升课程思政实效性。挖掘疫情防控中的思想政治教育资源和本课程蕴含的思想政治教育元素，结合在线教学方式设计“学习导入”“学习支架”“在线研讨”“作业提交”“小组合作”“拓展资源”等环节，发挥专业课程承载的思想政治教育功能，推动专业课教学与思想政治理论课教学紧密结合、同向同行。

（二）设计与实施

1. 议题一：提升发现社会问题的敏感度。在本次疫情中观察到哪些感兴趣的社会现象？并从中发现了哪些社会问题？这些“问题”是否具有研究的价值

参与课程学习的学生，围绕疫情背景下出现的有趣的社会现象和暴露出的社会问题进行思考，通过砺儒云平台将自己的所思所想分享出来，学生之间进行交流研讨。巧设情境，引入话题：“疫”情背景下，发现社会的现实痒点、痛点问题，透过现象看暴露出的问题的研究价值所在。培养学生对社会和生活进行观察与思考的能力，引发学生讨论如何做出正确的价值判断和价值选择，并鼓励学生勇于攻坚克难，选择一个有价值、对社会有益的课题。

2. 议题二：提升理性分析能力。从学生观察到的社会现象出发，反思这些现象出现的原因和危害

以“疫情中出现的谣言满天飞”为例，疫情期间各种各样的谣言像可怕的病毒一样四处传播，通过分析谣言与真相之间剥离的现象思考，面对谣言，大学生如何用“数据说话”，如何结合理论来分析问题。结合“谣言肆虐的原因”开展课堂微讨论，并思考在疫情背景下，广大大学生该如何做出正确的价值判断，才不会成为谣言的助推者？最后引导广大大学生正确认识到谣言的危害，提升自我的法制意识与法治思维。

政管学院“抗病毒，战疫情，共前行
征文比赛获奖选题分析

- 1.既需战“疫”，也必战“谣”
- 2.突发事件下信息公开、公众信任对公众政治效能的影响
- 3.公共危机下网络舆论抗争与政府信任危机的生成机理
- 4.粤港澳大湾区突发公共卫生事件府际合作机制研究
- 5.重大公共危机下网络不实舆情应对研究

图 1　学生选题

图 2　学生小组汇报课件

3. 议题三：经典研读领会马克思主义社会调查研究理论与方法精髓。《资本论》《寻乌调查》等经典著作中蕴含了什么样的调查方法和调查思想

以马克思所著的《资本论》、毛泽东社会调查论著中体现的调查方法和调查思想为例，培养学生尊重科学的思想、实事求是的探究精神以及服务人民的专业意识。通过讲

解他们在社会调查过程中如何克服困难，最终用科学的思想理论推动时代发展，鼓励学生在实践中练就真本领，激励学生牢记初心使命、勇于担当作为、善于攻坚克难，自觉担负起党和人民赋予的时代重任。

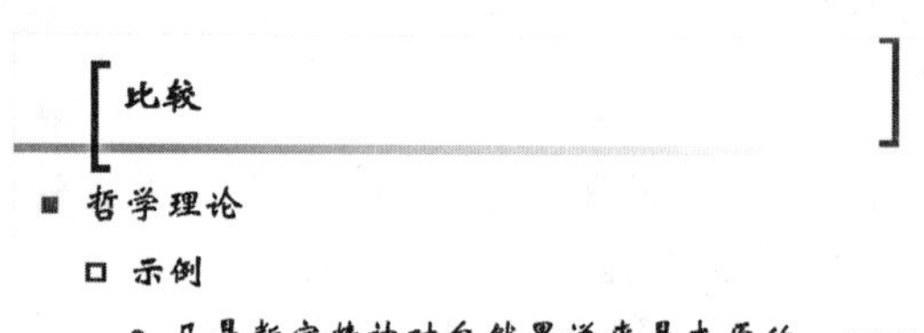

- 凡是断定精神对自然界说来是本原的，……组成唯心主义阵营；
- 凡是认为自然界是本原的，则属于唯物主义的各种学派。

图3　讲解马克思主义社会调查研究理论基础

现象与本质的统一

——马克思《资本论》的“质”的研究方法

在“质”的研究中并存着两条线索，一是关于研究对象当下状况的扎根研究，二是存在于各类文献资料中的理论研究成果。二者若不能很好地结合起来，要么会导致以观察到的现象替代经验理论的问题，要么会产生既有理论与实际观察脱节的问题。

马克思《资本论》研究，从商品、货币等社会现象入手，结合文献资料与实地考察材料，在对古典政治经济学批判的基础上，展开了一个从感性具体到理性抽象再到理性具体的研究过程。在这个过程中，他厘清了商品、货币等概念的现实内容，概括了价值与使用价值等范畴的相互关系，揭露了资本等抽象概念的本质，揭示出人类社会的发展规律。他大量运用实证材料，又充分运用辩证方法，量化的方式服务于对本质的揭露，实现了理论的创新，达到了历史与逻辑的统一。《资本论》可以看作是“质”的研究的典范。

图4　解析《资本论》中体现的研究方法

4. 议题四：聚焦问题本质提升价值判断能力。结合所学专业知识，认识本门课程的学习对于解决社会问题的价值

从社会调查课程的学习对于解决实际问题的价值出发，引发学生思考讨论。帮助学生明晰社会调查课程的社会价值，提高对本专业的认同感，激发学习热情。引导学生不仅要关注现实的生活，立足所学专业知识，化知识为力量，更要指向未来的人生，树立远大理想，为社会发展进步贡献青春力量。

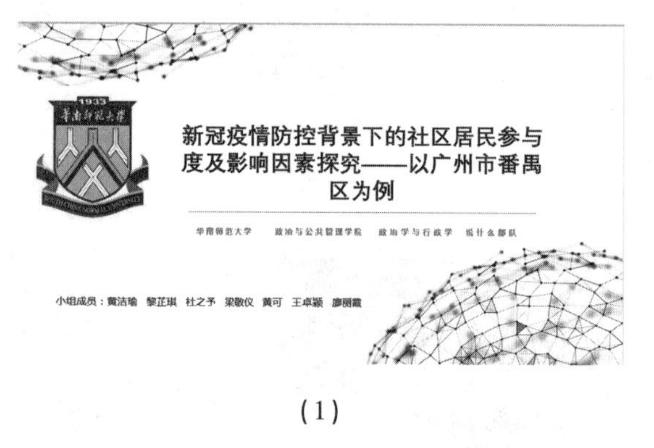

(1)

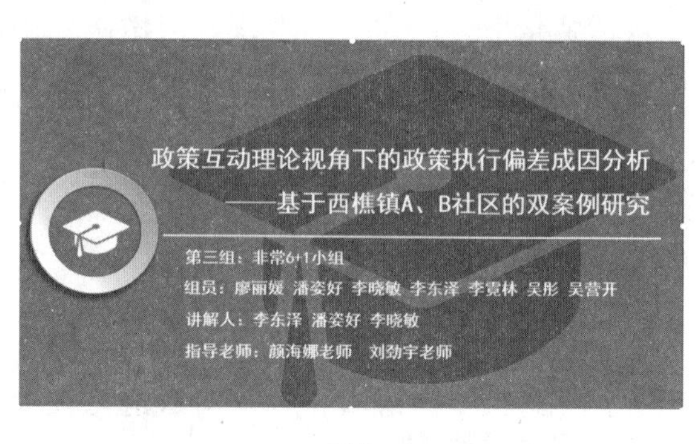

(2)

图5　学生小组课堂汇报课件

5. 议题五：提升专业素养，树立正确的人生观与价值观。结合专业知识和生活实际，谈谈在未来的生活中，怎样践行自己的人生价值

结合习近平新时代中国特色社会主义思想和社会主义核心价值，勉励青年大学生树立远大理想，砥砺前行，努力在实践中、在平凡中书写人生篇章。思考在国家危难关头，需要我们出力时，我们该怎么做？引导学生建立与社会发展要求相一致的世界观和人生观，不断提高学生思想水平、政治觉悟、道德品质、文化素养，助推学生实现个人道德品质的提升和精神世界的升华。

（三）课程实效

1. 促进理论与实践相融合，提升学生科研能力

实施课程思政，将知识传授和价值引领相融合，进一步提升课程教学质量。参与课程学习的学生的理性认识与科学分析能力明显增强，专业素养明显提升。所指导的学生深入实践，用专业化的调研、理论化的表达将课堂知识应用于实际，并取得了一批成果。

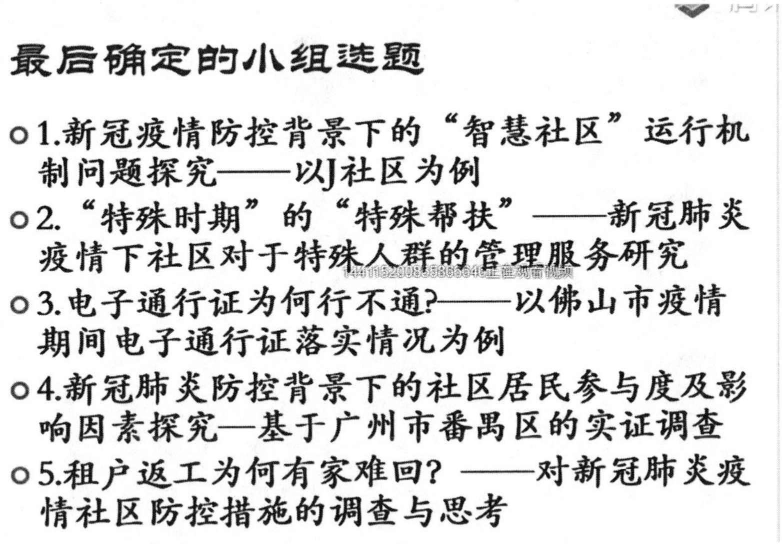

最后确定的小组选题

- 1.新冠疫情防控背景下的“智慧社区”运行机制问题探究——以J社区为例
- 2.“特殊时期”的“特殊帮扶”——新冠肺炎疫情下社区对于特殊人群的管理服务研究
- 3.电子通行证为何行不通?——以佛山市疫情期间电子通行证落实情况为例
- 4.新冠肺炎防控背景下的社区居民参与度及影响因素探究—基于广州市番禺区的实证调查
- 5.租户返工为何有家难回？——对新冠肺炎疫情社区防控措施的调查与思考

图6　指导学生小组确定选题

课程主讲教师带领学生陈钰娟、李东泽撰写的《关于提升我省网课教学质量的建议》被《广东政协信息》刊载采纳；指导学生林丹萍等撰写的《广州海珠区小洲村自梳女生活现状调查报告》入选2019年华南理工大学出版社出版的《华南师范大学思想政治理论课社会实践优秀调研报告选》；指导学生王露寒等撰写的《数据赋能有效改善了“九龙治水”困境吗？——基于广州市306个水环境跨部门协同治理案例的实证分析》在第九届“挑战杯”华南师范大学政治与公共管理学院学生课外学术科技作品竞赛初赛中名列第一。

2. 共享课程资源扩大影响面

课程主讲教师受邀开展大学生暑期社会实践活动调研理论培训讲座，将课程资源分享给参加培训的学生，扩大了知识传播、方法教授、价值引领的受众面。采用“正式课程”与“非正式课程”相结合的方法，将自身的理论解读以及科研方法与广大学生共享，使本门课程的直接、间接受益人达到了千人以上。

第三场

调研理论培训

2020年5月23日（周六）

内容介绍：为提高队伍调研能力，更好地结合学科特点进行调研，培训将为同学们介绍调研的具体流程，帮助队伍了解调研，以及结合往年优秀实例及全国百篇优秀调研报告，分享调研经验，同时还会讲解有关数据分析方面的知识。

培训嘉宾介绍

(1)

(2)

历史回放

18 三下乡调研培训
2020-05-23 周六 18:59-21:07
查看回放

17 抽样（2）
2020-05-08 周五 13:58-16:39
查看回放

(3)

图 7　授课教师推进课程资源共享

公共关系教学融入课程思政的探索

政治与公共管理学院　高皇伟　讲师

一、建设目标

“公共关系学”是当今世界人们生存和发展必不可少的课程，不仅从事人文社会科学领域的人员需要具备一定的公共关系素养和能力，自然科学领域工作者也需要处理人与人、人与自然的公共关系。这种宽领域促使公共关系与课程思政融合具备良好的推广基础。目前，“公共关系学”课程虽是华南师范大学公共事业管理专业本科生的选修课程，但是从人才培养角度来看却是必备课程，也是国家对此专业要求必设的一门课程。该课程对造就具有宽口径、厚基础、强能力的卓越公共管理人才有着重要的价值。为了全面推进公共事业管理专业课程思政建设，发挥好公共事业管理专业每门课程的育人作用，提高新时代新公共管理人才培养质量，公共关系教学融入课程思政是落实高校立德树人根本任务和高校课程思政建设的一次有益探索。

课程建设目标将紧紧围绕全面提升新时代新公共事业管理人才培养能力，坚持立德树人，探索公共关系教学和基于学生核心素养的课程思政元素相融合的全员全程全方位育人体系，设计开发和实施“公共关系＋思政”课程教学一体化模式，采用“学研思行”多维互动协同教学实施方式，健全公共关系教学融入课程思政的资源管理和保障体系。同时，通过引入社会热点、传统文化、学校公共关系实例，把公共关系与国家、地方和学校思政相结合，以培养学生运用公共关系理论分析问题与解决问题的能力，增强学生的政治认同、思想认同、情感认同，培养具有家国情怀、社会责任、职业道德、法治意识、思想品质、历史文化等核心素养且能够主动适应现代社会变革，品德高尚、专业过硬、能力全面的新时代创新型和现代型公共事业管理人才。

二、课程教学设计与实施

本课程教学设计与实施旨在坚持立德树人，系统地把公共关系课程教学与社会主义核心价值观教育、法治教育、心理教育、中华优秀传统文化教育结合起来。同时，结合专业课程和课程思政的特点，加强学生课程学习需求调查，将课程思政融入公共关系课堂教学建设全过程，坚持学生中心、产出导向、持续改进，不断提升学生的课程学习体验、学习效果。

（一）课程教学理念和目标

本课程教学倡导“以生为本”的育人理念，科学把握公共关系的方向性、整合性和创新性，反映公共关系的理论知识和实践问题，通过讲授式、案例式、讨论式、探究式和体验式等多种教学方法，培养学生分析、解决公共关系实践问题的能力，遵循将专业目标、内容、过程、方法和评价贯穿课程思政元素的设计思路，从点到面，从浅到深，从理论到实践，在课堂教学、课后巩固、自主探究和评价改进中全面系统实施，将习近平中国特色社会主义思想、社会主义核心价值观、法治教育、中华民族传统文化、职业道德和职业精神等融入公共关系学课程教学中，力求做到理念育人、过程育人、方法育人、评价育人。

同时，本课程旨在立足粤港澳大湾区，辐射东南亚，服务全国，引导学生树立新时代新文科的新管理思想，掌握课程思政在公共关系课程学习中的内涵、内容、功能和方法，塑造公共事业管理专业学生的核心价值观，形成公共事业管理专业的素养、知识和能力，为打造新时代公共事业管理新人才奠定基础。图1是课程思政视角下学校教育目标、专业教育目标和课程教学目标的联合要点。

学校教育目标要点

1. 以“立德树人”为核心。
2. 富有现代文明精神，具备宽厚的知识基础、卓越的专业素养、深挚的人文情怀，能主动适应并推动未来社会发展。
3. 立足广东、服务全国、面向世界的基础教育领域和其他多个领域的优秀创新人才。

专业教育目标要点

1.具有良好的社会公德和职业道德，践行社会主义核心价值观，了解我国公共事业管理工作，尤其是教育管理工作的实际情况、基本政策和法规。
2.具备学习、审思、创新、自主、合作、担当六大素养。
3.具备公共事业管理专业的学科、基础和前沿知识，形成牢固的专业知识结构。
4.具有批判性思维，社会调查研究的能力，能够创造性地分析和解决社会公共事业管理中的热点问题。
5.具备文字和口头的表达能力，具有创新意识、团队协作精神，能够胜任公共事业管理，尤其是教育管理的研究性和事务性工作。
6.具有较强的社会责任感。
7.具有终生学习的能力。

课程教学目标要点

1.掌握公共关系的内涵、要素、特征、功能、职能、原则及其学科历史。
2.具备公共关系人员的核心素养、职业操守、道德伦理和法律制约。
3.了解公共关系的管理过程及发展趋势。
4.理解公共关系的行为主体、对象及其运行机制。
5.熟悉应用公共关系理论完成公关活动业务，包括调查、策划、评估、广告、专题活动、危机处理、交际、谈判等。

图1　学校—专业—课程教学衔接的目标要点

在参阅相关文献后，结合公共事业管理专业要求和学生对公共关系学课程学习的需要，设计本课程教学的特点和作用。图2截取了课程教学的部分PPT，展示了公共关系课程对个体和社会的作用，揭示了大学生有必要学好公共关系学，树立公共关系自信，为肩负起中华民族的伟大复兴和推进人类命运共同体建设责任奠定良好的公共关系基础。

◆市场经济中个人和组织都有一个如何强化自己形象的问题。

70年代商战是资源战，80年代是信息战，90年代以来是“攻心战”，21世纪是个人公关时代。

(1)

大学生更有必要学好公共关系

善于经营自己：

◆学习公共关系是一个综合素质的培养问题

◆市场竞争实质上是个人形象和组织整体形象的竞争。

◆世界进入重视能力的时代，对大学生要求也越来越高。

(2)

公共关系特点是综合性的、交叉性的、边缘性的，通过学习公共关系可以学到更多的策划知识、传播知识、写作知识、礼仪知识，提高自己的策划能力、创造能力、组织协调能力、社交能力。

立足习近平新时代中国特色社会主义思想，增强自身核心素养和能力，打造卓越的新型公关人才。

(3)

公共关系对个人的作用：

(一)公共关系推动个人观念不断更新

1. 注重个人形象的塑造

2. 尊重他人的观念

3. 合作和法治观念

(4)

(二)公共关系促使个人能力得到提高

1. 交际能力

2. 自我调节能力

3. 应变能力

4. 创造能力

(5)

公共关系对社会的作用：

（一）公共关系强化社会责任

（二）公共关系助力家国情怀

（三）公共关系传承优秀文化

（四）公共关系提升组织形象

(6)

图2 公共关系课程对个体和社会的作用

（二）课程内容组织与重构

根据课程思政和公共关系对公共事业管理专业新人才的培养要求和任务，加强培养过程的多方主体调查、课程内容的师生设计，组织与重构“课程思政 + 公共关系”课程教学一体化模式。

1. “课程思政 + 公共关系”实施的调查分析

为了更好地探索和改革公共关系教学融入课程思政，厘清多方主体对课程思政和专业课程融合的基本看法，在组织和重构课程教学内容体系中，及时反映不同利益主体对课程思政和专业课程融通的需求和问题，问卷调查如图 3 所示。

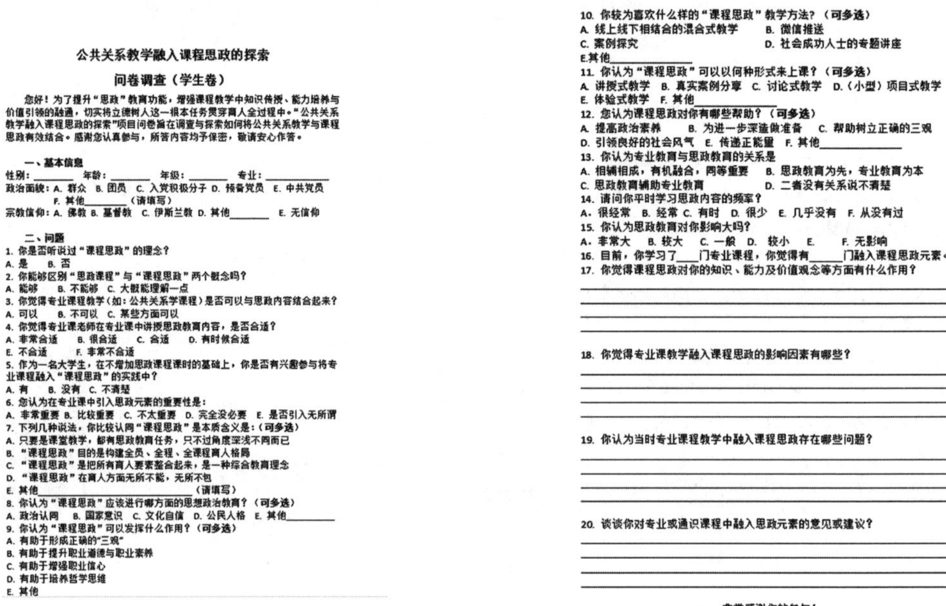

公共关系教学融入课程思政的探索

问卷调查（学生卷）

您好！为了提升“思政”教育功能，增强课程教学中知识传授、能力培养与价值引领的融通，切实将立德树人这一根本任务贯穿育人全过程中。“公共关系教学融入课程思政的探索”项目问卷旨在调查与探索如何将公共关系教学与课程思政有效结合。感谢您认真参与，所答内容均予保密，敬请安心作答。

一、基本信息

性别：______ 年龄：______ 年级：______ 专业：______

政治面貌：A. 群众 B. 团员 C. 入党积极分子 D. 预备党员 E. 中共党员 F. 其他______（请填写）

宗教信仰：A. 佛教 B. 基督教 C. 伊斯兰教 D. 其他______ E. 无信仰

二、问题

1. 你是否听说过“课程思政”的理念？
A. 是 B. 否
2. 你能够区别“思政课程”与“课程思政”两个概念吗？
A. 能够 B. 不能够 C. 大概能理解一点
3. 你觉得专业课程教学（如：公共关系学课程）是否可以与思政内容结合起来？
A. 可以 B. 不可以 C. 某些方面可以
4. 你觉得专业课老师在专业课中讲授思政教育内容，是否合适？
A. 非常合适 B. 很合适 C. 合适 D. 有时候合适
E. 不合适 F. 非常不合适
5. 作为一名大学生，在不增加思政课程课时的基础上，你是否有兴趣参与将专业课程融入“课程思政”的实践中？
A. 有 B. 没有 C. 不清楚
6. 您认为在专业课中引入思政元素的重要性是：
A. 非常重要 B. 比较重要 C. 不太重要 D. 完全没必要 E. 是否引入无所谓
7. 下列几种说法，你比较认同“课程思政”是本质含义是：（可多选）
A. 只要是课堂教学，都有思政教育任务，只不过角度深浅不同而已
B. “课程思政”目的是构建全员、全程、全课程育人格局
C. “课程思政”是把所有育人要素整合起来，是一种综合教育理念
D. “课程思政”在育人方面无所不能，无所不包
E. 其他______（请填写）
8. 你认为“课程思政”应该进行哪方面的思想政治教育？（可多选）
A. 政治认同 B. 国家意识 C. 文化自信 D. 公民人格 E. 其他______
9. 你认为“课程思政”可以发挥什么作用？（可多选）
A. 有助于形成正确的“三观”
B. 有助于提升职业道德与职业素养
C. 有助于增强职业信心
D. 有助于培养哲学思维
E. 其他
10. 你较为喜欢什么样的“课程思政”教学方法？（可多选）
A. 线上线下相结合的混合式教学 B. 微信推送
C. 案例探究 D. 社会成功人士的专题讲座
E.其他______
11. 你认为“课程思政”可以以何种形式来上课？（可多选）
A. 讲授式教学 B. 真实案例分享 C. 讨论式教学 D.（小型）项目式教学
E. 体验式教学 F. 其他______
12. 您认为课程思政对你有哪些帮助？（可多选）
A. 提高政治素养 B. 为进一步深造做准备 C. 帮助树立正确的三观
D. 引领良好的社会风气 E. 传递正能量 F. 其他______
13. 你认为专业教育与思政教育的关系是
A. 相辅相成，有机融合，同等重要 B. 思政教育为先，专业教育为本
C. 思政教育辅助专业教育 D. 二者没有关系说不清楚
14. 请问你平时学习思政内容的频率？
A. 很经常 B. 经常 C. 有时 D. 很少 E. 几乎没有 F. 从没有过
15. 你认为思政教育对你影响大吗？
A. 非常大 B. 较大 C. 一般 D. 较小 E. F. 无影响
16. 目前，你学习了____门专业课程，你觉得有______门融入课程思政元素。
17. 你觉得课程思政对你的知识、能力及价值观念等方面有什么作用？

18. 你觉得专业课教学融入课程思政的影响因素有哪些？

19. 你认为当时专业课程教学中融入课程思政存在哪些问题？

20. 谈谈你对专业或通识课程中融入思政元素的意见或建议？

非常感谢您的参与！

图 3 公共关系教学融入课程思政问卷调查

问卷调查数据从学生视角收集了学生对课程思政的看法，分析了课程思政与专业教育结合的内涵、态度、实施内容、元素构成、方法手段及相关评价等方面，这有助于立足“学生中心”导向，强化“课程思政”教育功能，增强课程教学中知识传授、能力培养与价值引领的融通，切实将立德树人这一根本任务贯穿育人的全过程。

2. 课程思政和公共关系专题的内容重构和设计

公共关系教学如何融入课程思政，又通过新课程改革与建设全面提升公共事业管理新人才培养的能力，对课程教学传统内容提出了新的要求。在课程思政的新时代背景下，公共关系课程教学内容的优化和选择至关重要。图 4 主要展现了“公共关系学”课程中的课程思政元素。

思政元素	课程内容	思政元素
专业认同、信念	**理论基础与发展历史** 第一章 公共关系学导论 ｜ 第二章 公共关系的起源与发展	中国共产党的公共关系史
心理素养、情感认同	**行为主体、对象及其功能** 第三章 公共关系主体、机构与从业人员 第四章 公共关系的对象——公众 第五章 公共关系传播 第六章 公共关系形象	道德与法治素养
核心价值观念		文化意识
社会责任	**管理过程及活动业务** 第七章 公共关系调查 第八章 公共关系策划、实施与评估 第九章 组织内外部公共关系 第十章 公共关系谈判 第十一章 公共关系写作 第十二章 公共关系礼仪 第十三章 危机型公共关系实务	开拓创新
公关自信		政治认同
跨文化教育		高阶思维
实践操作		职业精神

图4 “公共关系学”课程中的课程思政元素

表1是基于课程思政对公共关系课程教学的价值塑造，在调查和行动的基础上，重构和组织设计课程思政和公共关系课程专题的相关内容。

表1 课程思政和公共关系专题内容设计表

教学内容	专题	思政案例	实施方式
公共关系学导论	理解公共关系的概念、要素、特征、功能、职能、基本原则及其作为一门学科的发展	强化学生的公共关系与职业品质、法治，个体价值观与社会主义核心价值观导向的公关思想、理想信念等	讲授式 案例式
公共关系的起源与发展	了解古今中外四维度下公共关系的演进和现状	梳理中国共产党发展的公共关系史，以爱党爱国为主线，引导学生了解党情，增强学生政治认同	讲授式 案例式
公共关系主体、机构与从业人员	厘清社会组织（主体），公关部门、公关公司和公关社团（机构），从业人员的基本素质和职业准则	提高学生对从事相关公关职业的心理素质、道德修养和法治意识	讨论式 案例式
公共关系的对象——公众	掌握公众的概念、特征、分类及分析	揭示价值观与公众行为、公众的个体和群体心理、公众秉承的中华文脉和时代思想，促进学生对新时代公众心理文化和时代思想行为的理解	讲授式 讨论式

续上表

教学内容	专题	思政案例	实施方式
公共关系传播	掌握公共关系传播的含义、基本类型和实务操作，包括记者招待会、展览会、开放参观、宴会、庆典活动、赞助活动、联谊活动、社会服务、公共关系广告、新闻策划等实务操作的方法和技巧	引导学生通过人际传播等方式达到情感认同、思想认同，增强学生对各类传播活动的政治意识、文化意识、责任意识和开拓创新意识	体验式 案例式 实操式
公共关系形象	懂得如何进行组织形象策划和设计，提升组织形象	注重将组织形象、个体信念和社会主义核心价值观相结合，促进学生内化为精神追求、外化为自觉行动，主动承担更多社会责任	案例式 探究式
公共关系调查	理解公共关系调查的意义、内容、程序、原则和方法	引导学生在调查过程中树立人本意识，增进自信和强化习近平新时代中国特色社会主义思想对公共关系调查的价值	探究式 调查式
公共关系策划、实施与评估	掌握如何进行公共关系策划、实施和评估	立足组织发展需求，融入国家战略、法律法规和相关政策，引导学生深入组织的社会实践、关注现实问题，提升学生公共关系科学策划、实施和持续改进评估的能力	案例式 探究式
组织内外部公共关系	正确认识组织的内部和外部公共关系，理解组织文化和全员公共	引导学生将组织文化与社会主义核心价值观、中华优秀文化相结合，处理组织内外部关系	案例式 讲授式
公共关系谈判	掌握公共关系谈判的结构、过程、技巧，尤其是跨文化公共关系谈判	加强学生对不同国家文化的理解力，把中华文化和跨文化教育结合起来，提升跨文化公共关系能力，引导学生自觉弘扬中华优秀传统文化和社会主义先进文化	辩论式 体验式
公共关系写作	学会撰写公文类、广告类、新闻类、函柬类等不同类别的公关文书	指导学生了解相关专业和行业领域写作的思维方法和价值理念	自学式 讨论式

续上表

教学内容	专题	思政案例	实施方式
公共关系礼仪	了解公共关系日常社交礼仪、个人仪表风度、外事交往礼仪	引导学生把国家、社会、公民的价值要求融为一体，提高个人的爱国、敬业、诚信、友善修养	案例式 体验式
危机型公共关系实务	学会解决公共关系活动的危机问题，理解危机的处理原则、阶段等	提高学生运用法治思维和法治方式维护自身权利、参与社会公共事务、化解矛盾纠纷的意识和能力	自学式 讨论式 案例式 体验式

基于《公共关系原理与实务》（第三版）教材（清华大学出版社，2015 年）和课程思政的相关内容，列举几个课程思政在公共关系课程教学课件中的呈现图（见图 5）。

职业品质、法治

【案例】从此懂得无须送礼

分析：本案例说明一个现代文明昌盛的社会和行贿、送礼等庸俗公关是格格不入的。

【案例】公共关系拒绝一切庸俗化

分析：不要把公共关系等同于庸俗关系，否则你失去的绝不止是一两次机会。

（1）

- 中国共产党发展史上的早期公关活动
- 中国共产党是以马克思列宁主义武装起来的政党。她从诞生的第一天起就致力于宣传群众、鼓动群众、武装群众、推翻旧世界、创造新社会的革命斗争。在漫长的斗争岁月里，无数共产党人创造了许多卓有成效的公关宣传形式。
- 大革命时期，我党的一些优秀活动家，下到工厂、田头，宣传和组织群众。“打倒土豪、打倒列强，分田地。我们要做主人。”这些口号在人民群众中产生了强烈的共鸣。
- 在抗日战争时期，党中央提出了“停止内战，一致对敌”的口号，得到了全国人民的拥护，形成了全面抗战的蓬勃局面。在解放战争时期，我党通过各种新闻媒介宣传“人不犯我，我不犯人，人若犯我，我必犯人”的观点，得到广大人民群众的理解和支持，同时也得到了国际舆论的同情。

（2）

第三节 公共关系从业人员

一、公共关系从业人员的基本素质

公共关系人员的素质，是以公共关系意识为核心，以自信、热情、开放的职业心理为基础，配之以公共关系专业知识结构和能力结构的一种整体职业素质。

□ 公关意识

所谓公共关系意识，它属于一种现代经营管理思想、理念和原则，是公共关系实践在人们思维中的反映，且由感性认识上升为理性认识。公共关系意识作为一种深层次的思想，引导着一切公共关系行为。公共关系意识是一种综合性的职业意识。

（3）

第三节 组织文化的建设及全员PR意识

一、组织文化的建设

广义的组织文化是指一个组织所创造的独具特色的物质财富和精神财富之总和；狭义的组织文化是指组织所创造的具有特色的精神财富，包括思想、道德、价值观念、人际关系、习俗、精神风貌以及与此相适应的组织活动等。

组织文化由两部分构成，外显文化指组织的文化设施、文化用品、文化教育、技术培训、文化联谊活动等；内隐文化指组织内部为达到总体目标而一贯倡导、逐步形成、不断充实并为全体成员所自觉遵守的价值标准、道德规范、工作态度、行为取向、基本观念，以及由这些因素汇成的组织精神。

（4）

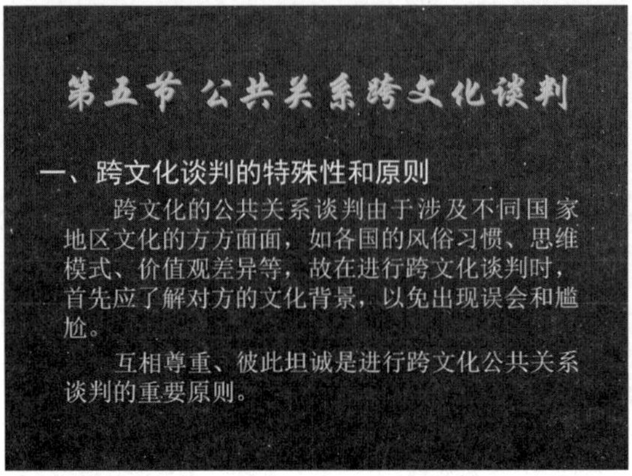

第五节 公共关系跨文化谈判

一、跨文化谈判的特殊性和原则

跨文化的公共关系谈判由于涉及不同国家地区文化的方方面面，如各国的风俗习惯、思维模式、价值观差异等，故在进行跨文化谈判时，首先应了解对方的文化背景，以免出现误会和尴尬。

互相尊重、彼此坦诚是进行跨文化公共关系谈判的重要原则。

(5)

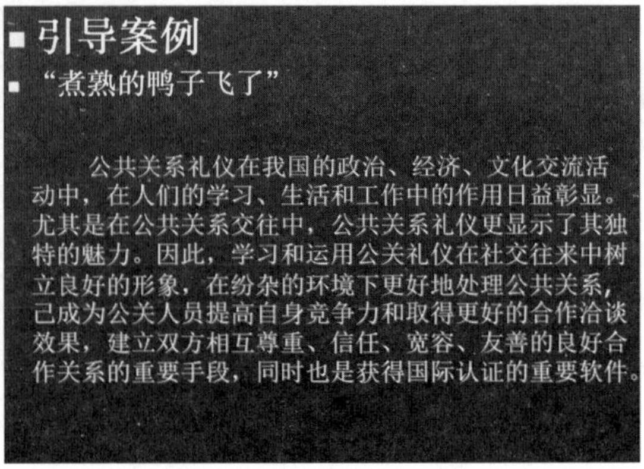

■ 引导案例

■ “煮熟的鸭子飞了”

公共关系礼仪在我国的政治、经济、文化交流活动中，在人们的学习、生活和工作中的作用日益彰显。尤其是在公共关系交往中，公共关系礼仪更显示了其独特的魅力。因此，学习和运用公关礼仪在社交往来中树立良好的形象，在纷杂的环境下更好地处理公共关系，已成为公关人员提高自身竞争力和取得更好的合作洽谈效果，建立双方相互尊重、信任、宽容、友善的良好合作关系的重要手段，同时也是获得国际认证的重要软件。

(6)

图 5 “课程思政 + 公共关系”教学课件部分呈现图

3. 公共关系课程思政成果的交流与产出

除了线下课堂教学外，本课程实施还通过微信群、慕课等多种线上交流或学习平台，加强学生对公共关系课程思政等问题的交流、反思与探讨，及时了解学生课程学习需求，并加强学生课外学习体验。在课后任务布置中，将公共关系教学融入课程思政作为一项专题问题，并鼓励学生把课程思政和专业教育结合起来。图 6 是“公共关系学”课程期末作业。

期末作业

1、围绕公共关系理论或实践的某一前沿专题问题进行探讨。

选题参考：（结合专业）

1）公共关系教学融入课程思政的探索

2）公共关系理论在教育管理实践中的应用

3）公共关系学视角下学校组织发展的问题与策略研究

4）公共关系学科理论研究

5）公共关系视域下教育政策问题研究

6）公共关系理论在教师教育实践中的应用

……

2、字数不限，勿抄袭。若有参考文献请引用并标注出来。

3、第 16 周（6 月 10 日）上课时，由学委汇总后统一提交 word **电子版**。

4、格式要求

1）word 文件命名为：学号+姓名+题目

2）内容包括题目、摘要、关键词、正文、参考文献等。

图 6 课程期末作业

学生在学习课程过程中，除了以小组形式进行合作式学习和课堂汇报外，还加强了自主探究性学习，撰写了公共关系课程思政的论文成果，让学生能够在学习、研究、实践和反思中加强对课程思政的理解和应用。图 7 截取了部分学生成果的摘要和关键词。

公共关系教学融入课程思政的探索

钟瀚豪 20171333006

【摘 要】随着互联网时代进一步深入发展、即时通讯工具、移动终端的进一步普及，个人、组织之间的关系从单一的双向逐渐转变为多维的、网状的也更为复杂的关系，在这样复杂的社会关系网，要树立良好的公共关系，前提就是树立良好的世界观、人生观和价值观，而思政教育目的正是如此，因此两者具有相当的共同点。然而现在大学生进行思政教育的渠道十分单一，仅仅只有思政课程作为主体。因此我们需要将思政教育融入到大学课程教学中，拓宽思政教育的渠道，此即谓之课程思政，鉴于公共关系与课程思政联系如此紧密，本文将从课程思政融入公共关系课程教学的意义、现状入手进行分析，并探究其实行方法。

关键词： 公共关系 课程思政 融入

（1）

公共关系教学融入课程思政的探索

丘钰轩 20171333040

【摘 要】随着时代的进步和发展，同学们通过网络渠道获取信息越来越便利，也越来越容易接触到各种不同、可能有害的思想，因此在新时代加强大学生的思想和政治教育是很重要的。然而，现在大学生们思政课程任务量本来就已经比较大，因此需要寻找一种新的方法来让思政教育融合到同学们的日常上课和生活中。习近平总书记在全国高校思想政治工作会议上强调，要用好课堂教学这个主渠道，各类课程都要与思想政治理论课同向同行，形成协同效应。而公共关系学这样与公众、网络等打交道的学科更是有融入课程思政的必要。因此本文将会探索在公共关系教学融入课程思政的方法。

关键词：思政课程、融入、教学方法

（2）

公共关系教学的课程思政化改革

20170402141013 刘福梅

摘要：为加强学生思想道德教育和实现价值引领，培养德智体美劳全面发展型人才，同时提高学生科学文化素养和思想道德修养，学校设置了思政课程这一通识课程来承担学生的思政教育工作。但就近年高校教育的发展现状来看，因思政课程的课程专业性质，大学生对其逐渐无感，其发挥的思想教育功能与效果也逐渐减弱，高水平低素质人才日益凸显，为解决这一乱象，相应提出了课程思政化改革，本文将以探索如何将公共关系教学与课程思政有效结合为主要目标，从公共关系学主要内涵、课程思政化内涵以及公共关系教学的课程思政化改革必要性，方法和手段等方面进行探索并得出结论。

关键词：公共关系学 课程思政化 改革必要性 改革方法

（3）

公共关系教学融入课程思政的探索

陈泳欣 20171333028 公共事业管理 1 班

摘 要：课程思政是将思想政治教育融入课程教学以充分发挥教学育人功能的一种教育教学理念。本文结合公共关系与思想政治教育的联系性与互通性，分析公共关系教学融入课程思政的现实意义和现实状况，探讨了公共关系课程推进课程思政的实施路径：教学规划上科学规划，考虑各方特点，协同全面育人；教学内容上以学科知识理解热点，以热点加强价值引领；教学方法上应多种方法与思政元素有机结合；教学评估上应建立科学完善的评价体系，多维评价学生、课程与教师，发挥课程思政的实效性。

关键词：公共关系；课程思政；教学

（4）

公共关系教学融入课程思政的探索

教管 2 班 20171333023 罗泳欣

【摘要】习近平总书记在学校思想政治理论课教师座谈会上指出，要坚持显性教育和隐性教育相统一，挖掘其他课程和教学方式中蕴含的思想政治教育资源[1]。当代中国高校课程正处在变革发展之中，旧中求变，变中求新。在课程中融合思政内容，是响应课程内容和提高课程效率效果的必经之路，也是思政内容和先进的、主流的价值观潜移默化融入到学生学习生活的必要手段。而公共关系学的课程作为我们的课程，于对外交流和自我内修都有涉及与要求，在课堂思政上具有可行性、必要性和优势，只要通过合理的、有效的手段把课程和思政两者进行结合，一定会使得公共关系学这门课程焕发出新的活力。

【关键词】课程思政；公共关系学；大学生；路径探索

（5）

公共关系教学融入课程思政的探索

成健超

20171333045

摘要：探索教学如何融入课程思政，该注意些什么。该注意怎么融入，融入多少。而公共关系课程教学可以怎样融入课程思政。可以研究外交案例。

关键词：课程思政；平衡；外交

（6）

公共关系教学融入课程思政的探索

20171333015 刘希敏

摘要：关于课程思政的教育课程改革之风不断蔓延。要想改进高校的思想政治教育，不是简单增开几门课程、增设几项活动，而是要把社会主义核心价值观的培育和塑造润物细无声地融入到所有专业课程中。公共关系作为一门综合性社会学科，在专业知识的教学上与思政教育有许多可行的融合点。

关键词：课程思政；公共关系；思想政治教育；教学方式

（7）

公共关系融入大学生素质教育的探索

欧晴 公管2班 20171333017

摘要

素质教育是指一种以提高受教育者诸方面素质为目标的教育模式，它重视人的思想道德素质、能力培养、个性发展、身体健康和心理健康教育。随着我国政治、经济、文化、社会各方面的高速发展，在这个知识经济爆炸的时代，仅仅对大学生的专业素质进行培养已不满足于时代要求，全面素质的发展更是大势所趋。大学生不仅需要掌握过硬的学科专业知识，还应学会灵活处理公共关系。然而令人担忧的是，当代高校大学生的素质建设存在一些问题，如人际交往能力较差、心理素质较低、缺乏诚信意识、文明礼貌意识薄弱、公共服务意识欠缺等等。此外，高校对大学生素质教育的投入相对较低，专业素养与文化素养的脱节将不利于学生的长足发展。

如何通过有效地开展公共关系课程、促进高校大学生发展成为高素质人才、达到素质教育的目标，是众多教育者热切关注的研究热点。笔者将从公共关系融入大学生素质教育的重要性和必要性入手，依据当代大学生素质教育的现状进行案例分析，以此来提出相关的对策和政策建议，使高校大学生在人才竞争和自主择业、形象塑造和素质建设等方面都能获得优势并取得进步，实现自身的全面发展。

关键词：公共关系；素质教育；高校大学生；思想道德

（8）

课程思政在公共关系教学的设想

20171333035 简铭欣 公共事业管理

摘要：课程思政对学生的价值观塑造起到重要的指导作用，然而如今高校的大部分思政课存在着许多诸如到课率、抬头率低的问题。因此希望通过课程思政专业化课程思政的教学课程改革，更好地发挥思政在教育中立德树人的作用。

关键词：课程思政；公共关系教学

（9）

公共关系教学融入课程思政的探索

20171333063 林芊炜

摘要：课程思政是新时代加强高校思想政治工作的新要求，因此高校应紧跟课程改革的步伐。本文以公共关系学课程为例，阐述高校到底应该如何挖掘课程的思政价值，从而进行合理的课程改革。

关键字：公共关系学；课程思政；课程改革；高校

（10）

高校公共关系教学融入课程思政的探索

凌艺珊

摘要：高校思想政治教育走向课程思政的道路，向通识课程和专业课程等提出了更高层次的德育要求。本文在探讨我国高校思想政治教育现状和课程思政的同时，将思政置于公共关系教学下，思考公共关系教学的思政教育价值及其实质内容。

关键词：公共关系 课程思政

（11）

探索公共关系教学融入高校课程思政的新路径

20171333041 黄慧慧

摘要：新时代背景下，分析公共关系教学如何融入高校课程思政具有重要的意义。人工智能教育为公共关系课程思政教学提供了新技术和新路径。在理清公共关系历史发展的基础上，探索将翻转课堂引入公共关系学课程思政的教学体系，将“互联网+”的思路融入公共关系教学中，以搭建新时代课程思政育人的专业教育人才培养新体系。

关键词：公共关系学 课程思政 人工智能教育 人才培养

（12）

图7 学生课程学习成果

（三）创新“课程思政+公共关系”课程教学模式

公共关系教学融入课程思政需要创新课程教学模式。该模式以“价值塑造、知识基础、能力提升”作为公共关系学课程教学实现立德树人的应有之义。在讲授的基础上，探索讨论和辩论、案例分析和实践体验、自学和探究等多种教学方法，并把“线上和线下”双线学研协同起来，按照“课前学习调查和预备+课中师生共同设计与实施+课后反思总结与产出”三阶教学过程，开放性交互使用砺儒云课堂、智能平台新课程、学习型教研室及本科生科研导师制等多种平台资源，建立了“课程思政+公共关系”多元评价机制、多维课程资源保障机制，从而实现全员全程全方位育人。在此基础上，构建了“一义双线三阶多制”的课程教学模式。

该课程教学模式主要围绕课程教学重构内容，加强师生课程教学设计，以任务驱动式促进生生合作，提升学生自主学习、主动思考、自主探究、团结合作等能力，并在课堂汇报和讨论中，引导学生树立社会主义核心价值观和中国特色社会主义管理思想观念，强化学生文化自信，增强学生社会责任感和社会担当精神，提升隐性课程的思政教育价值。

三、课程教学效果与推广

学生对课程教学的满意度较高，教学质量评价加权平均分在94分以上，评价如图8所示。

当前位置 -- 教学质量评价

2018-2019 学年第 2 学期 公共关系学 教学质量 学生评价统计表

上课校区：大学城校区

对教师评价分：91.458

参评学生人数：54　　有效参评学生人数：48　　对教师所有课程的加权平均分：94.085

评价号	评价指标	单项均值	满意度	权重	理论/实验	5(完全同意)100	4(基本同意)80	3(不表态)60	2(基本不同意)40	1(完全不同意)20
10	我钦佩老师的工作态度和敬业精神	9.4583	94.07407%	0.10	理论	38	16			
11	我喜欢老师的讲课方式	8.9167	88.14815%	0.10	理论	30	17	6	1	
12	老师对课程的讲解清楚，语言丰富	9.0417	89.62963%	0.10	理论	31	18	5		
13	老师的理论联系实际，举例生动	9.0833	89.62963%	0.10	理论	32	16	6		
14	老师能介绍本学科的动态和发展趋势	9.2917	91.85185%	0.10	理论	34	18	2		
15	讲课的进度、难度适当，重点突出	9.0833	90.37037%	0.10	理论	32	18	4		
16	认真分析学生作业中出现的问题	9.2083	92.59259%	0.10	理论	36	16	2		
17	老师的课能激励和启发学生思维	9.0833	90%	0.10	理论	33	15	6		
18	我学会了如何学习该课程的方法	9.1667	90.74074%	0.10	理论	32	19	3		
19	该课使我提高了分析相关问题的能力	9.1250	90.37037%	0.10	理论	30	22	2		

图8　“公共关系学”教学质量学生评价表

本课程旨在把思政内容贯穿于公共事业管理专业教育教学全过程，在一定程度上可为思政教育工作的开展找到最佳的方式，不仅取得了良好的教学效果，也得到校内教学督导组的好评，教学督导组认为“公共关系学”课程以课程育人为目标，以“学研思行”带动为设计思路，以现代信息技术为辅助手段，以学生思想政治素养提高、专业发展素质全面拓展为目的，通过案例、讨论、体验等多种方式帮助学生树立家国意识、教育情怀和社会责任观念，突出培养学生的政治认同、社会责任、道德规范和法治思想，重点加强思想政治教育在公共事业管理专业教育中的功能，体现了该课程的育人性、前瞻性、创新性和发展性。该课程基础厚实、特色明显、育人效果突出，为粤港澳大湾区乃至全国培养了新公共管理人才。

公共关系课程教学融入课程思政元素后，课程教学质量明显提高，学生综合素质能力得到有力提升，教师课程教学开发能力得到增强，学科专业取得较大进步。2019 年，本专业经过学校推荐和省厅评选，顺利获批广东省一流本科专业建设点。2020 年 10 月，本专业通过广东省教育厅评审，上报国家级“公共事业管理”一流本科专业建设点。在建设华南地区公共事业管理专业一流人才培养高地过程中，依托东南亚研究中心（教育部）、粤港澳大湾区教育与社会融合研究中心（广东省）及公共管理一级学科博士点（广东省属高校唯一）、广东省一流本科专业建设点（首批）、广东省优势重点学科，该课程可为广东省其他高校课程思政融入公共事业管理专业教育提供有益参考，并辐射其他人文社会科学和自然科学专业领域，让更多学校、教师和学生受益，也为政府部门、企业及社会机构等输出大批一流专业人才。

“行政管理学”课程融入核心价值观的改革内容探索

政治与公共管理学院　曾令发　副教授

一、“行政管理学”课程融入核心价值观的意义

社会主义核心价值观包括富强、民主、文明、和谐，倡导自由、平等、公正、法治，倡导爱国、敬业、诚信、友善等。社会主义核心价值观是社会主义核心价值体系的内核，体现社会主义核心价值体系的根本性质和基本特征，反映社会主义核心价值体系的丰富内涵和实践要求，是社会主义核心价值体系的高度凝练和集中表达。① 党的十八大以来，党中央高度重视培育和践行社会主义核心价值观，2013 年中共中央办公厅印发《关于培育和践行社会主义核心价值观的意见》，该意见要求把培育和践行社会主义核心价值观融入国民教育全过程。“行政管理学”是行政管理专业的核心必修课程，不仅是学生学习掌握政府管理的理念、技术的课程，同时也是评价、评估政府管理的重要渠道。因此将社会主义核心价值观融入“行政管理学”的课堂教学之中，不仅有助于学生理解当前我国政府管理中的政治意涵，同时也有助于推动学生在掌握政府管理技术技能方面融入核心价值观。“行政管理学”课程团队结合教材和大纲，通过多元化教学手段将社会主义核心价值观融入到课程学习之中，无论对于专业学习还是对社会主义核心价值观的学习都是有益的。

二、本次教学改革要解决的目标

“行政管理学”不仅是行政管理专业的核心必修课程，也是行政管理专业的专业概论性文章，因此将社会主义核心价值观融入到课程教学之中，不仅有利于在该课程中对学生进行主题教育，而且对行政管理专业的其他专业课程教学融入社会主义核心价值观教育具有启发意义。为此，本课程改革的目标定为：深挖“行政管理学”课程中的社会

---

① 中共中央办公厅. 中共中央办公厅印发《关于培育和践行社会主义核心价值观的意见》[EB/OL](2020 - 10 - 19). http://cpc.people.com.cn/n/2013/1223/c64387 - 23924110.html.

主义核心价值观的思想要素，将社会主义核心价值观同“行政管理学”的主要章节内容结合起来，掌握“行政管理学”的基本理论知识和管理方法，将“行政管理学”同中国的行政管理实践结合起来，尤其在讲授“行政管理学”的过程中，将改革开放40年来中国行政管理的进步体现出来，充分融合社会主义核心价值观，把专业教育、历史教育同主旋律教育结合起来，为培育高素质、专业化、讲正气、赋正能的行政管理人才打下基础。

三、教学设计与实施

对传统课程重新进行设计，尤其是对一些章节的内容进行调整，结合“行政管理学”课程的教学内容，融入一系列社会主义核心价值观的教育，具体见表1。

表1　课程内容与社会主义核心价值观相融合

“行政管理学”课程内容	社会主义核心价值观	二者融合
行政职能	富强、和谐	在讲授中国政府行政职能转变内容时融入富强、和谐价值观的内容
行政决策	民主	在讲授行政决策体制和方式的过程中融入参与式民主的内容
行政执行	文明、平等、法治、公正	在讲行政执行过程的内容中融入文明、平等、法治、公正的内容
公共财政	富强、和谐、民主	在讲授我国财政支出发展的过程中融入富强、和谐的内容；在讲公共预算的过程中融入参与式民主的内容
公务员制度	公正、平等、爱国	在讲授中国公务员制度的过程中融入爱国的内容，在讲授我国公务员录用制度变迁的过程中融入公正、平等的内容
行政伦理	诚信、爱国、敬业	在讲授行政伦理的内容中融入诚信、爱国、敬业的内容

下面以行政职能、公共财政和公务员制度为例，分析如何在专业课程的授课中融入社会主义核心价值观的教育。

1. 案例一：行政职能授课中融入社会主义核心价值观的教育

行政职能一章包括三个部分的内容：一是行政职能的基本概念、构成等，二是西方国家行政职能的转变，三是中国行政职能的转变。中国行政职能的转变主要分析从计划经济到市场经济以来政府职能方式和职能内容的转变。可以讲解中国在计划经济时代的政府职能方式以及物资匮乏的状态，同时分析进入改革开放以后，随着政府职能内容的不断转变，从改革开放初期的温饱问题，到20世纪90年代的“菜篮子”工程，到现在提出的社会主要矛盾的变化来分析中国人逐步富裕、国家逐步富强起来，以此增强学生的国家认同感和自豪感。另外，在讲解政府的社会职能时将改革开放以来国家医疗和养老保险职能的转变同和谐社会结合起来。

授课的方式可将教师讲课、视频观看和学生分享结合起来。教师可以讲授改革开放以来行政职能的转变以及从解决温饱到菜篮子到医疗和养老保险的背景知识。同时可以提供相关的视频供学生观看。另外，可以请学生访问自己的父辈和祖辈在新中国成立以来尤其是改革开放以来自身的经历，将这些访谈内容在课堂上分享，从而让学生对性质职能转变和富强、和谐核心价值观有更为感性的认知。

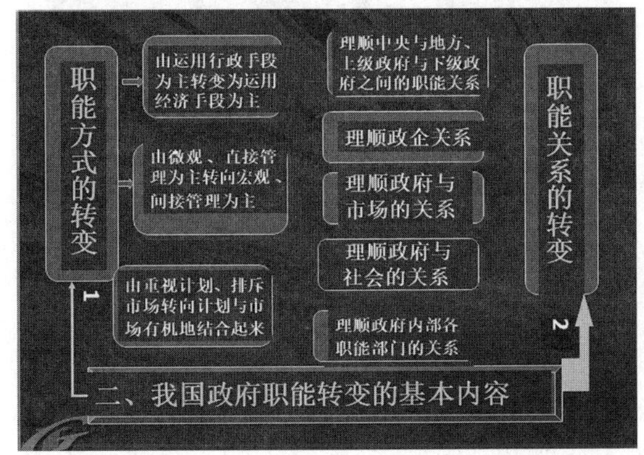

(1)

(2)

图1　行政职能结构与社会主义核心价值观视频

2. 案例二：公共财政授课中融入社会主义核心价值观的教育

公共财政这一章主要包括三部分：一是公共预算，二是财政收入，三是财政支出。教师在讲授中国公共预算变革的过程中，结合地方公共预算改革的实践，浙江温岭民主恳谈中协商民主同公共预算结合的案例，通过案例分析的方式了解地方政府协商民主的发展和公共预算的发展。另外，在讲授财政支出的过程中，通过比较改革开放以来中央财政支出比重的变化了解国家旨在推动和谐社会的努力，同时通过比较改革开放以来国家财政支出的变化可以了解国家在逐步富强起来。

授课的方式以教师讲授为主，在这个过程中可以采取案例分析的方式了解基层政府参与式预算的发展，可以以浙江温岭的恳谈民主为案例，梳理温岭恳谈民主向参与式预算发展的过程。同时也鼓励学生参与，主要是鼓励学生课下收集其他地方参与式民主的样本并在课堂上共享。另外也鼓励学生通过收集某个区域，如县（区）或市 10 年、20 年、30 年财政收支的变化了解这些地方财富的增长和人民福利的改善。

中国公共预算改革

- 浙江温岭泽国镇实验"参与式预算"改革
- 2014年中央全面深化改革领导小组第六次会议审议了《关于加强社会主义协商民主建设的意见》。习近平总书记在会上指出，社会主义协商民主在我国有根、有源、有生命力，是中国共产党人和中国人民的伟大创造，是中国社会主义民主政治的特有形式和独特优势，是党的群众路线在政治领域的重要体现。

(1)

(2)

图 2　中国公共预算改革与浙江温岭民主恳谈①

3. 案例三：公务员制度授课中融入社会主义核心价值观的教育

公务员制度这一章包括三个方面的内容：一是西方国家公务员制度，二是中国公务员制度，三是中西方公务员制度的比较。在讲中国公务员制度变革的过程中，通过比较国家公务员管理条例前后公务员录用制度，知道之前主要是推荐录用，现在是通过公开考试录用，了解国家为所有人打开通往国家机关工作的通道，打破原来的成分论、出身论等，保证国家机构人员录用的公正、平等。还可以讲解 21 世纪后国家干部公推公选、电视直播竞选领导干部等方面的内容，进一步了解公家在干部选用过程中的公开、公正、平等理念。另外，在比较中西方国家公务员制度时，了解中国要求公务员有明显的政治倾向即拥护中国共产党的领导，不同于西方的政治中立，明确爱党爱国的重要性。上课的方式主要以教师授课为主，也可以播放公务员改革的视频，另外，还可以组织学生讨论中国公务员制度中明显的政治倾向的价值。

(1)

(2)

图 3　领导干部改革与南京市公推公选直播图②

---

① 图片来自网络：http://news.jstv.com/a/20200309/1583722071352.shtml.

② 图片来自网络：http://www.adult.gov.cn/nzl/c48949/part/11825.jpg.

四、教学效果推广

“行政管理学”不仅是行政管理专业的一门核心必修课程，同时也是该专业的学科概论性课程，因此将社会主义核心价值观融入课程教学之中具有重要的推广价值。从横向上来看，这种教学内容和模式可以在其他学校行政管理学专业中推广，因为只要开设行政管理专业就会开设“行政管理学”，而目前大多数学校都开设了行政管理专业。从纵向上来看，这种教学模式可以在行政管理学其他课程中推广。因为“行政管理学”的每一章几乎都是一门专业课程，如“财政管理”“公共预算”“公共政策”“行政伦理学”“国家公务员制度”“政府改革”等，这一教学模式可以复制到这些课程中。

“政治经济学”课程融入新时代治国理政的改革内容的探索

经济与管理学院　贾丽虹　教授

华南师范大学“政治经济学”本科课程建设历经66载，凝聚了三代经管人的不懈追求和努力，为本科人才培养做出了积极的贡献。

新时代赋予了课程思政改革新的历史使命，如何通过课堂教学主动向学生讲好中国故事？如何通过教学环节的优化设计引导学生探寻中国故事？这是高校课程思政建设的重要课题之一。新时代中国共产党治国理政的改革故事是中国故事的有机组成部分，“政治经济学”课程团队结合教材和大纲，通过多元化教学手段将治国理政经济领域的新方略带入课程教学，用新时代治国理政的生动故事启发和点燃学生，这是一个紧迫的任务。

一、本次教学改革要解决什么问题

本次课程改革内生于团队在教材使用以及参考辅助教材编写过程中遇到的以下现实问题。

课程全年级5个教学课堂，统一使用的教材是“马工程”重点教材《马克思主义政治经济学概论》，团队编写的立体化教材《政治经济学教程》（科学出版社，2016年第2版）作为辅助参考材料。由于教材编写出版周期、教材篇幅以及课堂教学课时的局限，要把新时代治国理政的改革实践和理论内容及时有效地向学生传递和讲解，是极具挑战性的。

基于这个实际难题，团队尝试进行改革，希望通过多元化的教学手段和方法，激励学生从改革实践的大潮中发掘“中国故事”，探究“中国经验”，领略“中国智慧”，从而在活学活用与理论联系实际中坚定“四个自信”。

二、哪些内容融入课程

新时代治国理政的理论与实践是一个庞大而丰富的系统，涉及政治、经济、文化、社会、生态、军事、外交等领域，崭新而生动的改革故事层出不穷，选择哪些精彩故事进入课程？课程团队在以点带面逐步实验的基础上，确立了内容选择的依据，那就是紧扣《马克思主义政治经济学概论》的教材内容和教学大纲。目前本次课程改革的教学内容布局已经初步形成，我们可以借助思维导图加以展示（见图1）。图中第2列是课程原有章节内容，第3列是融入课程的新内容，这些新内容主要为新时代中国共产党治国理政经济领域的案例。第3列中带有"＊"的内容代表2019年课题开展的局部尝试；该列中带"#"的内容是新型冠状病毒感染疫情暴发后增加的"抗疫故事"，其余不带"＊""#"符号的内容是在局部实验有效的基础上于2020—2021年的继续拓展。

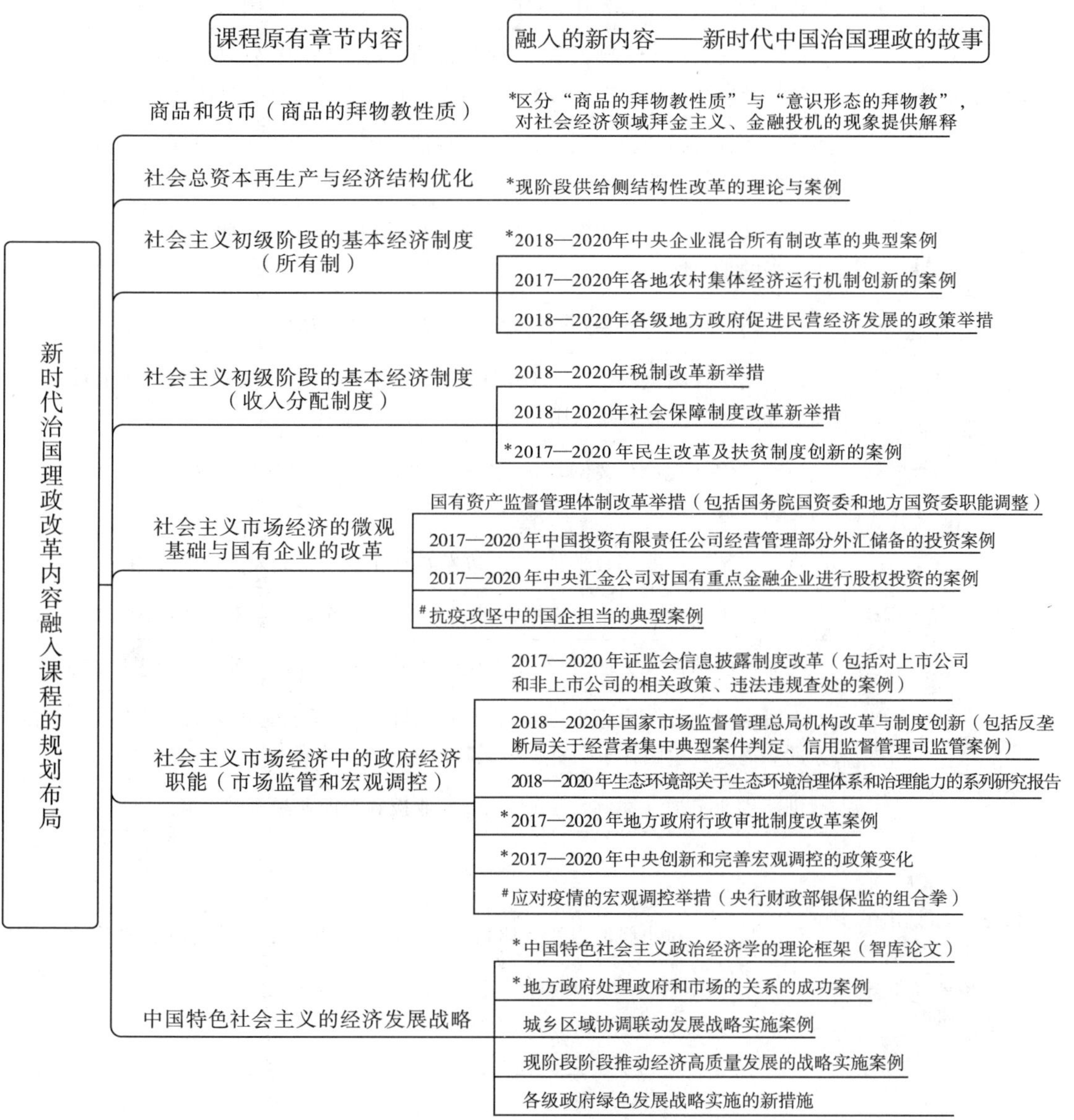

图1　思维导图

上述教学改革探索对于课程思政建设具有阶段性的促进意义，与此同时，思政内容纳入整个课程体系的教学设计应该是持续的和常态化的。对于"政治经济学"上、下两个学期的教学，基于以往的教学实践提炼出了思政元素（见表1、表2）。这些元素和本次教学改革的思政内容建设具有相互补充、相互加强的关系。

表1 “政治经济学”课程上学期教学内容思政元素汇总表

上学期教学内容的思政元素及其教学方式	
第一章　导论	理论自信（理论讲解）：中国特色社会主义政治经济学是建立在马克思历史唯物主义和唯物辩证法科学理论基础之上，紧密结合中国实际的产物
第二章　商品与货币	价值观（理论与案例教学）：劳动价值论与正确的劳动观和职业观；比较货币拜物教属性与拜金主义的区别和联系，确立勤俭、绿色可持续的消费观念
	廉洁教育（案例教学）：纸币流通规律讲解，引入国民党贪腐、币制改革以及恶性通货膨胀的案例
第三章　资本与资本运动	家国情怀（启发式教学）：比较商品流通和资本流通，明确实体经济对于民族复兴的重要性
	创新精神（案例教学）：科技创新对于劳动生产率的贡献
第四章　资本的再生产与资本积累	诚信品质（案例教学）：信用和竞争对于资本积累的杠杆作用。当前社会主义市场经济的发展需要信用和公平竞争的有力支撑
	道路自信（理论与案例教学）：资本主义的劳动异化，未来共产主义人的全面自由发展
第五章　资本运动	企业家精神（案例教学）：企业家精神在企业可持续发展中的作用
	人文精神（学生小组协作撰写案例）：良好的企业文化对员工的激励作用
	产业报国精神（案例教学）：美国经济的脱实向虚对失业和贫富差距的影响
第六章　剩余价值的分配	人民立场（经济思想史讲解）：马克思理论创作过程中多次遭遇资本主义国家的驱逐，其原因在于马克思主义政治经济学的阶级立场
	创新创业精神（案例教学）：比较商业投资与商业投机的差异
学生小组协作汇报讨论：智能化生产条件下，如何看待劳动价值论和剩余价值学说	科学精神（对小组汇报的点评）：科学技术发明等复杂劳动对于提高社会劳动生产率的意义

表 2　“政治经济学”下学期教学内容思政元素汇总表

下学期教学内容的思政元素及其教学方式	
第七章　社会总资本再生产	科学精神（经济学方法论讲解）：马克思运用唯物辩证法提出的商品二因素理论和劳动二重性学说，从商品到资本、从单个资本到社会总资本理论（价值构成和两大部类划分），从一般理论到具体制度，严密的逻辑体系高度体现了一以贯之的科学精神
	传承精神与创新精神（经济思想史讲解）：马克思主义经济学简单再生产理论对古典政治经济学的扬弃
	敬畏之心（学生协作撰写案例）：盲目投资与市场经济的周期性波动
第八章　资本主义经济制度的演变：自由竞争—垄断—国家垄断资本主义	制度自信（案例教学）：分析资本主义经济制度的内在根本矛盾，认识社会主义制度的优越性
	家国情怀（学生小组协作撰写案例）：认识帝国主义国家垄断资本的本质，分析中美贸易战
第九章　社会主义初级阶段的基本经济制度	共产党的首创精神（学生小组协作整理史料）：新中国土地改革运动的重大历史意义
	持续改革和创新的精神（案例教学）：新时代社会主义初级阶段社会主要矛盾的变化决定了持续深化改革和创新的必要性
	大国担当（案例教学）：“一带一路”背景下，国有企业对外投资过程中推动构建人类命运共同体
	工匠精神与自主创新（学生小组协作撰写案例）：民营企业通过自主创新提升核心竞争力
	扶贫与家国情怀（学生小组协作撰写案例）：扶贫攻坚对于实现社会主义共同富裕根本目标的保障
	扶贫帮困与社会责任感（数据实证）：当前收入分配中的贫富差距与多元救助体系构建
第十章　社会主义市场经济及其微观基础	集体主义与爱国主义（案例教学）：新中国独立自主工业体系建设的伟大成就；改革开放后历次应对全球金融危机，我国政府社会动员激励机制的优越性
	文化审美与文化自信（案例教学）：社会主义市场经济改革从高速增长转向高质量发展，呼唤创新、协调、绿色、开放、共享的新发展理念
	家国情怀（案例教学、学生协作）：国有企业的社会职责和社会担当
	创业精神（学生协作）：改革开放成长起来的民营企业及企业家的创业奋斗

续上表

下学期教学内容的思政元素及其教学方式	
第十一章 市场机制的缺陷与政府经济职能	廉洁奉公、恪尽职守（案例教学）：个别公职人员的懒政不作、寻租等行为对社会主义建设的危害
第十二章 社会主义的经济发展	民族伟大复兴重任（案例教学）：中国经济取得举世瞩目的成就与新时代经济发展战略，新的挑战对企业、对个人选择与发展的影响
学生以小组协作的方式汇报讨论：新时代我国政府经济职能转变的案例分析	改革与创新精神（对小组汇报的点评）：新时代国内遭遇的现实问题和复杂国际环境，赋予了政府、企业、个人勇于不断改革创新的责任和使命

三、怎么实现新融入课程的内容不受教学课时的限制

上面思维导图中关于新时代中国治国理政的故事案例很多，由于课时的局限，主讲教师结合教学内容和进度，每一章的课堂讲解涉及的案例大致为 1 到 2 个，那么其他课堂上未能分析的案例怎么置入课程呢？目前团队主要通过以下 4 个途径解决这个问题。

第一，充分利用学校的非正式课程项目，如通过“社会主义市场经济研学”非正式课程获得 4 个学时的延展教学。

第二，有效使用在线课堂的讨论区和参考文献区。一方面，结合章节进度通过教师发帖和学生跟帖等互动方式，将上述思维导图第三列内容及时融入课程中；另一方面，把和新融入课程内容相关的已有文献植入参考文献区域，并采用课前任务和课后阅读作业的形式使学生得到拓展。

第三，把“当代中国马克思主义政治经济学创新智库”链接到砺儒云在线课堂，指导学生课外自学相关的最新理论动态，可以通过在线数据监测分析学生的自学情况。

第四，引导学生按照内容规划自己去发掘和撰写案例，教师发布课程论文报告的任务—学生领受并完成任务—教师审阅评价案例报告—评价结果纳入成绩判定指标体系，在这个过程中，一方面督促学生接受具有难度的任务挑战，另一方面让学生知道未来需要精进提升的方向。

四、教改最终要达到什么目的

第一，对于履行高等教育立德树人的使命具有现实意义。新时代治国理政的一个个生动案例，从教师讲解到引导学生撰写，使学生深刻理解中国改革故事中凸显的中国智

慧、中国方案，从思想上提升学生对中国特色社会主义道路、理论、制度、文化优势的认识。

第二，对于提升教学团队理论素养具有紧迫意义。持续跟踪并深入研究新时代治国理政的改革理论和实践案例，能够进一步提升团队教师对前沿理论和改革实践的研究力度，从而以更宽广的视角和更深刻的理论基础反哺课堂教学。

第三，对于“政治经济学”研究方法实际应用的意义。新时代治国理政的故事案例，无论是教师课堂讲解，还是学生挖掘撰写，一方面是对教材中理论原理的现实注解，另一方面改革实践中呈现的新问题对教材原有理论的创新具有启发引导作用。这一教学实践活动很好地诠释了认识与实践、理论创新和实践创新之间的辩证统一和良性互动的关系，符合马克思主义政治经济学的基本方法（唯物史观和唯物辩证法）的要求。

五、如何监督评价教改实施的过程

课程教改实施过程采取 3 个维度的监督评价。

首先，定期向课程顾问汇报交流，听取意见。退休的资深教授李健英和俞梅珍老师担任本课程顾问，定期与团队交流并给予指导意见。

其次，及时搜集学生对教改具体实施措施的效果评价意见。结合每个学期围绕项目开展的活动，通过问卷调查搜集学生的意见。

最后，高效利用开题和未来结题的宝贵机会，征询专家的意见。

基于以上 3 个维度的监督评价意见，项目团队将及时调整教学改革内容和实施方法，争取做到项目实施与项目效果评价的动态结合。

“习近平法治思想与中国法治实践”课程思政的探索与开展

法学院　于群　教授

一、课程简介与背景

“习近平法治思想与中国法治实践”课程由华南师范大学法学院“新时代中国特色社会主义法治思想与中国法理学”思政教学团队设计、开展教学，该课程已获得学校非正式课程立项，面向全校开设，通过讲授习近平法治思想、研究探讨法治实践案例、引导学生进行社会实践等方面开展思政教育。目前该课程受到学生的普遍好评，初步取得一定实效。

党的十八大以来，习近平总书记结合中国法治建设和政法改革实践，提出了一系列重大论断和理论创新，形成了具有鲜明中国风格和时代特色的习近平法治思想。该思想既是中国法治事业的理论指导和根本遵循，更是新时代高校思想政治教育的思想旗帜和重要内容，因此，将习近平法治思想结合中国法治实践科学，合理地融入思政课程教学中，既有理论价值，又有现实意义。①

此外，2020年年初以来，我国乃至世界各地都经历了一场前所未有的新型冠状病毒感染疫情防控考验与挑战。在习近平总书记和中国共产党的领导下，我国人民运用法治思维和法治方式开展疫情防控工作，科学高效地应对重大突发事件。此次疫情防控法治化不仅凸显了“中国之治”的制度优势，更为习近平全面依法治国新理念新思想新战略注入了新的内容。因此，在引导学生对此次新型冠状病毒感染疫情防控行动进行思考的同时，可阐述习近平法治思想的重大理论意义和对中国法治实践进程的重大现实意义。

---

① 陈驰，古剑. 高校思政课法治教育的价值、内容与路径：习近平新时代中国特色社会主义政法思想融入高校思政课教学研究［J］. 四川师范大学学报（社会科学版），2019，7（4）：5.

二、“习近平法治思想与中国法治实践”课程思政的探索与实践

（一）课程中思政融合的案例

习近平法治思想作为新时代中国特色社会主义政法思想，是对当代中国社会现状的深层思考，也是对现象与本质、理想与现实、传统与当代等尖锐问题的深度回答，深刻蕴含着当代思想与政治理念元素（见表1）。① 从实践中提炼理论，又以理论指导实践，习近平法治思想与中国法治实践的融合充分体现了马克思主义一以贯之的认识论路线，暗藏认识事物、思考问题、解决问题等能力素养的培养。

表1　“习近平法治思想与中国法治实践”课程思政要素表

<table>
<tr><th>教学专题</th><th>教学内容</th><th>思政元素</th></tr>
<tr><td>中国法治的发展</td><td>中国法治思想的发展进程</td><td>梳理中国法治思想发展历史，讲述历年来全国人民代表大会提出的重大治国理政主张，加强学生的党史、国史教育，提高学生建设中国特色社会主义的自觉性</td></tr>
<tr><td>习近平法治思想的深刻意义</td><td>全面依法治国、“11个坚持”的重要思想战略部署及相关政策</td><td>从“四个全面”战略布局，“三步走”战略安排，“改革与法治”的辩证关系及“国内与国外”的两个大局等层面渗透出马克思主义的认识论、辩证法及联系观，引导学生树立科学、辩证、全局的问题处理意识</td></tr>
<tr><td rowspan="2">习近平法治思想的科学内涵</td><td>宪法实施法治思想、人民主体法治思想、人民民主法治思想、人民政法法治思想、人权保障法治思想</td><td>在法治思想内涵的剖析中，引导学生树立正确的人本价值观，鼓励学生积极参与政治民主管理，形成正确的政治观念</td></tr>
<tr><td>公平正义法治思想、依法治军法治思想、社会治理法治思想、德法结合法治思想、党法统一法治思想</td><td>在以上法治思想阐述中，结合具体社会实践案例，融合社会主义核心价值观，让学生理解治国理政各个层面的思想，内化并践行“二十四字”社会主义核心价值观</td></tr>
</table>

① 高雷雷，徐俊. 习近平新时代中国特色社会主义法治思想研究述评［J］. 翰林学院学报，2019，9（5）：31.

续上表

教学专题	教学内容	思政元素
建设社会主义法治国家	明确总目标、坚持法治道路、建设法治体系	系统阐述法治中国建设的任务书、路线图、施工图，强调建设中国特色社会主义法治体系的总目标，剖析法治体系的主要内容，从中对学生进行法纪教育，弘扬司法、法治精神，引导学生遵纪守法，善用法律解决问题
	深化法治实践、加强党的领导	在依法治国的具体实践案例中，激发学生远大的理想信念，强调学生个人价值与“中国梦”相结合，同时强化学生“爱国主义”“爱党敬党”的思想
疫情防控的法治化实践	新型冠状病毒感染疫情防控的法治化措施	从具体的法治化案例中展现习近平治国理政的法治思想，引导学生以法治思维看待和处理问题，并结合社会实际防控措施，激发学生的集体主义、民族主义理念

（二）课程中思政融合的教学模式

“习近平法治思想与中国法治实践”课程同时具备理论性与鲜明的实践性，如何更好地展现法治思想与法治实践的关系，如何实现理论的讲授与道德育人一体化，本课程根据教学内容的不同，采取了不同的教学方式，最大限度地做到让学生在实践中普及法治思想，提高政治道德素养。

1. 传统的讲解式教学方法

对于中国法治思想的发展历史主要采取教师课堂讲解的方式，通过时间轴形象地描绘出法治思想演变发展的历程，其中适当结合实践案例、政策具体成效，使理论思想与实践联系更为紧密。法治思想的发展进程也充分体现了唯物辩证法的发展观，让学生明白事物的发展是具有前进性的，要对未来充满信心，勇敢接受挫折与考验。

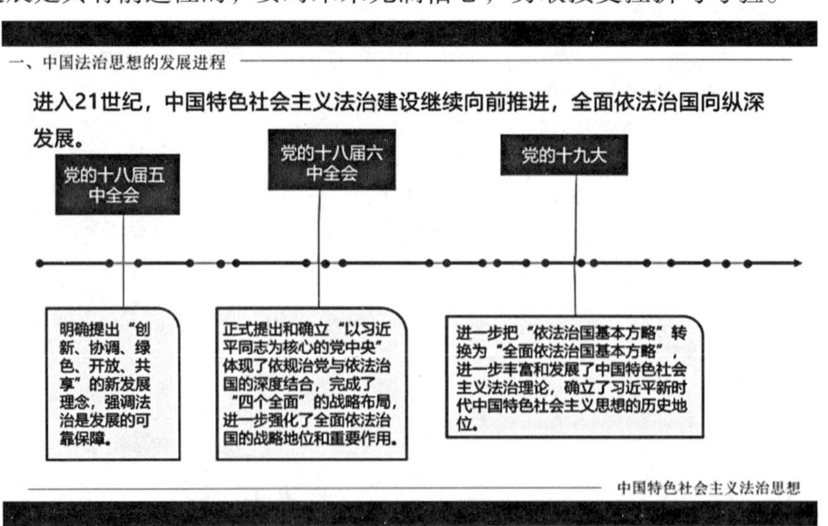

图1 以时间轴的方式展示法治历史发展，于知识点中融入发展观

2. 多媒体教学法

多媒体教学法利用高新技术融汇于教学实际当中，不仅方便大量数据信息的展示，将知识以声音、图片、视频等形象的方式展现出来，同时也能吸引学生的学习兴趣，便于学生理解记忆。该课程的内容大多来源于习近平总书记在各种会议上的讲话，因此课上组织学生观看大会视频和中央电视台录制的《法治中国》纪录片，同时在新型冠状病毒疫情法治化防控的专题中，与学生一同观看中国抗疫纪录片，以此增强学生的法治观念及爱国情怀。

图2 课堂上通过观看国家重要会议，引导学生积极参与国家政治事务、国家管理

图3 课堂及课后组织学生观看《法治中国》纪录片，提高学生法治意识

图4　组织学生观看抗疫纪录片

3. 专题式教学法

专题式教学有助于激发学生参与课程讨论的积极性，对学生进行分组，由学生根据课程内容挑选感兴趣的话题进行专研学习，再由教师引导全体学生进行讨论。该方式有助于提升学生的自主学习能力，同时小组形式有助于考验学生的团体合作意识。专题的选择例如“疫情防控与社会治理”，相关社会问题的讨论和研究也有助于激发学生对社会热点时事的关心，培养学生形成独到的见解，避免人云亦云。

4. 第二课堂教学

教学过程中教学团队在充分发挥学生主动性、参与性和创造性的基础上，积极开展第二课堂。鼓励学生进行社会调查或社会实践活动，如组织法学专业的学生为社区居民提供普法服务；组织学生参与旁听法院庭审、参观戒毒所、与律所律师畅谈、走进校园普法等活动，以期最大限度激发学生参与社会法治治理的热情，并在实践中提升学生各方面的思想道德素质。

图 5　任课教师带领学生参观锦天城律师事务所

图 6　彭胜锋律师为学生分析律师行业未来发展态势

图 7　学院邀请戒毒所的工作人员对学生进行禁毒宣讲

图 8　任课教师组织学生与公安机关人员进行交流访谈

图 9　任课教师带领学生走进法院，了解法官服的发展

图 10　任课教师带领学生走进课堂进行普法教育活动

三、“习近平法治思想与中国法治实践”课程思政的主要成效

一是增强了学生的自主学习能力与社会实践能力。通过专题式的学习方式和丰富的社会实践活动，极大地提高了学生自主学习能力包括资料的搜集、整理分析与总结汇报，知识输入技能与输出技能，社会实践活动也做到最大限度引导学生将理论知识与实践相结合，引导学生学以致用。

二是激发了学生对中国法治事业、参与政治管理国家的热情和兴趣。作为社会公民，高校学生应具备良好的政治素养与法治意识，通过该课程的学习，能够让学生对中国特色社会主义法治事业具有基本的认识，也能够让学生知晓其作为公民享有参与政治生活的权利与义务，鼓励其为社会治理、法治发展贡献力量。

三是增强了学生对相关思政课程学习的信心。通过生动形象地讲授法治理念、法治思想，结合实践传授理论知识，颠覆以往学生为应付课程考试而对知识点死记硬背的模式，且课程分数结合理论考察与实践评分，全面考查学生各项能力而不局限于知识点的记忆，从而增强学生对该门课程及相关思政课程的学习信心。

课程思政理念下“语文教学论”专业课教学改革路径探究

文学院　王萍　副教授

一、“语文教学论”的改革目标

“语文教学论”进行课程思政建设的独特意义在于，它不仅会对师范生产生直接的影响，而且会通过师范生间接地影响其参加工作后所教授的中小学学生群体。为此，本课程改革的目标设定为：深挖课程的思想政治教育要素，牢牢把握思想政治教育内涵，把社会主义核心价值观、中华民族传统文化、革命文化和社会主义先进文化融入“语文教学论”课程中去，引导师范生认识语文课程的基本理论，掌握语文教学的原理和方法，形成语文教学的基本技能，为成为专业化、高素质、创新型语文教师打下基础。

二、“语文教学论”的改革实践

为实现课程思政建设目标，本团队在教学内容、教学模式两方面进行改革实践，实施了一系列改革举措。

（一）教学内容的重构——精心选取教学内容，设计思政专题

要对传统课堂做一个全新的设计，其中教学内容的优化和选择是至关重要的。本团队结合“语文教学论”课程的教学内容，引出一系列思政教学专题（如表1所示）。

表1　“语文教学论”教学内容与思政教学专题的选择表

教学内容	专题	思政元素
语文课程标准研读	审视意识形态视野下语文课程标准的历史变迁	全面梳理语文课程标准的变化轨迹，引导师范生明确当今新课程标准的标杆作用，正确认识意识形态的本质特征

续上表

教学内容	专题	思政元素
语文教材研读	审视语文教材史上革命传统内容的嬗变	梳理我国语文教材史上革命传统内容的嬗变和革命传统教育的得失，分析新时期语文教材中革命传统内容编制的成功经验，同时总结失误的教训
中学语文教师的素养	语文教师师德养成教育	介绍有关教师政策法规，例如《中学教师专业标准（试行）》中有关“师德为先”的基本理念，《教师教育振兴行动计划》（2018—2022 年）中有关师德养成教育等要求，让师范生及早深入了解师德要求，帮助其形成正确的教师观，从源头上做好师德师风建设
语文教学目标的设计与编写	语文“情感态度与价值观”目标的设计	引导师范生厘清思想政治教育的内涵，了解“社会主义核心价值观、中华民族传统文化、革命文化和社会主义先进文化”融入语文课程的目标设计
语文教学设计中的任务分析	阅读教学中革命传统文化教育的任务分析	新课程标准在课程结构设计中，设置了“中国革命传统作品研习”“中国革命传统作品专题研讨”两个学习任务，这说明革命传统作品教学不再是边缘化的、隐形的教学任务，而是作为重要的学习任务，承载着传承文化的重要使命。要求师范生完成这两个学习任务的任务分析
语文教学策略的选择与运用	阅读教学中革命传统文化教育的策略	要在阅读中传承革命文化，实践操作是关键。本专题建议师范生吸取“PISA2018”（国际学生评估项目）在阅读素养方面的成果，从构建课程体系、设置阅读情景、选择多样文本等方面入手，让学生在亲近革命文化的同时，浸润革命精神
不同类型教案的编写方法	写作教学中展开爱国主义教育的研究	写作是一种思想性、综合性、应用性很强的活动。本专题指导师范生学习如何在教学过程中，把作文教学与育人结合起来，让教学活动能更有效地进行生动活泼的爱国主义教育

（二）教学模式的改革——构建以人文素质教育为中心的课题式专题化教学模式

本团队基于网络云课堂展开混合式教学，按照“定向—定篇—定度—定标”的教学流程，构建了以人文素质教育为中心的课题式专题化教学模式。下面以“语文教材研读：审视语文教材史上革命传统内容的嬗变”的专题教学为例进行说明。

1. 定向：议题选择

首先结合师范生心智选择议题，强调可操作性。本团队设置了“审视语文教材史上革命传统内容的嬗变”这一议题，引导师范生围绕教育重大现实问题展开讨论（如图 1 所示）。

首页 > 我的课程 > 语文教学论2019 > “课程论”专题二：语文教材研读 > 讨论区二：如何审视语文教材史上革命传统内容的嬗变？

快捷管理

讨论区二：如何审视语文教材史上革命传统内容的嬗变？

以史为鉴，可以明得失。在我国，语文独立设科已有百余年，然而，在语文教材中渗透革命传统教育，则基本始于建国后的语文教材。语文教材史上革命传统内容的嬗变，经历了五个时期：**“政治化”时期**（1949-1958年）、“工具性特征”确认时期（1959-1966年）、“革命”化时期（1966-1976年）、拨乱反正及历次修订时期（1976--2000年）和“多样化”时期（2000年以后）。通过语文教材对学生进行思想道德教育，让学生了解我们民族、我们党的优良传统和革命历程，培养学生爱党、爱国、爱人民，关心国家命运和前途的情感意识和价值观念，是语文课程重要而又必然的目标。语文教材虽不是专门的革命传统教材，但必须具有一定的思想性，必须对革命传统教育问题给予应有的重视。

语文教材对革命传统内容的设计主要体现在选文方面。其中有颂扬革命时期的民族精神的，如《黄河颂》《艰难的国运与雄健的国民》；有反映热爱家乡，反抗侵略的，如《土地的誓言》；有直接记述革命斗争过程的，如《冀中的地道战》《中原我军占领南阳》；有反映革命生活的，如《草》《记一辆纺车》；有描写革命军队不畏艰险、艰苦奋斗精神的，如《老山界》《大雪山》；有歌颂革命大众和革命领袖的，如《人民英雄永垂不朽》《巍巍中山陵》《少年毛泽东》；还有些选文则通过对国外革命传统的描写，让学生了解同一时期国际革命的背景，开阔学生的视野，如《生命的意义》。

从历史角度，我们如何看语文教材中的革命烈士？21世纪我们向革命英雄学习什么？？请来讨论区发表你的看法

添加一个新话题

图 1　选择议题

2. 定篇：文本理解

语文教材对革命传统内容的设计主要体现在选文方面。为了解大学生对革命传统作品的接受状况，本团队设计了问卷（如图 2 所示）。

首页 > 我的课程 > 语文教学论2019 > 《语文课程与教学论》平时作业提交区 > 大学生对中国革命传统作品的接受度调查

快捷管理

大学生对中国革命传统作品的接受度调查

亲爱的同学：

你好！十分感谢你在学习之余回答我的调查问卷！我是华南师范大学文学院的老师，因教学调研需要特设此问卷。本问卷以匿名形式进行，所有数据只用于统计分析，不会对你和你的同学、朋友产生任何负面影响，所有问题请如实回答即可。你的参与将会对本次教学调研结果产生重要影响，谢谢你的支持与合作！祝学业进步，身体健康！

您不能参加这个问卷调查

查看所有的回答

12　你读过几本中国革命类书籍？（ ）

回答	平均	小计
0本	3%	4
1-2本	28%	44
3-5本	47%	74
6—10本	11%	17
10本以上	4%	7
Total responses to question	100%	157/146

13　你认为你阅读中国革命类作品的困难是什么？（可多选）（ ）

回答	平均	小计
无法想象当时的社会环境，难以理解作品的深层内涵	52%	82
有些作品语言具有较强的时代感和地域色彩，很难理解	66%	103
革命历史知识有限，读起来很费劲	41%	64
时代不同、文化不同，无法产生共鸣	39%	61
其他	8%	12
Total responses to question	100%	157/146

图 2　大学生对中国革命传统作品接受度调查表

3．定度：反思文本

这里的“度”指态度，“定度”就是依据实际，得出客观结论。本团队在云平台创设了良好的学生参与机制，让学生独立思考，积极反思，将独立思考与互相评价相结合，对革命文化去伪存真，进而得出自己的结论。学生参与情况如图 3 所示。

话题	发起人	最新帖子 ▾
从历史角度，我们如何看语文教材中的革命烈士？21世纪我们向革命英雄学习什么？？	20101158王萍 18 10月 2019	20170121151刘晓青 26 12月 2019
☆关于语文教材史上革命传统内容的嬗变看法	20170121158叶怡姝 23 10月 2019	20170121004陈欣倩 6 1月 2020
☆语文教材中的革命烈士	20170121266香显桢 3 12月 2019	20170121239周乐铟 6 1月 2020
☆如何看待语文教材中的革命烈士？21世纪的我们应当向革命英雄学习什么？	20170121239周乐铟 3 12月 2019	20170121239周乐铟 6 1月 2020
☆如何审视语文教材史上革命传统内容的嬗变	20170121106杨莹曦 23 10月 2019	20170121106杨莹曦 5 1月 2020
☆在语文教材中学习革命精神	20170121340洪祺 4 1月 2020	20170121151刘晓青 5 1月 2020

图 3　学生参与活跃度

云平台的讨论设计引导师范生直面教育重大现实问题，避免偏激倾向。师范生在讨论中克服歧见，深刻认识了革命传统教育的必要性（如图 4 所示）。

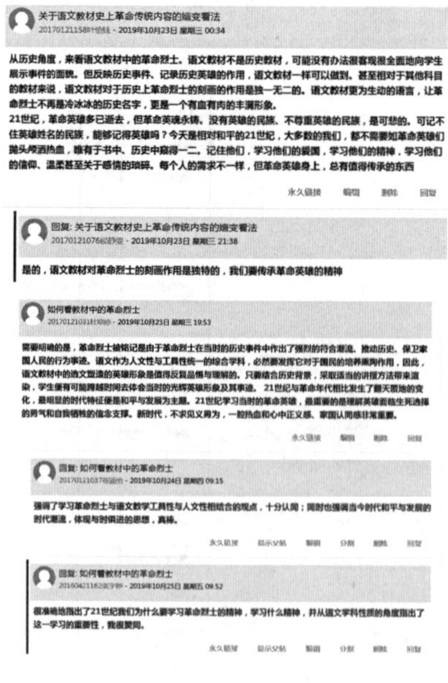

图 4　云平台的讨论

4. 定标：任务驱动

这里的“标”指目标，阅读教材中的革命文本，需要确定教学和育人两个方面的目标。本团队采用任务驱动的形式，引导师范生进行小课题研究。师范生在教师的指导下紧紧围绕一个共同的任务活动中心，在强烈的问题动机的驱动下进行自主探究。部分师范生将小课题发展成了毕业论文写作（如图5所示）。

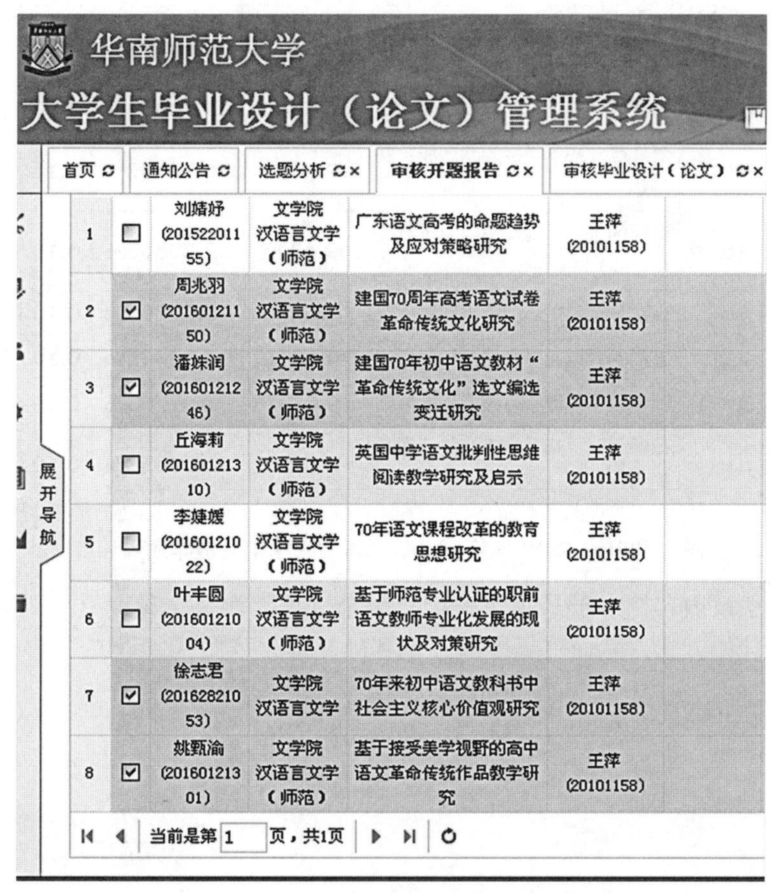

华南师范大学

大学生毕业设计（论文）管理系统

首页 | 通知公告 | 选题分析 | 审核开题报告 | 审核毕业设计（论文）

1	☐	刘婧妤（20152201155）	文学院 汉语言文学（师范）	广东语文高考的命题趋势及应对策略研究	王萍（20101158）
2	☑	周兆羽（20160121150）	文学院 汉语言文学（师范）	建国70周年高考语文试卷革命传统文化研究	王萍（20101158）
3	☑	潘姝润（20160121246）	文学院 汉语言文学（师范）	建国70年初中语文教材“革命传统文化”选文编选变迁研究	王萍（20101158）
4	☐	丘海莉（20160121310）	文学院 汉语言文学（师范）	英国中学语文批判性思维阅读教学研究及启示	王萍（20101158）
5	☐	李婕媛（20160121022）	文学院 汉语言文学（师范）	70年语文课程改革的教育思想研究	王萍（20101158）
6	☐	叶丰圆（20160121004）	文学院 汉语言文学（师范）	基于师范专业认证的职前语文教师专业化发展的现状及对策研究	王萍（20101158）
7	☑	徐志君（20162821053）	文学院 汉语言文学	70年来初中语文教科书中社会主义核心价值观研究	王萍（20101158）
8	☑	姚甄渝（20160121301）	文学院 汉语言文学（师范）	基于接受美学视野的高中语文革命传统作品教学研究	王萍（20101158）

当前是第 1 页，共1页

图5　学生将小课题发展为毕业论文写作

三、“语文教学论”的改革效果

师范生对本课程教学的满意度较高，连续2年教学质量评分均在95分以上（如图6所示）。

评价号	评价指标	单项均值	满意度	权重
10	我钦佩老师的工作态度和敬业精神	9.7793	96.64596%	0.10
11	我喜欢老师的讲课方式	9.3655	91.5528%	0.10
12	老师对课程的讲解清楚，语言丰富	9.5172	93.04348%	0.10
13	老师的理论联系实际，举例生动	9.6000	94.40994%	0.10
14	老师能介绍本学科的动态和发展趋势	9.7655	96.39752%	0.10
15	讲课的进度、难度适当，重点突出	9.4345	92.79503%	0.10
16	认真分析学生作业中出现的问题	9.6690	95.52795%	0.10
17	老师的课能激励和启发学生思维	9.5310	94.53416%	0.10
18	我学会了如何学习该课程的方法	9.3379	91.67702%	0.10
19	该课使我提高了分析相关问题的能力	9.4621	92.54658%	0.10

图 6　2018—2019 年第一学期“语文教学论”教学质量评价

本团队把思政内容贯穿于专业课教育教学全过程，在一定程度上可为思政教育工作的开展找到最佳的方式，从而更好地服务于基础教育改革发展。

“德智融合”育人思路下的“计算机网络”课程思政案例

物理与电信工程学院　宋晖　副教授

一、“计算机网络”课程的改革目标

“计算机网络”教学团队基于“立德树人，德智融合”的育人思路，结合课程思政要求，以立德树人为根本，理想信念教育为核心，社会主义核心价值观为引领，把思想价值引领贯穿教育教学全过程和各环节，将“计算机网络”内容从纯技术内容转变为渗透思政内容的计算机网络知识，兼顾育德育人，利用真实案例开展人文精神、工匠精神培养和应变能力训练，通过将训练内容和项目直接嵌入环节之中，进行理性的分析能力和科学合理的决策能力的锻炼，以达到下列素质目标：

（1）具有坚定的政治方向和爱国精神；

（2）建立正确的世界观、人生观和价值观，具有精益求精、专注耐心、专业敬业、勇于创新的职业素养；

（3）具有较强的安全意识、环保意识、质量意识和团队协作精神。

二、“计算机网络”课程的改革实践

1. “计算机网络”课程主要教学知识点

“计算机网络”课程主要讲述计算机网络最基本的原理，包括计算机网络体系结构、计算机网络构成及工作原理、网络协议及工作原理、网络应用及其相关知识，培养学生构建、维护和管理计算机网络系统以及网络应用开发能力，网络协议分析和设计能力，以及运用所学知识综合分析解决实际网络问题的能力。

表 1 “计算机网络”课程授课章节及主要教学知识点

授课章节	主要知识点
第一章 计算机网络概述	计算机网络在信息时代的作用、计算机网络发展史、计算机网络在我国的发展，计算机网络的类别、性能指标和计算机网络的参考模型
第二章 物理层	物理层的基本概念、数据通信基本原理及基本知识、信道的极限容量、传输媒体、信道复用技术、宽带接入技术
第三章 数据链路层	数据链路层的基本概念，三个基本问题，数据链路层基本工作原理；点对点协议 PPP；局域网的信道及争用 CSMA/CD；以太网；以太网的 MAC 层，局域网扩展技术，虚拟局域网，高速以太网
第四章 网络层	网络层的功能；网络层提供的两种服务；网络互联技术；TCP/IP 协议簇中的 IP 协议及辅助协议；分类的 IP 地址，IP 地址与硬件地址，划分子网和构造超网，地址转换协议 ARP，IP 数据报，IP 转发分组的流程，ICMP 协议；路由选择协议和算法（RIP，OSPF，BGP），IPV6 协议，NAT
第五章 运输层	运输层概念及其功能、进程、端口；TCP 和 UDP 协议；TCP 报文段的首部格式，TCP 可靠传输的实现，TCP 流量控制机制；TCP 可靠传输——停等协议，连续 ARQ 协议；TCP 拥塞机制；TCP 的连接管理
第六章 应用层	应用层功能；各种应用层协议如域名系统 DNS、文件传送协议 FTP、万维网 WWW、电子邮件协议（SMTP、POP3）、HTTP 协议、动态主机配置 DHCP 等

2. “德智融合”的“计算机网络”新课程体系设计

明确思想政治教育的任务，结合课程相关知识点，“计算机网络”思政教学改革方案将围绕立德树人这一根本任务来进行设计。首先要明确“计算机网络”课程带有育人功能的教学目标，然后根据教学目标，选取知识点和可与之进行有机融合的思政元素，最后设计思政教育教学内容，培养学生人文精神和工匠精神，提升学生的爱国情怀、人文素养、创新意识等综合素质和就业竞争力。

教学团队在教学案例设计中融合思政元素，将课程中传达出的价值观和方法论与能指导现实生活的哲学理论方法有机结合起来，以期实现知识技能传授与价值引领的有效结合。融入“计算机网络”课程的思政元素主要概括为两方面。

（1）思想道德方面，坚定拥护党的领导，拥有高尚的道德情操以及正确的价值取向，以人为本，用科技改变人民生活；同时面对日益严峻的国际环境以及对中国科技的围剿之势，能够勇于承担起科技兴国的社会责任，实现中华民族的伟大复兴。主要包括政治理论教育、爱国意识教育、科技强国教育等。

（2）专业素养方面，培养学生不畏艰苦、敢于突破的科学精神，面对专业难点，不怕困难，拥有攀登知识高峰的信念；面对浮躁的社会环境，能够脚踏实地、严于律己，做好专业技能；在创新创业的时代浪潮中，拥有自主创新、开拓进取的专业精神。主要包括网络安全教育、工匠精神教育、职业素养与创新教育等。

融入思政教育的“计算机网络”课程教学内容主要包括理论课程和实验课程两方面。在理论教学中，理论联系实际，培养学生的爱国意识、工程素养和工匠精神；在实验中，通过对实验过程的观察和对实验结果的验证解析，展现计算机网络原理中蕴含的哲学思维、辩证方法、逻辑思路等；同时严格要求操作规范，培养学生的责任意识和职业素养。具体内容如表 2 所示。

表 2　“计算机网络”教学内容与思政教学专题的选择

教学内容	专题	思政元素
第一章 计算机网络概述	计算机网络在信息时代的作用	网络强国战略思想教育。深入学习习近平网络强国的战略思想，学习网络信息的关键点、着力点
	计算机网络的发展	爱国强国意识教育和技术创新意识培养。计算机网络诞生于美国，当前的中国已成为名副其实的网络大国，正向着网络强国迈进。介绍我国加入互联网的过程、发展过程的艰苦和当今面临的挑战，激发学生的爱国情怀。鼓励学生学好网络技术，进行技术创新，为我国计算机技术发展做出贡献
	网络资源共享	树立共享发展理念：通过对网络资源共享的概念和基本要求的介绍，介绍网络资源共享对个人、企业、组织、国家的好处，教育学生要树立共享发展理念，学会与他人共享网络资源，以实现网络资源效用的最大化
	计算机网络的应用	加强爱国主义教育、道德法律知识的普及，正确引导其塑造人生观、价值观、世界观，使其在参与网络社交活动时，体会到思政理论课中所展现出来的对其思想的教育是基于主流价值观对大学生忧患意识、阵地意识及历史使命感和责任感教育的重要性，从而让大学生接纳对他们传递的思想理论教育
	网络体系结构	计算机网络体系结构中层与层既相互独立又相互联系，共同完成整个通信。培养学生团结协作、互帮互助的精神；同时通过不同体系结构，让学生充分理解求同存异的智慧以及命运共同体意识。建设网络强国，应加强与国际社会的沟通合作，实现共赢
	下一代因特网	强国意识的教育。目前大多数网络技术掌握在发达国家手中，在新的技术面前，要教育学生加强专业知识的学习，未来掌握网络的核心技术，把我国发展为网络技术强国

续上表

教学内容	专题	思政元素
第二章 物理层	导引型传输媒体	讲解光纤传输特性时，对诺贝尔奖获得者、华人科学家高琨的经历做简要介绍，让学生学习他治学严谨且富有爱心的先进事迹
	非导引型传输媒体	培养敬业精神。通过向学生介绍无线网络的传输媒体，引入华为企业在5G移动通信网络中的卓越表现，引入大国工匠精神，通过榜样的力量，帮助学生树立服务人民、服务社会、精益求精、追求极致的敬业精神
	数据网络传输的原理	进行法律意识教育。在拥有了专业知识，成为计算机网络专业人员后，不能因为任何理由，撰写编辑病毒，传播病毒，更不能进行网络攻击、网络诈骗，给他人和社会带来隐患和损失，做任何违反法律和道德的事
第三章 数据链路层	网络拓扑	将星形拓扑结构与核心意识相联系，增强学生对核心意识和军委主席负责制的认知和理解
	PPP 协议	培养践行诚信友善精神。网络协议是为计算机网络进行数据交换而建立的规则、标准或约定集合。在介绍 PPP 协议规则的同时，引导学生在生活和学习中遵守规则，诚实守信，诚恳待人，互相尊重，互相帮助，团结协作
	以太网	通过讲解 ARP 地址，解析协议严密精细的技术设计，表现了计算机网络技术人员不怕困难突破技术壁垒的精神，鼓励学生不畏困难，勇往向前
	无线局域网	通过中国无线通信技术的逆袭之路，增强学生的民族自豪感，同时让学生意识到核心技术要立足于自力更生、自主创新，教育学生要坚定“四个自信”，勤于学习，刻苦钻研，为实现科技强国贡献自己的力量
第四章 网络层	IPv4 和 IPv6	通过学习 IP 地址，加强社会责任感。IPv4 时代，美国是互联网技术标准和规则的制定者，在 IPv4 地址、技术、产业、应用方面占据垄断地位。IPv6 是下一代互联网的核心协议，互联网向 IPv6 的演进为我国建设网络强国迎来了难得的机遇。教育学生要抓住机遇、敢于担当
	路由协议和设备	以任正非带领华为的奋斗经历为典型案例，帮助学生理解网络设备的发展，同时培养学生不怕困难、奋发向上、不怕失败的战斗精神。同时以 NetEngine 系列高端路由器为例，培养学生的民族自豪感

续上表

教学内容	专题	思政元素
第五章 传输层	TCP 三次握手过程	提高法治意识。通过学习 TCP 建立连接的三次报文握手过程，引出 SYN 攻击及网络安全相关知识。教导学生要提高法治意识，不做危害网络安全的事情，要遵纪守法，做社会主义法治的忠实崇尚者、自觉遵守者、坚定捍卫者
第六章 应用层	域名系统 DNS	进行科技强国和网络安全的教育。根域名服务器是最重要的域名服务器，可以说谁掌握了根域名服务器，谁就掌握了整个网络控制权，可我泱泱大国，却没有一台根域名服务器，只能通过镜像来完成域名解析。其一旦遭到攻击，将导致网络故障，给社会生产、生活、经济带来巨大的损失。教育学生提高网络安全意识，遵守网络空间的法律法规，树立正确的网络安全观
	万维网 WWW	永葆家国情怀。万维网使大家可以通过链接方便地获取丰富的网络资源，我国商务网站的典型代表是淘宝网，其创始人马云始终怀有家国情怀，将个人发展、企业发展与国家发展紧密联系在一起，让国人从网络和新技术中获益。我们师生也应永葆家国情怀，牢记国家、社会、家庭和个人是一个共同体
实验内容	实验操作的讲解	培养精益求精的工匠精神。通过对实验任务进行分析，介绍实验任务实施的技术要求，引导学生要树立精益求精的工匠精神来完成实验任务
	协议实验	培养规则意识。只要遵循既定的协议和规则，即使是非常复杂的网络结构也能互通。如果不遵守约定的规则，即使是再简易的网络结构也无法通信
	动态路由实验	培养友善、互助、协作精神。为了实现通信，每个路由器都需要妥善维持与邻居的关系，主动发布自己的已知信息，通过相互协作实现全网的通信
	校园网的设计与规划	增强校园网和无线网络安全防范意识，运用实事求是的思想路线。引导学生通过查阅资料案例来分析校园网和无线网络的安全威胁因素，从而增强校园网和无线网络安全防范意识，确保校园网络安全。同时，培养学生按照实事求是思想路线来想问题、办事情、做决策，学会从实际情况出发，选择网络的规划和设计方案，以增强校园网的服务能力

3. "德智融合"的"计算机网络"课程思政教学设计

由于思政内容的引入，对"计算机网络"课程的教学过程重新进行了优化设计。教学过程是教师进行课堂知识传递的过程，通过选择合适的教学方法和策略，可以巧妙地实现思政教学与专业教学的融合，通过课程教学实践验证，如图 1 所示的课程思政教学设计在实际教学过程中具有优良的教学效果。

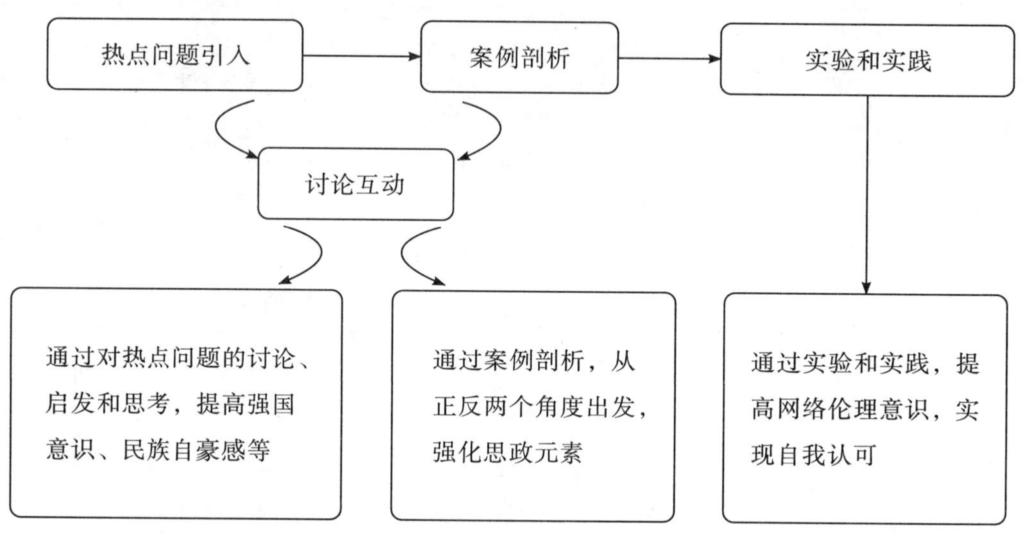

图 1　“德智融合”的“计算机网络”课程思政教学设计框图

（1）热点问题引入。网络热点事件反映出来的问题通常能在互联网上迅速传播，可由网络热点问题引入教学知识点，尽量挑选出学生感兴趣的或者是与学生发展密切相关的热点问题，让学生参与讨论，在讨论中增强学生的政治敏锐性和政治辨别力，同时增强学生的强国意识和民族自豪感。例如从“华为 5G 事件”热点引入，让学生认识到中国通信技术和网络发展迅猛，产生对网络通信学习内容的兴趣和强烈的认同感。

（2）案例剖析。通过引入热点问题，选择不同类型的案例进行剖析。可以从正面或反面两个角度进行剖析，也可以正反结合。例如以科学家、企业家和正能量事件等作为正面案例讲解；以网络中不良行为导致的热点问题，以及发生在身边的网络犯罪等案例作为反面案例等。通过巧妙地使用正面引导和反面警示，引入网络伦理问题，使学生对不良网络信息和网络行为具有免疫力，逐步建立正确的网络伦理道德观。

（3）实验和实践。“计算机网络”课程涉及网络原理、技术和操作，因为工程性的特点，更加要注重实验和实践操作。通过不断实验和实践引导，让学生能自觉地运用所学理论去认识和解决社会实际问题，将高效、节约的理念传达给学生，尽可能让网络知识的课堂最大限度地得以延伸，并一点点地将思政教育的目标伴随着网络知识的学习植根脑海，从而让学生在实践中不断认可自我和提升自我。同时，培养学生的网络伦理意识。让学生理解在设计网络系统的过程中，要遵守相应的法律和规范，充分考虑设备、线路、装修及网络运行、管理过程对环境、社会、健康、安全、文化的影响，只有绿色健康的工程方案，才能真正实现优质高效的网络工程。引导学生树立正确的价值观，守住职业道德底线。

三、“计算机网络”课程思政的教学成果与推广

教学团队对“计算机网络”课程进行了一定程度的教学实践与探索，重在强调学生理论学习与动手实践的能力，并注重培养学生的德育品德。近一年来，该课程教学团队结合砺儒云平台完成线上线下的课程建设，并拟推广到其他相关专业课程的建设中去。同时，该主讲课程获得了学生的好评，学生评教分数为97.02分（见图2），并承担了相关的课程思政校级教改项目，取得了一定的成效。

*学年 2019-2020 *学期 2 *课程 计算机网络

区：大学城 对教师评价分：97.0217 参评学生人数：52 有效参评学生人数：46 对教师所有课程的加权平均分

果课程没有评价或者没有进行评价统计，则不能导出，查询以及查看评语

评价号	评价指标	单项均值	满意度	权重	理论/实验
1	我钦佩老师的工作态度和敬业精神	97.78	97.783	0.1	理论
2	体现现代教育理念，用适当的教育手段和方法组织教学	97.78	97.783	0.1	理论
3	老师对课程的讲解清楚，语言准确	97.57	97.565	0.1	理论
4	教学信息量大，加深了我对教学内容的领悟	97.57	97.565	0.1	理论
5	课程内容尽可能联系了实践和应用	96.70	96.696	0.1	理论
6	讲课的进度、难度适当，重点突出	97.35	97.348	0.1	理论
7	能针对作业和实验存在的问题进行分析	97.13	97.130	0.1	理论
8	老师的课能激励和启发学生思维	97.35	97.348	0.1	理论
9	我学会了如何学习该课程的方法	95.17	95.174	0.1	理论
10	该课使我提高了解决相关问题的能力	95.83	95.826	0.1	理论

图2 2019—2020年第二学期“计算机网络”课程教学质量评价

课程思政理念下光学“学科导论”课程教学改革探索

信息光电子科技学院　欧阳敏　讲师

一、“学科导论”课程简介

“学科导论”是信息光电子科技学院一年级新生的选修课，原设计包括8次讲座课程，涉及学科介绍、大学学习方式、培养方案介绍、专业方向介绍、科研或企业报告等主题。课程旨在帮助学生了解学科的基本情况、专业领域涉及的主要学科知识、课程体系及专业人才培养基本要求，以及了解各专业的内涵、专业与社会发展的关系等，帮助一年级新生建立对学科及专业较为系统的认识。

围绕立德树人的教育理念，我们对“学科导论”课程进行思政设计与教学改革。具体设计是以“学科发展史—学科现状—学科未来与社会—学科与自我发展”的思路为课程线索，将原课程内容整合成4个模块。一方面，基于原有侧重于学科知识、技术层面的专业课程教学设计，考虑学科基础、科学前沿、应用发展等专业内涵；另一方面，结合专业发展中的典型事件和人物，深挖与科学精神、学术道德、工程伦理和职业道德等相联系的思想政治教育素材，把做人做事的基本道理、社会主义核心价值观、民族振兴的理想和责任融入课程教学中，加强相关软素质的培养，培育社会发展、知识积累、文化传承、国家续存、制度运行所需要的光电信类专业人才。

二、教学设计与实施

本课程采取教师讲授、视频学习、小组研讨、思维导图制作、专家报告等多元教学方式，旨在提升学生的学习积极性，引导学生主动参与到教学中，以期达到更好的学习效果。从学科或专业出发，课程4个模块的思政教学内容分别围绕以下4个目标设计并开展。

1. 课程思政目标1：结合学科发展史，引入古代、近代中国在学科发展中的典型事件，树立正确的世界观、科学观，提升学生的民族文化自信和本土传承的社会责任感

> 案例 1：中国春秋时期《墨经》光学八条的科学内涵（见图 1）。

《墨经》光学八条涉及：4 条论影的表述，包括成影、本影与半影、反射光成影、影的粗细长短变化规律；4 条论像，包括小孔、平面镜、凹面镜、凸面镜成像。这是比古希腊欧几里得（约公元前 330 年—公元前 275 年）的《光学》早百余年的几何光学记录。墨家学派的表述概念具体，结论切实，自然科学认识与实践经验紧密结合，逻辑缜密，具备理性科学分析特点。

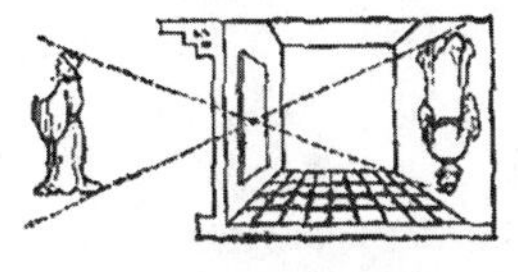

（a）“论小孔成像”的教学内容

（b）历史评价

图 1　“《墨经》光学八条”教学案例

> 案例 2：元代赵友钦的“小罅光景”实验的科学意义（见图 2）。

赵友钦对小孔成像涉及的所有因素展开了细致探讨，定性的实验结论分析正确。这个实验被公认为是 13 世纪最大型、最周全的光学实验。他采取边操作、边实验、边推理、边分析的方法，理论与实验相结合，透过表象探究本质规律。这种理性的科学实验思想值得肯定和发扬。

结合历史、典籍了解学科或专业发展的典型中国案例，通过中西对比，正确认识和客观评价中国和世界的历史及相互关系，把辩证唯物主义、历史唯物主义的观念渗透到课程教学中，引导学生树立正确的历史观、科学观和民族文化自信，树立本土传承和民族振兴的理想和责任感。

案例2：元，赵友钦，小罅(xia)光景

革象新書

13世纪世界上最大型
最周全的设计性光学实验

（a）实验简介

案例1…

五个步骤的综合性、设计性的实验

1. 固定光源、小孔、像屏三者距离不变，观察孔的大小、形状对像的影响。
2. 改变光源大小与强度，观察像的变化。
3. 改变像距，观察像的变化。
4. 改变物距，观察像的变化。
5. 改变孔的大小和形状，观察大孔成像情况。

——整个实验程序详实，每个步骤的研究对象都是一个确定的因素，而其他因素控制不变，研究思路具备科学性

（b）小结与评价

图 2　元代赵友钦“小罅光景”教学案例

2. 课程思政目标2：结合学科发展史中关键的中国科学人物，传达科学精神和正确的价值导向，引导学生建立社会责任感，努力成长为心系国家并有时代担当的技术性人才

案例3：吴有训、叶企孙等科学家的研究工作及其对中国近代物理学的奠基的影响（见图3）。

结合20世纪二三十年代，介绍吴有训、叶企孙等人参与光的粒子性等物理学的研究工作，以及他们对中国物理学人才培养、中国自然科学发展的社会贡献，介绍叶企孙先生为清华大学物理系发展所做的努力，以及他们老一辈科学家为中国科学发展所做的伟大贡献。在知识传授、能力培养的过程中，弘扬社会主义核心价值观，传播爱党、爱国、积极向上的正能量，培养科学精神，激励学生成长为心系社会并有时代担当的技术性人才。

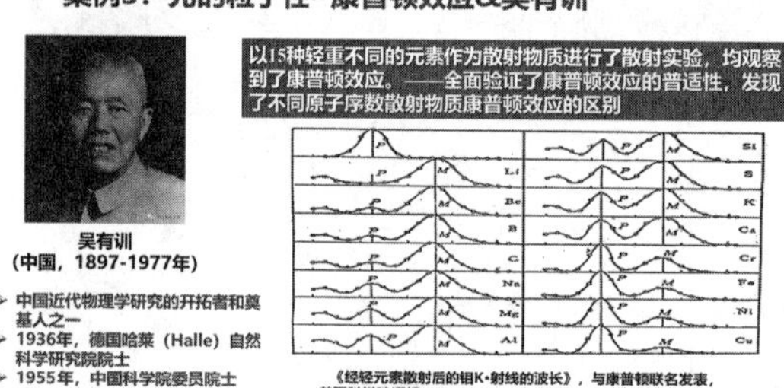

（a）康普顿效应与吴有训

案例3：光的粒子性~普朗克常数的测定&叶企孙

叶企孙
(中国，1898-1977年)
物理学家、教育家、中国近代物理学奠基人之一

◆ **精确测定普朗克常数**：与W. Duan、H. H. Palmer合作，用X射线方法测定h＝6.556±0.009×10-27尔格·秒，该数值被国际沿用十多年。
◆ **高压磁学的开创性贡献**：在高压物理学家P. W. Bridgman的实验室中研究液体静压强对磁导率影响的开创性工作，Bridgman因高压强下物质特性的研究获1946年诺奖。
◆ **清华大学首任物理系主任（1926年）**
◆ **中国科学院学部委员（常务）（1955年）**

（b）普朗克常数测定与叶企孙

图3 “光的粒子性研究与相关中国科学家”教学案例

案例4：刘颂豪院士的光学成就与华南师范大学光学学科的发展。

介绍刘颂豪院士在光学玻璃、激光等领域的光学成就，以及他对华南师范大学光学学科的建立和发展所做的贡献，将刘院士的科学精神、价值导向与知识传授相融合，发挥榜样的精神和力量，鼓励学生继承老一辈科学家求真务实、不断探索、实践创新、精益求精的科学精神，培养踏实严谨、吃苦耐劳、追求卓越等优秀品质。

3. 课程思政目标3：结合学科或专业相关的时政、社会案例，思考科技发展的双刃剑问题，增强人与自然、环境和谐共生的意识，明确人类共同发展进步的历史担当

案例5：电灯的发明给人类生活带来的变革。

介绍爱迪生、斯旺等人在电灯发明和推广过程中所做的贡献，了解电灯发明给人类生活方式带来的根本性变革，探讨科技发展和技术推广对人类文明进步的正向意义，树立正确的理工科价值观。

案例6：光污染问题与光环境保护问题（见图4）。

针对国内外当前光环境的现状，结合光污染的定义、危害、相关法规等问题，思考科技发展的利弊问题，探讨科技与人类健康、社会环境、公共事业等因素的辩证关系，对学生加强有关工程伦理和职业道德的教育，增强人与自然环境和谐共生的意识，明确人类共同发展进步的历史担当。

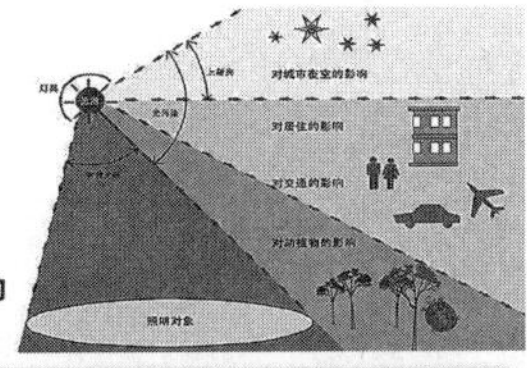

（a）光污染的定义

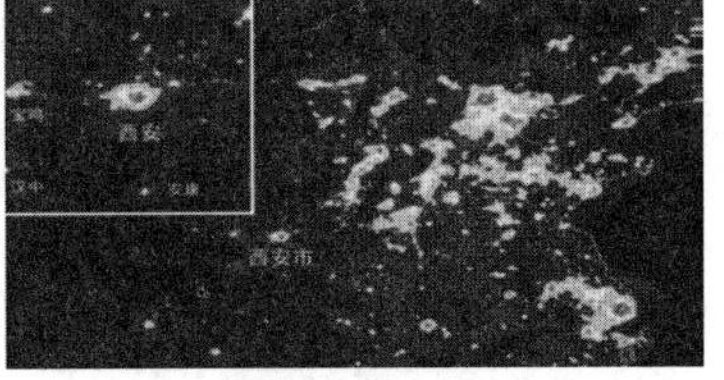

（b）西安光污染的情况

（c）广州地方法规

（d）国际暗天协会

图 4　“光污染问题与光环境保护”教学案例

4．课程思政目标 4：结合学科特点、社会需求，制定学生个人发展的学习规划

案例 7：制定学生个人发展的学习规划。

结合科研报告、企业报告帮助学生了解学科及专业的发展动态和社会需求，解读本学科两个本科专业的培养方案，引导学生了解大学学习方式和基本要求。指导学生通过研读所在专业的人才培养方案，明确个人 4 年的发展目标，对大学修读课程进行规划与自我设计等，为更好走进大学生活和提升自我做准备。

三、教学改革的成效和推广

围绕课程思政的理念，本课程通过合理设计将文化自信、理工科价值观、科技伦理、全球视野、本土传承和社会责任感等思政教育元素寓于教学实践中，有利于帮助学生树立正确的世界观、人生观和价值观，提升社会责任感和学习动力。同时，针对一年级学生的学习需求，引导学生从个人未来的发展、行业动态和社会的需求出发，制定个人 4 年的学习规划，更有方向地发展自我。本课程的改革将专业教学内容和思政教育元素有机结合，进一步提升了专业教学的思想高度，有助于增强学生学习的内驱力，并为提升学术和工程人才的培养质量奠定基础。

本课程改革探索总结的课程思政案例，可以推广到学科内相关专业课程中，通过采取“一门课先行，课程群逐步推进”的工作思路，帮助其他专业课程的课程思政建设快速成长，并激发更多的创新教学方式方法，更好地实现立德树人的根本任务。

“物理化学”课程思政教学设计与实践

化学学院　孙艳辉　教授

一、课程简介与开展课程思政教育背景

习近平总书记在2016年全国高校思想政治工作会议上强调：“要用好课堂教学这个主渠道”，“把思想政治工作贯穿教育教学全过程”，“使各类课程与思想政治理论课同向同行，形成协同效应”，自此开启了高校“课程思政”建设高潮。① 2018年在全国教育大会上，习近平总书记再次对教师提出要把立德树人作为根本任务。同年，教育部陈宝生部长在高等学校本科教育工作会议上指出将“课程思政”纳入本科教学新体系。② 在此背景下，华南师范大学全面开展了专业课程思政教学实践。

物理化学是化学学科的理论基础，是运用物理学的理论和方法研究化学变化的基本规律的一门科学。该课程对提高学生的专业技能、逻辑思维、数理能力、思辨能力、综合运用知识能力等都具有重要作用。物理化学与其他学科之间有着不可分割的联系，是许多专业的核心基础课，在材料、能源、农业、医药、环境、生物（生命）、食品等领域有广泛的应用。华南师范大学化学学院现有化学教育、材料、新能源材料与器件等专业，物理化学作为核心专业基础课程，对人才培养起着至关重要的作用。

物理化学一向被认为是“教师难教，学生难学”的课程，涉及很多抽象的概念和原理、繁杂的数学公式推导等。在建设“一流课程”和打造“金课”的改革中，课程思政成为改革的重点之一。如何挖掘专业课程中的思政教学要点，如何在专业课程教学中有效地贯彻课程思政，如何评价课程思政教学效果？基于上述问题，近年来本教学团队进行了物理化学课程思政的教学研究与实践。

---

① 吴晶，胡浩．习近平在全国高校思想政治工作会议上强调把思想政治工作贯穿教育教学全过程，开创我国高等教育事业发展新局面［N］．光明日报，2016－12－09（1）．

② 王旭珍，王新平，王新葵，等．大道至简，润物无声：物理化学课程思政的实践［J］．大学化学，2019，34（11）：77－81．

二、确定物理化学课程思政教育的基本原则和基本切入点

依据课程思政内容的7个维度（如图1所示）①，结合物理化学课程教学大纲的8个教学目标（如图2所示），在教学实践中，教学团队按照物理化学课程的内容和特点，分别从6个方面挖掘课程思政内容，实现课程思政的7个维度所达到的目标（如图3所示）②。

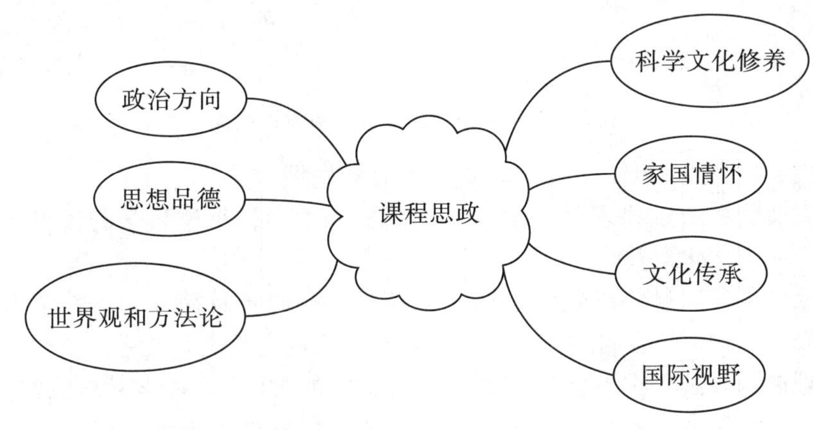

图1　课程思政的7个维度

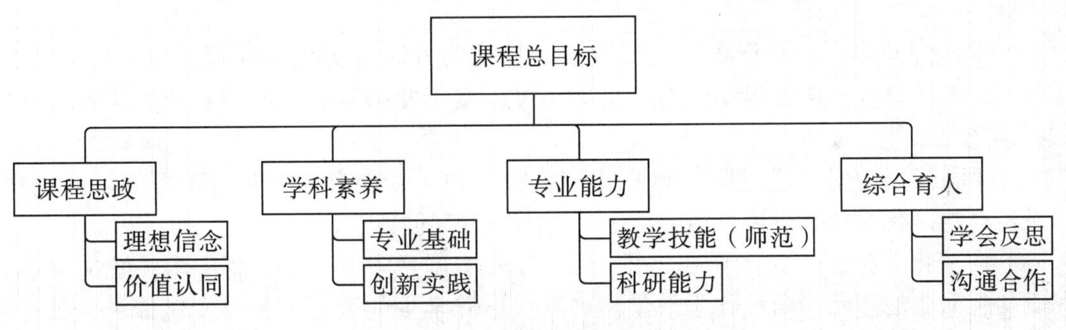

图2　物理化学课程目标

① 张树永. 高校化学类专业课程思政建设目标与实现途径刍议：以物理化学课程教学为例［J］. 大学化学，2019，34（11），4－9.

② 孙艳辉，南俊民，马国正，等. 物理化学课程思政教学设计与实践［J］. 大学化学，2021，36（3）：213－218.

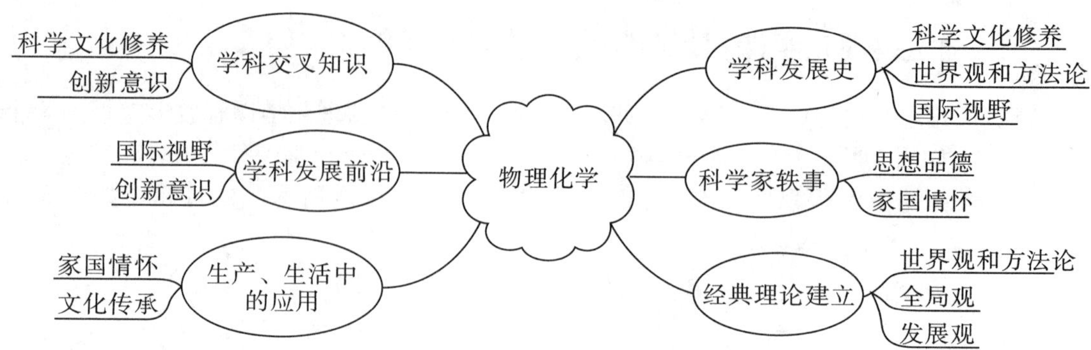

图3　物理化学中的课程思政设计要点

课程思政要素可以从下述6个方面进行梳理和挖掘：

①学科发展史：通过物理化学学科发展简史的学习，渗透科学的世界观、方法论，帮助学生培养科学文化素养。

②科学家轶事：通过物理化学家的生平轶事、科研贡献简介，培养学生坚韧不拔、勇攀科学高峰的精神，体会科学家的个人奋斗与国家社会发展的关系。

③经典理论和方法：物理化学被誉为"化学中的哲学"，在学科思维教育方面独具魅力。经典物理化学中的各种定律和理论的形成，各种理想模型的建立和公式的推导，渗透着丰富的方法论和科学的世界观；在学习不断发展完善的理论过程中，体会全局观、发展观。

④学科交叉知识：物理化学是用数学和物理的方法解决化学问题，与分析、有机、生物、医药、材料、农林等学科都有交叉，可以基于此培养学生的创新意识，提高学生的科学文化素养。

⑤学科发展前沿：通过学习物理化学在新材料、新能源、生命医药等领域的应用，以及经典物理化学的新进展，培养学生的国际视野和创新意识。

⑥物理化学在生产生活中的应用：可以注重中国元素的介绍，将中国传统文化和人民日常生活中的智慧与物理化学教学相联系。培养学生的家国情怀和文化传承，感受传统文化的魅力。

三、梳理挖掘物理化学课程思政内容及教学设计

按照物理化学的4大知识板块——热力学、动力学、电化学、胶体与界面化学，分别梳理，从图3所示的要点中挖掘每个板块适合开展思政教育的知识点，并进行相应的教学设计，案例如表1所示。

表 1　物理化学课程思政要点梳理及教学设计

课程思政切入点	物理化学课程内容	课程思政要点	实施方式
学科发展史	热力学发展史：永动机；热死论；非平衡态热力学。 化学动力学发展史：宏观（微观）反应动力学的发展；快速反应动力学。 电化学发展史：电解质溶液理论、电化学新能源研究进展；量子电化学。 表面物理化学知识体系的形成和发展。 胶体分散体系物理化学的进展；胶体稳定性的认知	（1）通过物理化学学科建立和发展史的学习，让学生了解一切学科都是为了适应社会生产的需要而发生和发展的，渗透个人发展与社会发展的协调统一。 （2）对永动机、热死论观点的了解，培养学生的批判性思维，形成正确的世界观和科学的方法论。 （3）通过对每一分支发展趋势的了解，培养学生的科学文化修养和国际视野	文献阅读；结合百年诺贝尔化学奖了解物理化学相关获奖项目，撰写进展报告
科学家轶事	热力学：汤姆森（开尔文），吉布斯等。黄子卿：水三相点的精确测定；梁敬魁：系统地测定了大量相图，被国内外相图汇编收集，在中国推进了相图在单晶生长中的应用。 动力学：阿瑞尼阿斯；李远哲（美籍）；张存浩：中国高能化学激光奠基人、分子反应动力学奠基人，长期从事催化、火箭推进剂、激光研究。 电化学：法拉第，能斯特等。 李方训：长期从事电解质溶液研究。 胶体与表面化学：朗格缪尔，席格蒙迪；傅鹰：中国胶体表面化学创始人；利用润湿热测固体粉末比表面，比著名的 BET 法早 8 年	（1）通过对在物理化学发展进程中做出突出贡献的国内外科学家的生平、求学经历、毕生对科学的贡献的介绍，让学生学习科学家们在科学道路上孜孜以求的精神，激发学生发奋图强、追求真理的精神。 （2）重点介绍中国的物理化学家如何在艰苦的科研环境和生活条件下，依然在各个领域进行开创性的研究工作，为提升中国在世界的竞争力做出杰出贡献。以此类实例增强学生的民族自豪感和自信心，渗透爱国情怀。 （3）通过了解科学家们如何尊重实验事实、发现问题、严谨求真，在科研道路上走向顶峰的事迹，激发学生的创新思维，培养学生实事求是、严谨的科学态度和探究事物本质的能力	文献阅读；调研报告；在线学习拓展资源

续上表

课程思政切入点	物理化学课程内容	课程思政要点	实施方式
经典理论和方法	（1）热力学研究方法的特点和局限；热力学三大定律；Gibbs 相律等。 （2）理想气体、理想溶液；可逆过程、卡诺循环和卡诺热机等理想模型的建立和解决问题的方法。 （3）速控步法、平衡假设、稳态近似法在拟定反应历程的应用；简单碰撞理论、过渡态理论、单分子反应理论模型的建立及解决速率问题的方法。 （4）法拉第电解定律；电解质溶液理论；可逆电池热力学等；可逆电池、标准氢电极模型的认识；对消法测电池电动势原理。 （5）固体表面吸附理论的建立与发展；胶体的稳定性理论等	（1）通过热力学、动力学和电化学研究方法的学习，渗透唯物论和辩证法教育，推进对马克思主义世界观和方法论的理解。 （2）在对理想气体、理想溶液、可逆热机、可逆电池等理想模型的认知基础上，引入逸度、活度、热机效率、化学能转化为电能的效率等概念，培养学生具有建构模型的能力和掌握解决问题的正确方法。 （3）通过对各经典理论从初步形成、发展到逐渐成熟的学习，以及对各板块内容知识的系统性、衔接性的理解，培养学生具备缜密的逻辑思维、看待事物的全局观和发展观。 （4）各板块解决问题用到的公式都有其适用条件，培养学生严谨的治学态度和作风	线下课堂案例分析；学习拓展资料；小论文
物理化学学科发展前沿	非平衡态热力学；耗散结构；超临界流体；离子液体热力学及其在绿色化学中的应用。 飞秒化学；分子反应动态学；多相催化；立体化学动力学；量子动力学。 固体电解质；绿色新能源如钙钛矿太阳能电池、液流电池等。 超疏水现象；仿生材料；纳米材料；超分子化学；软物质；界面分子自组装膜、气凝胶材料	（1）通过介绍物理化学各板块分支目前发展的前沿热点问题，开阔学生视野，提高学生的科学文化素养，增强创新意识。 （2）通过介绍中国科学家们在科学前沿所取得的成绩，激发学生的民族自豪感与爱国热情	文献阅读；课上小组讨论；案例分析

续上表

课程思政切入点	物理化学课程内容	课程思政要点	实施方式
物理化学在生产、生活中的应用	热机效率、冷冻系数在内燃机、空调、冰箱等的应用。低温热棒在青藏铁路的应用。渗透压在反渗透净化海水、医疗、食品等的应用。超临界干燥、萃取的应用。 飞秒激光化学在医疗领域的应用。放射性碳年代测定在考古、刑侦中的应用。光催化在环境、能源的中应用。 长余辉发光材料、LED 发光材料在绿色照明中的应用…… 电池、电解，电分析、电化学传感器在各行各业的应用。 BET 吸附测定比表面积、孔体积；润湿现象、表面活性剂用于矿物浮选、石油开采、洗涤产品等；气溶胶——雾霾的形成；电泳电渗在工业中的应用；渗析仪在医疗领域的应用。气溶胶形成雾霾、携带细菌病毒传染疾病，培养学生注重环境意识和社会责任感	（1）通过了解物理化学的理论知识在生活、生产的具体应用，尤其是体现中国劳动人民智慧的一些应用实例，提高学生的民族自豪感。 （2）引入中国传统文化，尤其诗词歌赋，意境优美。例如讲授液—固表面润湿现象，以宋代周敦颐的《爱莲说》“予独爱莲之出淤泥而不染，濯清涟而不妖”和南朝徐陵的《侍宴诗》“嫩竹犹含粉，初荷未聚尘”，作为开篇导课，带领学生了解固体表面润湿、亲水与疏水，剖析荷花自洁净效应的原因，使学生既感受文化熏陶，又开拓学科视野。 （3）介绍我国首创或具有自主知识产权的科学技术，培养学生的创新意识，激发学生的爱国热情和民族自豪感。例如中国自己的冻土治理技术——低温热棒，成功解决了 40 多年来困扰中国科学家和青藏铁路建设者的重大技术难题——青藏铁路路基多年冻土层夏季融沉、冬季冻胀的不稳定问题	导课；文献阅读；案例分析；小组讨论；在线学习拓展资料

四、教学实践与教学效果评价

对于理科类的专业课程，应该把思政元素与科学知识有机地融合，做到寓教于无形、润物细无声。基于“以学生为中心”“以产出为导向”的理念进行教学设计和实施。按照物理化学课程章节，结合相关内容，分别在课程的不同阶段，采用不同教学方式开展课程思政教学和教学评价（如图 4 所示）。

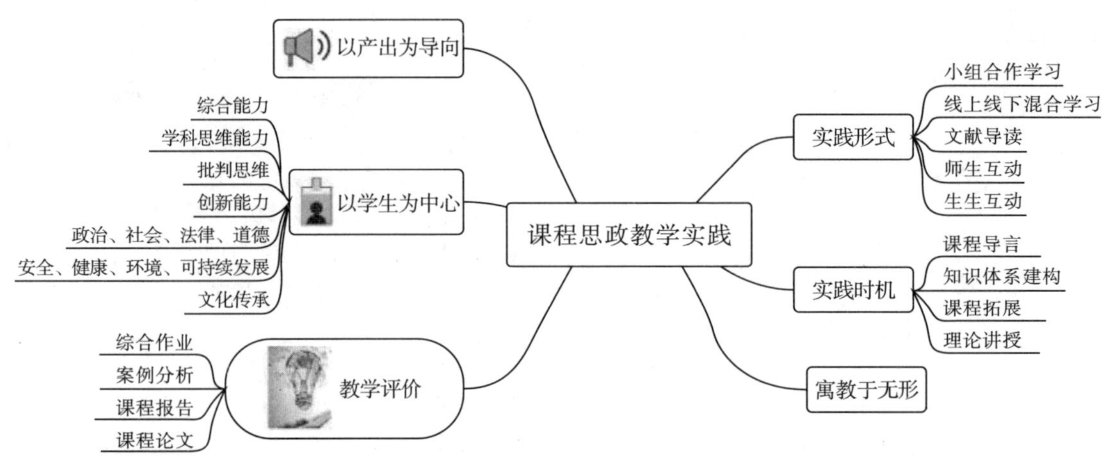

图 4　课程思政教学实践与评价

在具体教学实践中，应该在学科内容方面做到详略得当、突出知识主干，重难点精讲，强调实际应用；同时利用在线课程的教学资源，通过“线上—线下”相结合的教学方式，把一部分知识留给学生自主学习，实现课堂教学时间的缩减，留出适量时间引进思政内容。表 2 给出了“第十三章　表面物理化学　第 1 节　表面化学概述、表面张力和表面 Gibbs 自由能”融合课程思政教学的实施案例。

课程思政教学效果评价方法，突出评价学生的综合能力、学科思维能力和批判创新能力，推动专业教学由知识导向型向能力和素质导向型转变。学生在提出科学研究或者技术开发方案时，能够综合考虑政治、社会、法律、道德、安全、健康、文化以及环境和可持续发展等因素的影响，正确地理解个人的义务和责任，是课程思政教育成功的根本标志。

评价课程思政效果时必须采用结果导向模式，利用综合作业、案例分析、方案设计、课程报告（含进展报告、调研报告、研究报告等）和课程小论文等体现结果的形式进行评价。在平时过程考核中关注学生的道德与学风；在期中或期末考试中设计一些带有思政元素的无标准化答案的简答或论述题，考查学生的思维能力与分析问题能力。

表 2　融合课程思政元素的教学案例

教学内容和时间安排	教师活动	学生活动	课程思政元素
1. 导课：表面物理化学简介（5 分钟）	（1）导入课程。由中国古典诗词“予独爱莲之出淤泥而不染，濯清涟而不妖”（北宋周敦颐），“嫩竹犹含粉，初荷未聚尘”（南朝徐陵），引出“荷花效应和超疏水材料”及其在现代工业中的应用，并引入表面物理化学的概念。请学生根据自学和生活常识归纳常见的表面现象。 （2）简介表面物理化学与体相物理化学的区别；建立从宏观到微观、从体相到表面相的思维方式和认知模型	（1）学生根据自己的认知回答常见的表面现象：如露珠、水滴呈球状，毛细现象，吸附，雨衣雨伞防水等都属于表面物理化学问题。 （2）学生讨论已知的介观现象。讨论如何将体相物理化学原理迁移到表面相	（1）利用学生感兴趣的话题导入课程，激发学习兴趣，引导学生对中国传统文化的热爱和对美学的感悟。 （2）培养学生的思维方式和发现问题的能力
2. 解决学生预习过程提出的共性问题、难点问题。(20 分钟) （1）表面张力和表面自由能的区别和联系。 （2）表面功的具体含义。 （3）表面热力学与体相热力学的区别。 （4）表面张力与化学键的关系。 （5）表面张力与温度、压力的关系	（1）教师分解问题，引导学生逐层深入理解新概念。 如表面张力产生的根本原因是什么？作为一种“力”，它的作用点和方向是怎样的？表面自由能作为“表面相”的能量，它的物理意义是什么？量纲是什么？ （2）类比法讲授：通过体相热力学的 4 个基本方程类比推出表面热力学的 4 个方程，并据此进一步明确表面自由能和表面功的概念	学生根据自学回答上述问题，并改正之前的错误认知。 学生从能量守恒与转化的角度理解表面功和表面自由能的关系	（1）培养学生科学的世界观和正确的方法论； （2）锻炼学生分析问题、解决问题的能力； （3）培养学生系统构建物理化学理论体系和综合分析问题的能力

续上表

教学内容和时间安排	教师活动	学生活动	课程思政元素
3．表面物理化学在生产、生活和科研中的具体应用实例分析，科学家简介（15 分钟）	（1）展示科学前沿或知识应用实例：教师展示纳米材料的表面效应、实验室测量比表面积的方法；选矿、石油开采、洗涤用品、气固表面催化等工业生产和科研中的实例，并分析其中蕴含的表面化学的原理，让学生体会物化知识实用性的一面。 （2）穿插相关科学家介绍，如朗缪尔、开尔文对物理化学的贡献以及他们在科学道路上的探索精神；介绍我国傅鹰、张大煜等科学家对表面化学的贡献以及他们多次婉拒国外优厚条件，一心报效祖国的事迹	学生在听讲解的同时，提出问题并参与讨论	（1）培养学生的创新意识、探索精神和知识应用能力。 （2）激发学生的家国情怀和社会责任感
4．布置作业	（1）查阅文献了解超临界干燥在合成纳米材料中的应用； （2）查阅文献了解超疏水超亲水材料的应用； （3）进一步了解表面化学在各行各业的应用	学生分组选题完成作业，下次课汇报	培养学生自主学习、查阅文献、案例学习的能力以及小组同学间的沟通合作能力

五、结语

物理化学课程思政教学以思政教育的 7 个维度为根本，结合物理化学教学大纲的培养目标梳理了 6 个思政教育的切入点，按照物理化学知识板块分别列举了每个切入点的教学实例，同时对开展思政教学的实践模式和思政教学效果评价方法进行了分类。希望本课程梳理的思政教育切入点和若干具体实例能为物理化学课程思政教育提供借鉴和参考，实现专业课程融入思政教育立德树人的目标。

“环境生态学”课程与生态文明观的融合教学探索

环境学院　邓培雁　教授

一、“环境生态学”课程简介与背景

“环境生态学”是很多高校环境科学、环境工程等专业本科生的专业必修课，是伴随着环境问题的出现而产生和发展的新兴综合性学科，是一门运用生态学理论研究人为干扰下生态系统内在的变化机制、规律和对人类的反效应，寻求受损生态系统恢复和重建与保护对策的科学，具有基础性、综合性以及实践性的学科特点。它与其他许多学科联系紧密，注重生态学基本知识和理论在人类实践中的具体应用。“环境生态学”课程在与思想政治教育相互融合、相互促进上均有着得天独厚的学术和教学优势。在华南师范大学开展课程思政教学改革与实践工作的背景下，以“环境生态学”各个教学环节为着力点，通过课程内容、教学方法和教学考核等方面的具体改革和实践来推动课程思政教育，并初步取得一定成效。

二、“环境生态学”课程思政改革目标

在课程思政教育教学及树立生态文明观的时代背景与需求下，结合“环境生态学”课程有目的地进行课程思政教育设计，通过对环境生态学课程教学内容、教学方式与手段、考核评价等多方面的改革与探索，挖掘课程的思想政治理论教育资源，找出恰当的方式将生态文明观融合在“环境生态学”课程教学中，潜移默化地培育学生的生态文明观念，提高大学生生态文明素质，增强建设“美丽中国”的自觉性和自信心，培养生态文明建设的生力军和接班人①，最大限度地发挥课堂教学的育人作用。

① 于克锋，张建恒，霍元子. 环境生态学课程教学中的生态文明教育方法探索［J］. 安徽农业科学，2018，46（8）：227－228，231.

三、"环境生态学"课程与生态文明观的融合教学案例

1. 优化教学内容，加强生态教育，培养学生的生态文明观

"环境生态学"课程内容与人们的生产生活密切相关，蕴含着丰富的课程思政元素。在进行思政教育改革实践中，首先立足于"环境生态学"课程的教学内容，挖掘课程的思想政治理论教育资源，准确把握专业课教学与生态文明观培育的交叉点，从各章节、各教学环节中努力发掘专业课知识与生态文明教育的切入点。结合书本理论知识，提炼课程中蕴含的生态教育元素和所承载的生态教育功能，在传授知识的同时注重价值引领。

在思政理念的推动下，我们结合具体教学内容，融合了一些相关思政元素，如表 1 所示。

表 1 "环境生态学"教学内容中的思政元素表

相关章节	原有知识点	思政元素及教学方式
第一章 绪论	环境问题的产生与发展，环境生态学的诞生和发展	通过案例分析讨论几大古代文明中心的衰落，反思传统文明存在的问题，引入当前建设生态文明的必然性。让学生了解到，从工业文明向生态文明推进是当代青年的历史责任，强调生态文明是早日实现美丽中国和民族复兴的中国梦的必然道路
第二章 生物与环境	生命的起源与进化生物的协同进化	通过分析讨论生命的起源，进而结合生物的协同进化，强调生命就是在特定环境下的产物，自然界中生物与生物、生物与非生物环境是密切联系的。强调人与自然和谐统一的生态文明观
	生物多样性的概念	在对生物多样性概念及其层次进行介绍的同时分析讨论保护生物多样性与人类可持续发展的关系，树立自然保护与可持续发展的生态文明观
第三章 生物圈中的生命系统	生态入侵	通过对外来入侵物种对当地生态破坏的案例进行分析，强调生物与生物、生物与环境之间的相互关系，培育学生注重生态和谐的理念
	种群的生活史对策	对比分析 R 对策者和 K 对策者的种群增长特点，强调由于大部分珍稀动物属于 K 对策者，其种群数量一旦下降到一定的下限，则难以自然地恢复增长。增强学生对珍稀濒危动物的保护意识，进而自觉主动地维护生态平衡

续上表

相关章节	原有知识点	思政元素及教学方式
第四章 生态系统生态学	生态系统的物种结构	通过案例分析一些相对冗余种，随着时间的推移及人类认知水平的提高，可能会对人类福利及生态系统自身的平衡提供保障，强化学生对自然保护的生态伦理观
	食物网的控制机制	通过分析食物网在维护生态系统的相对平衡中的重要作用，树立学生的生态保护意识及对一些环境问题的生态治理观念
	生态系统的物质循环、有毒物质的循环	通过介绍生态系统的物质循环过程，让学生讨论分析当前面临的全球变暖及水体富营养化等环境问题的原因，树立生态保护意识。 通过重金属污染的案例分析有毒物质循环的特点，引导学生对人类传统经济发展模式的反思，强化人与自然和谐发展的生态文明观
	生态系统平衡	分析生态平衡是动态平衡，当外界干扰超过系统耐受的限度时，就可能导致生态失调，甚至生态危机。强调人类活动除了注重经济效益和社会效益外，还要特别注意生态效益和生态后果，培养学生的生态忧患意识和生态责任意识
第五章 生态系统服务	生态系统服务功能的主要内容	介绍生态系统的主要服务功能，强化学生主动保护自然的意识
	生态系统服务功能的价值评估	通过对具体生态系统类型的服务功能价值评估案例，强调绿水青山既是自然财富，又是社会财富、经济财富，搞生态环境保护本身就能创造经济和社会财富，让学生树立“绿水青山就是金山银山”的生态保护意识
	绿色国民账户	通过对绿色国民账户的产生及概念的分析，帮助学生树立绿色发展观
第六章 景观生态学理论与人类对生态系统的利用	景观变化的驱动因子	通过分析景观变化对气候、土壤、水环境的影响进而造成的诸多生态和环境问题，培养学生在社会经济建设活动中的环保意识
第八章 受损生态系统的修复	受损河流生态系统的修复	通过讨论，对比分析自然河流和受人为干扰的河流的差别，帮助学生形成尊重自然、顺应自然、按自然规律办事的生态文明观

2. 推进教学方法多元化，调动学生的主观能动性

基于“环境生态学”专业课程本身特点，在实际的教学过程中，除了传统的讲授方式外，综合采取启发、讨论、案例分析等多样化的教学方式，根据挖掘的思政教育契合点，从教学全环节进行课程的重新设计，进一步明确课程目标，创新教学方法和手段。教学中改变传统的教学模式，多采用多媒体教学，通过声音、图形、图像动画等方式直观生动地展示课程内容。注重问题导入和师生互动，注重课堂形式的多样性，引导学生站在国家和个人的交汇点上思考我国的生态环境问题，引发学生的知识共鸣、情感共鸣、价值共鸣，不仅传授给学生生态知识，更要培养学生的生态文明观①，让学生自觉地从生态文明观角度认识与解决环境问题。

如介绍重金属污染的生态修复内容时，通过向学生展示大量相关案例图片，采取启发、讨论等方式让学生直观感受到重金属污染对环境的破坏，强化学生的环保意识。在介绍受损河流的生态修复内容时，通过案例分析让学生感受近自然修复理念的内涵，形成尊重自然、顺应自然、按自然规律办事的生态文明观，提高学生的生态文明素质，增强学生利用生态知识建设“美丽中国”的能力。

3. 灵活开展多形式的实践教学

实践教学是“环境生态学”课程教学的一个重要环节，也是让学生将理论知识联系实践的重要途径。除传统的参观调研外，可根据教学内容灵活开展多形式的实践教学，如结合教师的科研项目、热点时事新闻，结合本地区、本省农村及乡镇企业、城市的一些污染企业生态环境状况及其治理，分析一些生态保护与恢复的实际例子，真正做到理论联系实际，书本知识与生产实践紧密结合。让学生在实践中强化生态文明观的思想意识，提高基于生态文明观分析及解决环境问题的能力。

2020 年 6 月 8 日是第十二个世界海洋日，其活动主题为“保护红树林，保护海洋生态”，在进行“生态系统服务”章节内容讲授时，我们将课程内容与相关环保时事和生态问题相结合，通过介绍红树林的基本生态特征，让学生讨论其与保护海洋生态之间的关系，让学生通过查找文献分析讨论红树林保护现状及存在的问题（见图 1）。让学生将课程上所学知识结合日常生活中相应社会经济等问题进行生态视角的分析，帮助学生走出课堂，最终促使学生积极融入社会去获取更多的生态学知识，在实践中树立生态文明观。让学生不局限于书本知识的学习，更注重将所学生态知识用于实际环境问题的生态分析及提出生态解决对策。

① 伍玉鹏，胡荣桂，赵劲松，等. “生态学基础”课程思政改革探索 [J]. 科教文汇，2019 (452): 89 - 91.

图1　保护红树林，保护海洋生态

4. 改革考核评价体系，全面提高学生生态文明素养

在全面提高学生素质的新形势下，教学理念的转变导致教学方法的改革，与之相对应的是必须有一套全新的考核评价体系。新的考核评价体系在评价内容上不仅包括学生掌握基础知识和理论知识的情况，更重要的是要考查实践能力，学生基于生态文明观分析问题、解决问题的能力；在考试方法上进行必要的探索，闭卷考试与开卷考试相结合。闭卷主要考查一些基本概念和基本理论；开卷形式灵活多样，或做社会调查，或撰写课程论文，或制作课件进行讲解等，既考查了学生对环境生态学知识的掌握程度，促进他们对文化课的学习，又能使他们学以致用，充分发挥他们自觉运用生态文明观分析与解决问题的主观能动性和创造性，全面提高学生生态文明素养。① 如本门课程在对环境工程专业学生进行考核时，就采用了课程论文的形式。

四、“环境生态学”课程思政的效果

通过“环境生态学”课程思政教学改革实践，充分挖掘了课程的育人资源和思政元素，在讲授相关专业知识的同时，潜移默化地培育学生的生态文明观念，提高大学生生态文明素质，提高学生建设“美丽中国”的自觉性和能力。

① 雷泽湘，谢勇. 环境生态学课程教学改革探索［J］. 科教文汇，2008（2）：44－45.

环境工程专业“工程制图”课程思政践行“工匠精神”的探索与实践

环境学院　王熙　副教授

一、“工程制图”课程简介与背景

“工程制图”是环境科学与工程专业的一门专业主干课程，环境学院的2个专业都开设有这门课程，是一门重要的必修课。以往的课程教学注重知识的传授与应用，即重点要求学生掌握绘图理论及基本技巧，而没有强调作为一个工程师应具备的职业守则与专业内涵。近年来，大力弘扬“工匠精神”被三度写入政府工作报告，对工匠精神的培养受到了全社会的广泛关注。“心心在一艺，其艺必工；心心在一职，其职必举”，在这样的精神引领下，高校作为专业人才培养的重要基地，在思政教育中应将“工匠精神”的培育渗透于专业教育过程中。“工程制图”课程是一门理论和实践相结合的工科专业基础课，是开展工匠精神教育的良好平台。本案例着力从教学大纲、课堂教学、实践等三个方面入手，进行课程思政的改革与探索，将“工匠精神”的思政教育与教学过程紧密结合，以“润物细无声”的方式对学生进行专业课程的思政教育。

二、“工程制图”课程思政的探索与实践

（一）理论课中思政融合的教学案例

1.“工匠精神”的引入

首先要将“工匠精神”引入学生的视野，明确其在环境工程领域的重要性。在绪论课上，以工程项目、先进处理技术为例对学生进行爱国主义教育，阐述其对我国生态文明建设和可持续发展的重要性；同时阐明中国工程技术行业的现状、面临的困境及机遇，提出先进工程技术对相关专业大学生的要求，理解学习好本课程和培养“工匠精神”的重要意义。

图 1　“工匠精神”的引入

2. 形式多样的引导式教学

课前明确学习目标，通过任务导入的模式引领学生进行自我学习。通过砺儒云课堂在线布置教学任务后，引导学生通过自主学习，以教材、多媒体课件、砺儒云课堂等方式，加深对知识点的理解。同时，教师在教学工作中充分发扬工匠精神，在课堂教学中精益求精，讲好每一堂课，用实际行动感染学生。在课堂教学中鼓励学生参与学教互动，完成课堂绘图，在综合考量学生学习效果后，对相应知识点进行总结和引申。在不断的“教—练”过程中鼓励学生，让学生在后续的学习中继续发扬“精益求精”的精神，提升绘图水准。

3. 自主学习及创新能力培养

由于课程设置在大一第一学期，学生正处于由中学的被动学习转化为主动学习的阶段，因此应在教学过程中有节奏地帮助学生培养自主学习的习惯。结合教学大纲中的教学重点，对课堂教学活动进行合理设计。在工程图样表达方法的课堂教学中，仿真实验建立组合体模型，使学生通过旋转、视图投影等方式更直观地观察组合体二维图形与三维实体的关联；学生可以尝试对指定组合体建模，并通过软件中多种剖切组合来优化组合体的最优表达形式，引导学生不断提高对自我绘图能力的要求。

4. 制图实践过程中对精益求精的追求

工程制图课程的实践环节需要进行大量的尺规作图的训练。与 CAD 绘图相比，仪器绘图不能进行实时的修改和编辑，更需要学生在绘图方面有扎实的基本功。因此，学生手绘的工程图样，就如同工匠精心打磨的产品一样，只有经过精心的设计、反复的打磨才能够绘制出符合施工要求的工程图样。

（二）理论课中思政融合的教学方法

1. 案例 1

爱岗敬业：在授课过程中，适时灌输本专业生态文明建设理念。党的十九大报告紧盯环境保护重点领域、关键问题和薄弱环节，提出加强大气、水、土壤等污染治理的重点任务和举措。报告还指出“要坚持全民共治、源头防治，加快构建科学适度有序的国土空间布局体系、绿色循环低碳发展的产业体系、激励和约束并举的生态文明制度体系、政府企业公众共治的绿色行动体系，着力解决人民群众反映强烈的突出环境问题”。工程图的绘制是实现生态文明建设，推进污染治理项目建设的重要环节。

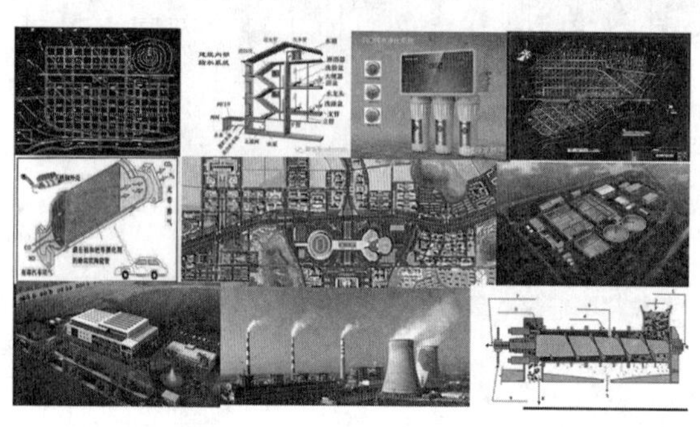

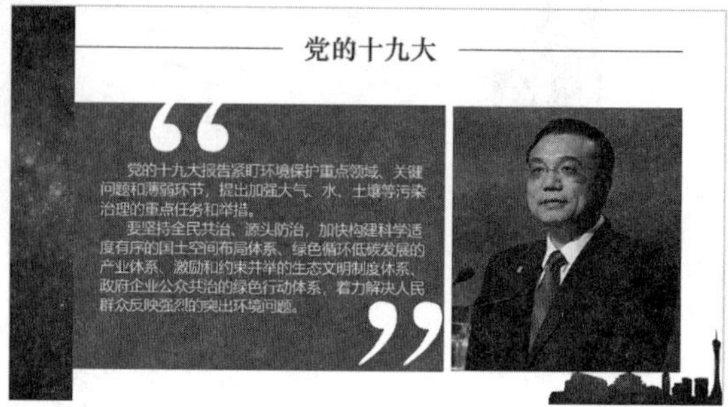

图2　爱岗敬业

2. 案例2

工匠精神：培养学生树立新时代的设计思想，爱岗敬业的工匠精神，认真负责的工作态度和一丝不苟的工作作风，严格遵守绘图国家标准、职业规范与职业道德。尺规绘制在培养学生认真细致、一丝不苟的工作作风中有着至关重要的作用。在尺规绘图中可培养学生勇于实践、不怕失败、战胜困难的精神。

为什么要用尺规作图

- 能力要求：掌握绘图理论知识和实践能力，遵守职业道德规范，培养严谨认真的工作态度——打造“工匠精神”

利用尺规仪器手工绘制工程图样，在环境工程制图课程的实践环节中占有很大比重。相比计算机绘图，仪器绘图修改和编辑缺乏灵活性，需要有熟练的绘图技能和扎实的知识体系。

因此，工程图样相对于学生而言，就像产品相对于工匠，只有不断提升自身的绘图技能，加强对知识的应用能力，才能够绘制出合格、优秀甚至是完美的工程图样。

课程要求：不断修正并提高，直到图形表达、图线质量、图面布局、尺寸标注等都达到较高标准。

图3　尺规作图能力培养目标

（三）贯穿实践教学活动的思政教育

工程制图课程是一门实践性很强的课程，只有提高自身的绘图技能，强化对知识的应用，才能够绘制符合施工要求的工程图样。在实践环节训练学生的仪器绘图能力，要求学生在绘制工程图的过程中精雕细琢、精益求精。在教学过程中严格把控学生的制图规范与格式，选取优秀作业作为示范。

三、“工程制图”课程思政的效果

经过一个学期的学习，在学习中强化实践，学生对图样绘制精益求精。虽然有些学生在课程初期画图效果不太理想，但是坚持认真的态度，在不断打磨中逐步提高了自身的绘图能力。

通过课程中的实践学习，学生的绘图能力有所提升，绘图水平也有很大提高。图 4 为部分学生优秀作业。

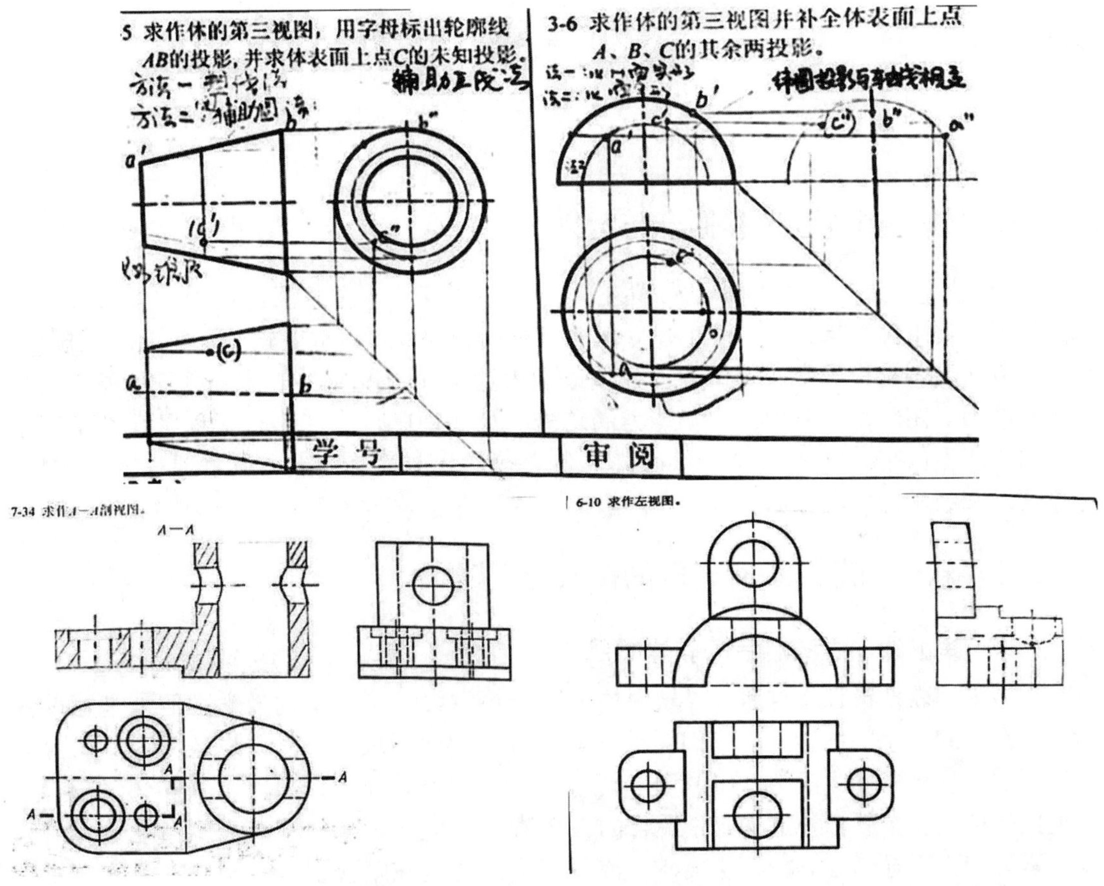

图 4　学生优秀作业展示

环境工程专业学生对本课程教学的满意度较高，连续 4 年课程教学质量评分均在 97 分以上。教师在教学实践过程中把思政内容贯穿始终，为理工类思政课程的建设提供了一种思路，这种模式能更好地服务于理工科基础教育课程思政的改革发展。

“软件构造”课程教学中开展课程思政的探索与实践

软件学院　潘家辉　教授

一、“软件构造”课程简介与背景

“软件构造”是一门高年级的软件工程专业核心课程。在授课过程中，教师通过具体的知识、技术和案例，帮助学生建立面向对象设计的概念，掌握软件构造标准化技巧、形式化方法及各种设计模式。本课程强调以学生为主体，重视对学生逻辑思维能力、独立思考能力、团队协作能力、创新能力的培养。自华南师范大学出台课程思政教学改革工作实施方案以来，笔者以“软件构造”各个教学环节为着力点，通过课程教学案例、教学活动和教学形式等方面的具体实践来推动“课程思政”改革，并初步取得一定成效。

二、“软件构造”课程思政的探索与实践

（一）理论课中思政融合的教学案例

作为一门软件设计类课程，“软件构造”理论课设计了丰富的教学案例来进行课堂引入。在思政理念的推动下，我们在教学案例设计中适当融合了一些思政元素，内容如表 1 所示，主要概括为两类：（1）基于专业目标的思政教学。结合时事新闻，激励学生的爱国热情，弘扬软件构造课程中蕴含的人文精神、职业操守。（2）基于专业素养的思政元素设计。引导学生分析社会需求，感知专业地位，在案例引入过程中，激发学生拥有掌握关键核心技术的豪情壮志。通过喜闻乐见的启发式任务教学，教学案例的思政内容能在引人入胜中实现潜移默化的效果。

表1 "软件构造"教学案例中的思政元素

教学内容	教学案例	思政元素
软件构造概述	中国软件发展史	讲解民族软件的进展，树立民族自豪感和自信心，同时增强紧迫感和危机感，激发学生的斗志
面向对象原则	计算器程序	用"不积跬步，无以至千里"来激励学生培养良好的编程习惯，不断优化程序的重要性
工厂方法模式	电视机工厂	类比各种 JAVA 开源的集成开发环境，对学生进行知识产权保护教育和学术严谨性教育
抽象工厂模式	海尔工厂	在持续创业创新过程中，海尔集团始终坚持"人的价值第一"的发展主线
建造者模式	RPG 群侠传钩子程序	融入专业伦理教育，软件工程师需要掌握并遵守行业的道德准则和职业行为规范
适配器模式	仿生机器人	一个人在成长的各个阶段会产生各种需求，我们对自己的人生规划要有全局的考虑
组合模式	杀毒软件	传递网络安全是国家战略安全中流砥柱的思想，想要做好砥柱，就必须拿出金刚钻和金箍棒
桥接模式	蜡笔与毛笔	多从两个维度去思考问题，坚持辩证唯物主义和历史唯物主义方法论的具体体现和实际运用
享元模式	AlphaGo 围棋人机大战	结合科技热点，让学生意识到高科技领域必须要独立自主，努力掌握核心技术，为国争光
外观模式	电源总开关	只有软件投入使用后，保证软件能够长期正常运行，维护好个人信誉，才能得到别人的认可
中介者模式	QQ 家庭群	鼓励学生创建良好集体环境氛围，多与家人亲戚保持主动联系，注重传承中华美德

图 1　理论课中从科技热点围棋人机对决案例中引入思政元素

（二）实验课中贯穿教学活动的思政教育

“软件构造”的实验课围绕着实验项目来开展，侧重于培养学生发现问题和解决问题的能力。我们在实验项目开展时，针对学生动手解决的问题，巧妙地开展思政教育，引入职业道德规范、政治素养、责任意识、规章意识、团队精神、创新精神等，帮助学生形成正确的社会主义核心价值观。另外，软件开发项目的整个生命周期均需要学生发挥工匠精神，在需求、设计、开发、测试上注重细节，互相监督，做到精益求精。在实验考核中，从成绩导向上强调团队合作的重要性。例如，结合各章节内容，通过不同角色分工的项目协作完成情况，确定平时个人表现成绩；从团队实验完成质量上确定团队得分等级；用加权的形式展示个人得分与团队得分的关系，较好地发挥了体验式教学中分数的杠杆作用。

（三）混合式教学助力课程思政

互联网 + 、人工智能和大数据等现代信息技术有效地将思政内容整合并应用到课内外的混合式教学中。一方面，混合式教学强调线上和线下的衔接与配合，本课程通过砺儒云课堂、学者网课程网站、腾讯课堂、微信公众号等多元的线上形式，多维度地展示课程思政材料。例如，本课程网站（www. scholat. com/course/rjgz）在教学公告中开设了“师说”的栏目，让学生在预习过程中能聆听教师结合专业知识的心灵细语（见图 2）。通过学生熟悉的微信公众号，定期结合新闻热点，融合火神山先进事迹案例讲解软件项目管理的相关内容（见图 3）。另一方面，充分利用各种在线平台和课外活动，以开放、共享、开源的理念和学生分享科技前沿信息和强国信息，从而加强对学生信息素养的培养。如在疫情期间，通过腾讯课堂进行集中研讨，顺着教学案例传递网络安全国之重器的宣传和寄望（见图4）。2019 年 3 月 8 日，笔者作为嘉宾参加了华师校团委主办的"学者下午茶"活动（见图5），围绕主题"如何做新时代的有为青年"，与来自不同专业的学生进行交流，分享亲身体会，激励大家"不忘初心，方得始终"。

教学公告

17软工 第5周安排

[作者：潘家辉 发布时间：2020-03-29 15:07:12 浏览次数：261次]

17软件工程"软件构造"第5周安排

一、教学安排
自学第10章的内容 149-167页
讲授第11章的内容168-183页

导学视频资料在砺儒云课堂：
https://moodle.scnu.edu.cn/course/view.php?id=9522
实验作业在学者网课程平台：
http://www.scholat.com/course/rjgz

四、师说

桥接模式是一个非常有用的模式，在桥接模式中体现了很多面向对象设计原则的思想，包括"单一职责原则"、"开闭原则"、"合成复用原则"、"里氏代换原则"、"依赖倒转原则"。熟悉桥接模式有助于我们深入理解这些设计原则，也有助于我们形成正确的设计思想和培养良好的设计风格。

桥接模式和适配器模式的区别在于使用场合不同，适配器模式主要解决两个已有接口间的匹配问题。这种情况下被适配的接口的实现往往是一个黑匣子。我们不想，也不能改变这个接口及其实现。同时也不能控制其演化，只要相关的对象能与系统定义的接口协同工作即可。适配器模式经常用在与第三方产品的功能集成上，采用该模式适应新类型的增加的方式是开发针对这个类的适配器。而桥接模式则不同，参与桥接的接口是稳定的，用户可以扩展和修改桥接种的类，但是不能改变接口。桥接模式通过接口继承或者类继承实现功能的扩展。

图 2　"软件构造"学者网课程平台的每周教学公告，含教学安排、重点难点、课前思考、师说等栏目

透过火神山看项目管理(上)

蓓姐说项目 蓓姐说项目 2020-04-13

中国速度的火神山项目，看看其中项目管理的奥妙！<上集>

图 3　"软件构造"团队成员梁蓓在微信公众号以火神山项目讲解软件项目管理的内容

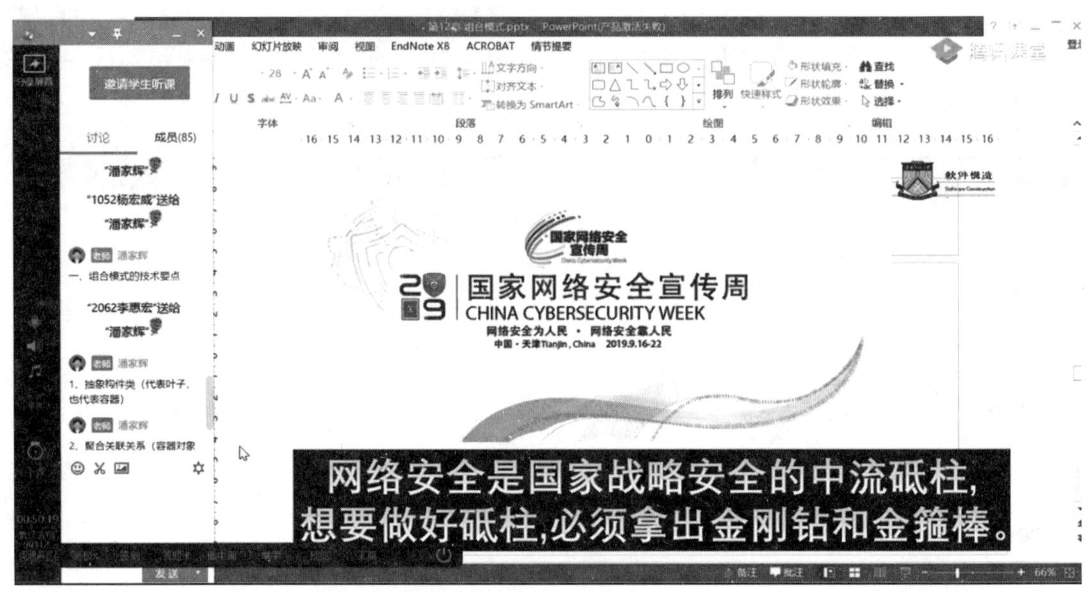

图 4　“软件构造”在腾讯课堂集中研讨中融入思政元素

图 5　笔者作为嘉宾参加“学者下午茶”活动

三、“软件构造”课程思政的效果

（一）学风建设成效显著

“守好一段渠，种好责任田。”随着近年来课程思政教学改革实践，“软件构造”课程充分挖掘了课程的育人资源和思政元素，让该课程不仅成为专业知识传授的舞台，也成为价值引领的坚实阵地，学生爱学、好学、会学蔚然成风，职业认同感、社会责任感、人文关怀意识和工匠精神等大幅提升。笔者教授的班级获得了“全国五四优秀团支部”称号。

（二）课程质量明显提升

在挖掘课程蕴含的思政元素过程中，课程团队通过培训、研讨、说课等多种形式不断探索反思和迭代优化，本课程的教学也取得了一定的进步。学生对“软件构造”本科教学的满意度高，该课程连续 3 年的教学质量评分均在 99 分以上，列学院第一。2019 年，本课程经过学校推荐和省厅评选，顺利获得了国家级“线下一流课程”推荐资格。2020 年，广东省本科高校在线开放课程指导委员会开展了疫情阶段在线教学优秀案例征集活动，笔者在学者网平台、华师教师发展中心公众号、软件学院官网上共享自己的线上教学案例“线上导学、直播研讨，潘家辉老师如何实现理论课和实验课的在线教学”。该教学案例获得了广东省本科高校在线教学优秀案例二等奖。软件构造课程于 2020 年获国家级本科一流课程认定。

基于“数据结构与算法”新时代环境下的课程思政教学探索与实践

软件学院　杨桂芝　讲师

高校立身之本在于立德树人，只有坚持教育与隐性教育的统一，深刻挖掘专业课中蕴含的思想政治教育资源，才能实现高校全程、全员、全方位育人、育心、育德的教育目标。笔者以国家一流本科专业软件工程专业的核心课程“数据结构与算法”为例，探索专业课程中的思政教育建设与改革。

在互联网+飞速发展的今天，笔者结合软件工程专业“数据结构与算法”课程的相关内容，在社会主义核心价值观、优秀中国传统文化、家国情怀、大国工匠精神、追求真理的志趣等方面融入思政教育元素，取得了良好的育人效果。

一、“数据结构与算法”课程开展课程思政的必要性

“数据结构与算法”课程是基础课与专业课之间的桥梁。学生通过本门课程的学习，需要理解各种数据对象的特点，掌握数据的组织方法和实现方法，培养良好的程序设计能力和解决实际问题的能力，而且在当今人工智能和大数据盛行的互联网+新时代，“数据结构与算法”课程的研究方法对学生在校和离校后的学习和工作都具有十分重要的意义，因此在本门课程中开展思政教育是非常必要的。

“数据结构与算法”课程在国家一流本科专业软件工程专业中的核心地位如图1所示。

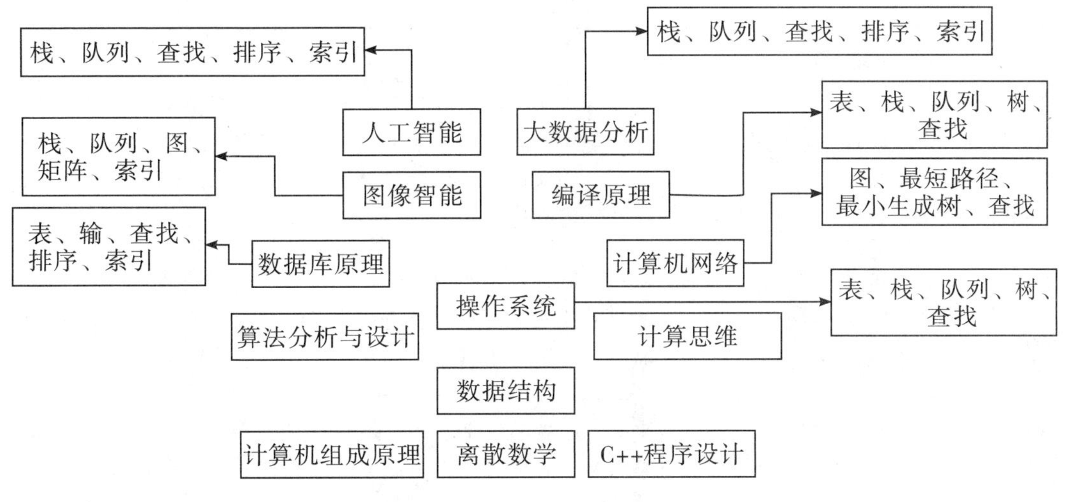

图 1　“数据结构与算法”课程的核心地位

“数据结构与算法”课程作为程序设计、人工智能、大数据、云计算、工业互联网等技术的核心基础，研究其课程思政教育具有重要的指导意义。

软件工程专业的学生就业范围广，“数据结构与算法”课程作为国家一流本科专业软件工程专业的核心课程，其特点是理论性较强，因此要想在本门课程中开展“课程思政”教育，必须坚持学科的专业性质不变、本位不变，深刻挖掘本课程的伦理价值、科学精神等，融入报国情怀，注重社会主义核心价值观、中国传统文化、家国情怀、大国工匠精神、爱岗敬业，追求科学、追求真理的理想与抱负等课程思政元素。

二、“数据结构与算法”课程开展课程思政的教学探索与实践

“数据结构与算法”课程是国家一流本科专业软件工程专业的专业核心课程，该课程兼具理论性和实践性，是培养学生计算思维和科学素养的启蒙课程。互联网 + 新时代下的大学教学，需要在关注学生个性特征的同时，用科学、健康的思想启发、引导、感染学生，教学立足于高校立德育人的根本使命，在塑造学生专业能力的同时，培养学生良好的性格品质素养。

（一）“数据结构与算法”课程教学案例中的思政元素

我们在“数据结构与算法”课程教学案例中引入的思政元素如表 1 所示。

表 1　数据结构各章思政元素教学设计表

教学内容	教学案例	思政元素
1. 绪论	算法的时间复杂度计算	通过对算法的分析与评价，引导学生在程序设计中要讲究效率，加强团队合作精神，提倡科技强国的教育理念

续上表

教学内容	教学案例	思政元素
2. 线性表	顺序表的插入算法	采用情景导入法进行思政教育，比如火车站排队买票，排队的人就可以看作是一个顺序表，来了一个女生想要插队，就是顺序表的插入算法了。用这种学生熟悉的事物和情景导入，可以激发学生的探索思维和学习兴趣
3. 栈和队列	与栈和队列相关的人生感悟诗句	通过和栈与队列相关的小诗，在课堂最后进行吟诵，活跃了课堂气氛，潜移默化地把人生的价值观传递给学生，使得学生能够珍惜眼前，激发学生的奋斗精神，实现本课程立德树人的教育理念
4. 字符串和多维数组	密码问题，百元买百鸡问题	了解算法发明者的生平事迹，体会算法之美，认识数据结构和算法在计算科学中的重要作用，提倡工匠精神及团队合作精神，激励创新和改造
5. 树	树的导入案例	引入族谱，鼓励学生了解中国传统文化，去其糟粕，取其精华。中华传统文化博大精深，把中华民族的优良传统、社会主义核心价值观传授给学生
6. 图	最短路径图的应用	图的应用之一就是人工智能，点拨大创项目中的语音识别、文字识别，引导培养学生的科学精神、团队合作和工匠精神
7. 查找	查找的导入案例	通过导入百度里的查找是如何实现的，引导学生在工作和学习中要勇于发明和创新，工作严谨、细致，精于协调和沟通，培养学生的团队合作精神
8. 排序	排序算法，桥牌游戏实现，树形选择排序	在讲解排序算法时，教育学生要讲秩序，遵守各项规章制度，告诉学生“没有规矩不成方圆”，培养学生成为遵纪守法的社会主义公民

（二）“数据结构与算法”课程开展课程思政的典型教学案例

我们在“数据结构与算法”课程中将思政教育融入日常，抓在经常，做到落小、落细、落实，在坚定理想信念、爱国主义情怀、爱岗敬业、增长见识、增强学生综合素养上下功夫，培养有知识、有理想、有文化、有担当的社会主义高素质人才。

“数据结构与算法”课程中引入思政教育案例可以采用以下方式。

1.“队列”中蕴含的思想政治内容

队列是“数据结构与算法”课程中一种典型的数据结构，是线性结构中的一种，队列的定义：只允许在表的一端进行插入操作，在另一端进行删除操作的线性表，标识为（a_1，a_2，…，a_{n-1}，a_n），如图2所示。

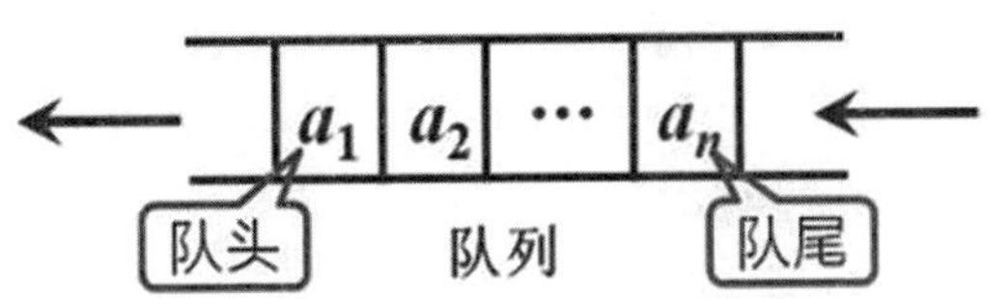

图2 队列中的思政教育

在课堂教学中，我们通过常见的排队的例子对学生进行思想政治引导，排队能够使得各项服务和工作高效、有序地运行，从而引申到学校的学生和教师要遵守学校的各项规章制度，如银行的排队挂号系统、学生食堂的排队买饭等。

本课程通过排队的例子进行思政教育渗透，教育学生要懂法律，守纪律，告诉学生“没有规矩，不成方圆”，继而对学生进行社会主义核心价值观教育，其中“自由、平等、公正、法治”是对美好社会的生动表述，也是从社会层面对社会主义核心价值观基本理念的凝练。

2.“树与二叉树”中蕴含的思想政治内容

“数据结构与算法”中的典型数据结构“树与二叉树”也渗透着思政教育的内容。

我们在课程设计中通过树的结构特点和定义引申出家族、族谱的概念，为学生讲解族谱的发展历程，鼓励学生学习中华优秀传统文化，教育学生爱家、爱家族、爱家乡、爱祖国是统一的，不能将它们割裂开来。课堂中以文章《中国民间家谱与祠堂文化：参天之树，必有其根》来解说“数据结构与算法”的思政课程教育主题“参天之树必有其根，十年树木，百年树人”。

3.“哈夫曼树”中蕴含的思想政治内容

“数据结构与算法”中的数据结构“哈夫曼树”也渗透着思政教育的内容。

哈夫曼树，又称最优二叉树，它的定义如下：给定一组具有确定权值的叶子结点，带权路径长度最小的二叉树。

我们在课程设计中把哈夫曼树中权重的概念和思政教育结合起来，从权重的角度引导学生在工作、学习中都要分清事情的轻重缓急，课堂中结合文章《教育孩子分得清轻重缓急，这样他就能确定好自己的目标》来对学生进行思政教育，告诉学生程序设计中也蕴含着人的两种千金难求的能力：一是思考能力；二是分清事情的轻重缓急，并妥当处理的能力。引导学生在程序设计中分清主要模块和次要模块，重点问题重点分析，分清事情的轻重缓急。图3是我们在学者网教学公告中结合哈夫曼树知识点给学生做的人生导学引导。

图 3　哈夫曼树中的思政教育

4. “栈与队列”实践教学中的思政教育

“栈与队列”的实践教学内容与过程设计（扩展与提高）如下：

（1）队列的应用：医院挂号系统的设计及实现。

（2）栈的应用：计算器的设计及实现。

（3）思想火花：好程序要能识别各种处理与应用。

教学中引入 CDIO 工程教育理念，教导学生分析问题、解决问题的手段和方法，让学生主动地把课堂所学知识融入学习、实际的应用过程中，培养学生的大国工匠精神及团队沟通与合作能力。

通过引入 CDIO 工程教育理念，学生的动手能力得到了极大的增强，学习和动手实践的热情极大地提高，进一步激发了学生挑战自我、挑战难题的工匠精神及追求科学、追求真理的理想与信念。经过本课程思政教育的引导，已经有一批学生积极参加各类竞赛并获得国赛奖项，图 4 是我院国家一流本科专业软件工程专业学生参加微信小程序应用开发赛和华资杯竞赛的获奖照片。

5. “栈与队列”课程“人生感悟”中蕴含的思政教育

我们在讲解“栈与队列”的课程最后，设置思政教育内容如下：

（最后 3 分钟，笔者念几句与栈和队列有关的人生感悟小诗①，希望能引起学生的共鸣，让各位学生有一个新的人生感悟）

---

① 程杰. 大话数据结构［M］. 北京：清华大学出版社，2017.

图4　课程思政教育激发学生积极参加各类竞赛

人生，就像一个很大的栈演变。出生时你赤条条地来到人世，慢慢地长大，渐渐地变老，最终还得赤条条地离开世间。

人生，又仿佛是一天一天小小的栈重现。童年的父母每天抱你不断地进出家门，壮年的你每天奔波于家与事业之间，老年的你每天独自蹒跚于养老院的门里屋前。

人生，更需要有进栈出栈精神的体现。在哪里跌倒，就应该在哪里爬起来。无论陷入何等困境，只要抬头能仰望蓝天，就有希望；不断进取，你就可以让出头之日重现。困难不会永远存在，强者才能勇往直前。

人生，其实，就是一个大大的队列演变。无知童年，快乐少年，稚傲青年，成熟中年，安逸晚年。

人生，又是一个又一个小小队列的重现。春夏秋冬、轮回年年，早中晚夜、循环天天，变化的是时间，不变的是你对未来执着的信念。

人生，需要有队列精神的体现。南极到北极，不过是南纬90度到北纬90度的队列，如果你途中犹豫，临时转向，也许你就只能和企鹅相伴永远。可事实上，无论是哪个方向，只要你坚持到底，你都可以到达终点。

我们通过和“栈与队列”相关的小诗，在课堂最后进行吟诵，活跃了课堂气氛，潜移默化地把人生的价值观传递给学生，使得学生能够珍惜眼前，激发学生的奋斗精神，实现本课程立德树人的教育理念。

三、“数据结构与算法”课程思政教学的效果

“数据结构与算法”课程结合学科、专业和课程的特色，依托国家一流本科专业软件工程专业，引入思政教育，激发学生的责任感、荣誉感与使命感，引导学生不断提升专业素养，抓住国家快速发展的战略机遇，积极寻找实现个人价值，不断提升学生树立远大理想信念的可行性，提高学生的思想水平、政治觉悟及科学文化素养，使学生成为德才兼备、全面发展的人才。

通过“数据结构与算法”课程思政教育的实施，学生上课积极性显著增加，与教师之间的沟通、互动更加紧密，团队间合作也能更加有效地开展，课后实践中，教师引导学生把数据结构的知识和校园生活及实践应用紧密结合，实现真正的学以致用。

（一）培养学生爱岗敬业、精益求精的大国工匠精神

如在栈和队列的算法应用上，除了介绍基本算法外，教师还引导学生应用队列做医院挂号排队系统及应用栈的后进先出特点设计计算器程序，进而组织学生讨论栈和队列的软件应用，比如工具软件如 Word、Photoshop 等的回退功能设计，操作系统的作业排队系统设计等，培养学生具备执着专注、敬业守信、精益求精、推陈出新等各种素质。

（二）课程思政教育的育人成效

如在图的应用中引入思政教育，图的应用之一就是人工智能，教师在教学过程中，点拨大创项目中的语音识别、文字识别，引导培养学生的科学精神和工匠精神，激发学生的学习热情和奋斗精神。经过教师的启发与思政教育引导，已经有一批学生将图的算法如求解最短路径算法在大创项目中国高校计算机大赛——微信小程序应用开发赛中应用。

如蔡兆信团队的作品“重回蓝天”和李小为团队的作品“一校即拼”在中国高校计算机大赛——微信小程序应用开发赛中获得国赛三等奖和华南赛区三等奖的奖项，该作品成功应用了图中的最短路径算法，培养了学生敬业守信、团队沟通与合作、爱岗敬业的大国工匠精神。

“经济法”课程思政的融合元素与路径

城市文化学院　范少虹　副教授

一、“经济法”课程思政改革目标

“经济法”课程是管理类专业基础课程之一。“经济法”实用性非常强，具有学理性、政策性和应用性较强等特点，与党有关经济社会的发展方略一脉相承。因此，重视价值引领的重要作用，在“经济法”教学中把讲授党的经济理论和政策贯彻始终，力求实现知识传授、能力提升和价值引领的同步提升。

专业课融合思政元素，就是着力将家国情怀、法治思维、政治认同、文化自信、风险意识等思想道德方面的元素纳入课程教学过程当中，不断深挖课程教育过程中的思想政治教育资源，在传授专业知识的同时实现对学生的价值引领，使学生树立依法治国观念、科学的人生观和价值观、法治精神和规则意识，使学生在重商德、明商规、强商技的同时，培养社会公德、职业道德、家庭美德和良好的个人品德。

二、“经济法”课程思政融合的元素

管理类专业“经济法”课程的培养目标是通过课程学习，学生能够具备公司法、反不正当竞争法、消费者权益保护法、反垄断法、税法、房地产法、证券法等必需的经济法律知识和技能。不管在经济法总论还是分论部分，都可以融合思政的内容（见表1）。

表1　“经济法”教学内容中的思政元素表

教学内容	思政元素
经济法总论	全面梳理经济法发展的历史发展轨迹、经济法的宗旨和原则、经济法主体的权利和义务，引导学生了解法的本体论和价值论问题，树立正确的权利和义务观。分析我国经济法特色，帮助学生树立中国特色社会主义道路自信、理论自信和制度自信

续上表

教学内容	思政元素
公司法	公司股东（大）会、董事会和监事会相互合作的组织结构，引导学生树立良好的团队合作精神
合伙企业法和个人独资企业法	学习共同出资，共同经营，共享收益，共担风险，并对企业债务承担无限连带责任的合伙企业，促进个人与他人的和谐；了解承担无限责任的个人独资企业，树立正确的行为界限和责任观
外商投资企业法	坚持维护国家主权，坚持平等互利原则，在经济全球化形势下，引导学生树立积极理性的参与态度，坚持和弘扬爱国主义精神
合同法	强调契约精神的合同法，引导学生树立平等、自愿、公平、诚实信用的观念，遵守法律，尊重社会公德，不得损害社会公共利益
专利商标法	专利的新颖性、创造性和适用性，商标的新颖性，培养学生在学习和科研上的创新思维、创新方法与创新精神，提高解决问题的能力
金融法	商业银行法贷款的基本规则，所涉及的个人征信和网络贷款问题，树立学生量入为出的良好消费观念，选择正规合法的消费金融支付与借款渠道
财政税收法	税收取之于民、用之于民，依法纳税与社会责任融为一体，引导学生个人人生价值与社会价值相统一，确立积极进取的人生态度
会计法和审计法	会计核算的客观性包括真实性和可靠性，引导学生在学习和以后的工作中实事求是、诚实守信
反垄断法	规制滥用市场支配地位、垄断协议、经营者集中行为，社会主义市场经济与道德建设相关联，正确处理竞争与协作、效率与公平等关系，考虑社会公共利益
反不正当竞争法	规制商业混淆、商业贿赂、虚假宣传、侵犯商业秘密等行为，帮助学生辩证看待市场竞争，树立正当竞争意识，遵守商业道德，促进社会经济的和谐发展
产品质量法	提高产品质量，对广大消费者负责，引导学生树立为社会公众服务的态度；发展质高价优的民族品牌产品，提高国际竞争力，增强民族自豪感，弘扬爱国主义精神
消费者权益保护法	以保护消费者权益为核心，让学生了解人与人之间的自由、平等和诚信，树立正确的人生观和权利观，增强在生活中合法维权的意识
证券法	证券法的基本原则是公开、公平、公正，这与社会主义核心价值观具有内在契合性。证券法保护社会公共利益，强调对中小股东权益的保护，引领学生从情感上认同法律规定的权利义务，并转化为良好的行为习惯
房地产法	土地征收的补偿，房屋拆迁安置及补偿，国家保障人民居住权出台的系列政策，引导学生关注民生，支持以群众利益为首位的政策

三、"经济法"课程思政融合的路径

课程思政融合的途径有案例分析、课堂讨论和辩论、社会调查、课堂总结和课后作业等。而案例教学法是理论法学课程中常见的教学方法，运用案例教学法，可以在缓解理论课程的枯燥乏味，增强实务性的同时，增强学生学习主体性和解决实际法律问题的能力。同样，案例教学法也是"经济法"课程思政融合的主要教学途径。由知识点导入材料，在融合思政元素的案例材料选择时，要注意以下路径，以靠近、感化和引导学生。

（一）找准契合点

课程、思政和课程思政三个词在经济法的教学改革中有着不同的含义，课程在这里是指经济法的体系及其知识点，思政是思想政治教育的理论知识、价值理念以及精神追求，而课程思政是指将"经济法"课程与思想政治理论课同向同行，形成协同效应，把立德树人作为教育根本任务的一种综合教育理念。作为管理类专业基础课程之一的经济法，内容繁多，每章每个知识点内涵的思政元素可能不同。因此，所选择的案例材料既要符合经济法的知识点，还要准确提炼该知识点对应的思政元素，找准契合点，具有说服力，才能正确引导学生。如反不正当竞争法规定实施商业混淆、商业贿赂、虚假宣传、侵犯商业秘密和互联网领域不正当竞争等行为的主体，应承担相应的法律责任，引用这方面的典型案例分析，嵌入思政的点是诚信经营。诚实守信是公民道德建设的重点，遵守商业道德同样突出诚信的重要意义。

（二）结合社会热点

教师应精心选择案例材料，尤其是善于发掘学生身临其境的一些重大社会事情，提升学生的价值判断和理性思维，从而在学好专业知识的同时提升学生对价值的认同度。例如面对2020年突如其来的新型冠状病毒感染疫情，国务院和地方政府在企业所得税、增值税、关税、房产税、城镇土地使用税和个人所得税等方面进行调整，或减征或免征或延迟缴纳，尤其是受新型冠状病毒感染疫情影响较大的行业如餐饮、住宿和旅游等，有针对性地减轻企业税收负担。2020年1月23日，按照国务院部署，财政部紧急下拨湖北省新型冠状病毒感染的肺炎疫情防控补助资金10亿元，支持湖北省开展疫情防控相关工作。① 1月27日，财政部紧急预拨新型冠状病毒感染的疫情防控补助资金44亿元，支持各地开展疫情防控相关工作，其中对湖北省增加预拨5亿元。② 结合这些抗疫现实案例和数据，我国政府强调"人民至上、生命至上"，高度体现了政府对人民生命负责的情怀和担当，激发了学生爱党爱国的情怀和热情。同时，税收的减免、疫情期间新型冠状病毒感染患者相关医疗费用由政府负担等事例，凸显了社会主义制度的优越性。事实胜于雄辩，我国税收取之于民，用之于民。使学生在增强依法纳税观念的同时，积极担当社会责任。

---

① 财政部下拨湖北省新冠肺炎疫情防控补助资金10亿元[EB/OL].[2020-01-23]. https://www.chinanews.com/cj/2020/01-23/9068570.shtml.

② 财政部紧急预拨疫情防控补助资金44亿元[EB/OL].[2020-01-28]. http://www.gov.cn/xinwen/2020-01/28/content_5472802.htm.

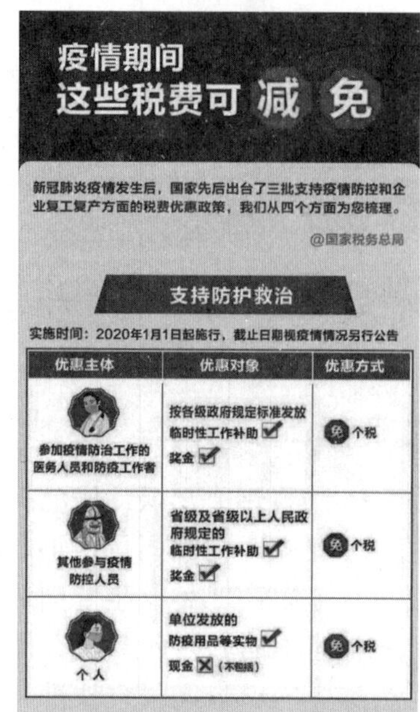

（1）　　　　（2）

图1　新型冠状病毒感染疫情期间税收减免政策①

（1）　　　　（2）

图2　政府对人民生命负责的情怀和我国税收的本质

① 图片来源：一看就懂！疫情期间，这些税费可减免[EB/OL].[2020－03－17].http://www.chinatax.gov.cn/chinatax/n810341/n2340339/c5146257/content.html.

（三）润物细无声

“经济法”课程思政融合运用“互联网+”创新教学手段，具体的实施方法有课上融入和课下实践。不管是课上融入还是课下实践，要注意方法上的润物细无声，不能思政和课程分为两张皮，即不能只进行知识的传授，缺乏价值的引领；也不能为了思政而思政，生硬地将专业课程上成思政课程，使学生心生逆反，甚至让学生丧失学习专业课程的兴趣。因此，课前的备课、课中的讲解和课后的作业都应精心选取案例材料，这些案例材料本身体现了专业知识，又带有思政元素，坚持显性教育和隐性教育相统一，力争达到“山河远阔，人间烟火，无一是你，无一不是你”的境界。

四、“经济法”课程思政改革的效果

专业课课程思政改革，形式上要吸引学生入耳，思维上要引导学生入脑，感悟上要让学生入心，专业素养上要让学生入行。用心教学，上好每一堂课，既是责任也是义务。学生对“经济法”本科教学总体比较满意，该课程2年的教学质量评分分别为98.467分和97.842分。团队将继续优化“经济法”课程思政内容，创新课程教学模式，强调学生能力导向，符合社会需求，彰显育人功能。

以学定教，以美导善

——音乐通识课堂教学实践案例

城市文化学院　郑莹洁　讲师

一、课堂简介

本课堂案例主题为“音乐审美”，所属课程“艺术与审美”是依托智慧树平台国家精品慕课的线上线下混合通识课程，该课程被认定为广东省线上线下一流本科课程。学生通过线上学习知识、线下艺术体验的方式建构艺术学习中理论与实践结合的学习模式。本课程以混合教学为基本框架，在教学内容及教学环节中融入课程思政，在课程改革实践中取得了较好的育人成效。

二、课堂特色

课堂围绕“以美导善”的教学理念进行课程思政实践，具有以下三个特色。

（1）翻转课堂提升艺术审美高度。学生学习国家精品课程中国音乐家徐沛东的课程，提升音乐审美的眼界及学术理论基础；教师实行翻转模式精讲知识重难点，以美学思想为起点，建构音乐审美品位，理解高雅艺术，提高人文素养。

（2）巧妙结合中国优秀文化素材，引导价值观认同。通过艺术感受培养学生对中国艺术文化的认同，树立文化自信，树立民族自豪感；联系疫情时事，引导情感分析与表达，激发情感共鸣，培养爱国之情。

（3）音乐创新实践促进教学难点突破，推动高级认知。教师注重引导学生进行中华优秀传统文化的元素提炼，鼓励学生进行艺术创作，培育创新精神。

课堂主要亮点是突出学生自主建构艺术观，从中国作品的理解中引导价值观认同与文化自信，通过对东西方创作思想的理解，对现代音乐重构创新实践学习。学生在自主学习中完成低级认知，课堂上引导学生深入学习音乐创作思想文化内涵。在课堂的教学中，通过学生讲知识、讨论知识、创作实践、辩论学术理论等，呈现学生中心、教师主导的课堂模式，体现课堂的高阶性、创新性及挑战度，在教学方法及教学内容的包装下，隐性课程思政以美导善，达到育人目标。

三、“音乐的审美”思政育人目标

（1）建构高雅的审美情趣及品位，提高文化素养。

（2）立德树人，在《保卫黄河》的音乐体验中理解民族精神、爱国情感及崇高的人生观。

（3）在《易经》作品的学习与创作中，理解作品中渗透的中国哲学思想，树立文化自信，提高文化认同。

（4）融合多元文化，在创作实践与学术探究中培育创新精神。

四、“音乐的审美”课程思政教学内容设计

表1　课程思政教学内容设计

授课内容	课程思政融入点	教学方法与融入方式
音乐审美方法	1. 树立高雅的艺术观； 2. 提升审美品位	任务驱动式教学： 课前布置学生主题作业：“什么音乐是悦耳的?”课上学生展示自己的观点和学习成果
音乐的织体表现形式及审美意义	1. 培育爱国主义情怀； 2. 加深理解伟大抗疫精神是中国精神的生动诠释	研讨式教学： 1. 讨论作品《保卫黄河》中复调织体表现的意境和情感，感受中国群众歌曲的表现力； 2. 对作品的创作背景及体现的精神内涵进行剖析，并与伟大抗疫精神进行对比
西方现代音乐与中国哲学思想的融合	1. 加深对传统文化的理解，树立文化自信； 2. 人与自然和谐共生的生态文明理念； 3. 培育创新精神	体验式教学： 1. 聆听凯奇作品《易经》，讲授偶然音乐的思想背景； 2. 中国哲学思想与西方现代音乐创作理念的比较； 3. 指导学生体验现场创作融合中国哲学思想的偶然音乐思路

五、思政目标融入通识课堂的教学案例

（一）任务驱动式教学案例

学生在面授课堂学习前，经过三个步骤的课前学习：首先，观看音乐主题慕课，学习音乐语言与音乐语言的相关知识；其次，根据主题要求在讨论区讨论；最后，小组同学根据教师布置的主题作业进行深入研讨并完成作业提交。教师根据提交作业及讨论情况，邀请表现较突出的学生在课堂上向其他同学讲解知识要点——音乐的审美关键；学生运用器乐表演讲解观点，教师点评并组织其他同学讨论。这个过程侧重引导学生学习

用音乐专业知识阐述音乐，结合音乐审美心理学的研究成果理解音乐审美的过程，提升审美品位。

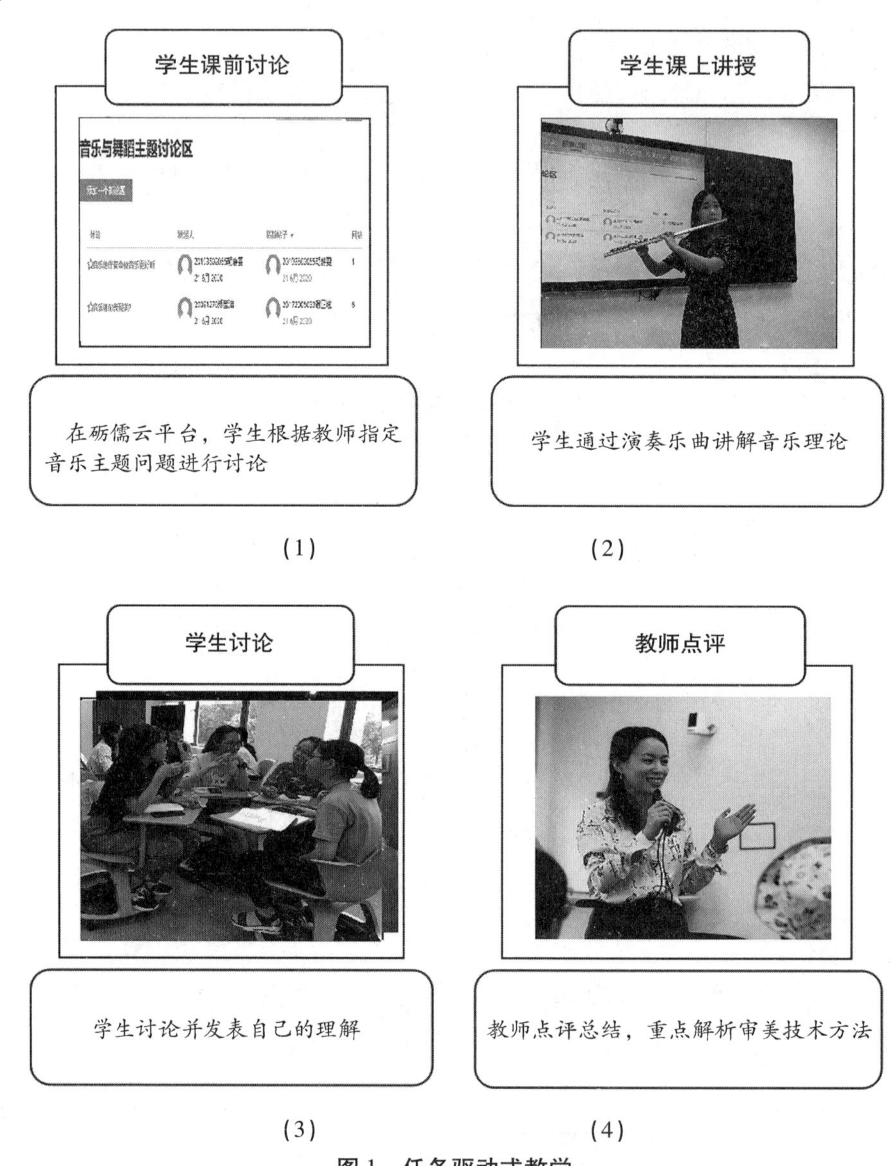

图1　任务驱动式教学

（二）研讨式教学案例

研讨式教学过程中，以中国优秀音乐作品《保卫黄河》作为教学素材，通过对《保卫黄河》的审美体验及分析，感受歌曲中对中华民族凝聚力、家国同构理念、坚忍不拔的毅力以及旺盛生命力的表现，提升学生的民族自豪感及爱国情怀。通过小组讨论，联系疫情中一方有难八方相助、急难中舍生忘死的典型案例，将抗疫精神和《保卫黄河》的精神内涵作对比，在音乐的共鸣中提高学生的价值观认同。

中国优秀音乐作品讨论

选择《黄河大合唱》中的《保卫黄河》，讨论复调织体音乐的审美

(1)

学生讨论

学生联系历史与时事，谈论复调音乐在歌曲中的使用意境及情感体验

(2)

图 2　研讨式教学

（三）体验式教学案例

在体验式教学中，融入中国传统文化元素。首先聆听约翰·凯奇的音乐作品《易经》，讲授偶然音乐的哲学思想、文化背景及《易经》的部分思想内涵。在音乐中的中国哲学元素梳理过程中，加深理解中国传统哲学中的智慧，树立文化自信。引导学生理解凯奇在创作作品《易经》中运用六十四卦象的变化原理及抛硬币的方式自由组合音高、音色、速度、力度的创作理念，尝试用此思路体验创作音乐并展示作品，现场演奏并点评总结。在这个过程中，强调中西哲学理念在音乐作品中的碰撞，通过对西方偶然音乐的学习，感受音乐创作时融合多元文化的精神，理解中国哲学中天人合一、人与自然和谐共生的精神，在音乐创作实践中培育创新精神。

讲解文化背景

教师讲解现代偶然音乐文化背景与哲学思想

(1)

讲解创作技巧

教师讲解道家思想文化内涵，讲授该音乐创作理念

(2)

体验创作音乐

学生讨论并发表自己的理解

(3)

展示与总结

学生展示作品，教师点评总结

(4)

图 3　体验式教学

六、课程思政育人成效

表 2　教务系统中关于笔者实施“艺术与审美”课堂教学的质量评估

学年：2019—2020　　　　校区：南海校区　　　　参评人数：33 人

评价号	评价指标	完全同意	同意	基本同意	不同意
1	我钦佩老师的工作态度和敬业精神	26	3	0	0
2	我喜欢老师的讲课方式	27	2	0	0
3	老师对课程的讲解清楚，语言丰富	24	5	0	0
4	老师的授课理论联系实际，举例生动	25	4	0	0
5	老师能介绍学科的动态和发展趋势	25	4	0	0
6	讲课的进度、难度适当，重点突出	25	4	0	0
7	认真分析学生作业中出现的问题	24	5	0	0
8	老师的课能激励和启发学生思维	24	5	0	0
9	我学会了如何学习该课程的方法	25	4	0	0
10	该课使我提高了分析相关问题的能力	22	7	0	0

表 3　智慧树平台上学生对教师教学的反馈

项目	课程	教学反馈
学生评价	艺术与审美	“提升了我对艺术的了解，深刻体会到艺术对于认识的重要性，老师从绘画、雕塑、摄影、音乐等不同的角度很大程度地拓展了我的视野，让我的审美能力更上一层楼。”
		“让我了解艺术审美对人生发展和人生境界的重要性，重新认识了艺术审美，它并不是无用的。从中也学到了不同艺术层面的知识以及不同国家的文化。”

通过近几年对“艺术与审美”通识课程的课程思政改革实践，教师在艺术的理论与实践教学中不仅提升了学生的人文素养及艺术品位，提高了他们学习的内驱力，更重要的是对人生价值观有一定的引领。绝大部分学生认可教师依托智慧树平台的线上线下混合式教学模式的教学内容、方法、教学计划等，认为经过课程的学习后，掌握了基本理论应用，学生的艺术理解能力提升了，学生对高雅艺术的接受度提高了，阐述主动学习的兴趣、审美品位提升了。除此之外，学生的留言里特别提到对不同国家文化的理解，及对人生追求的期待。可见，本课堂有效提高了学生的艺术观、审美品位、文化素养、融合与创新精神等，达到显著的育人目标。

文化产业管理专业“中国文化史”课程思政融合研究

城市文化学院　张相平　副教授

党的十八大以来，党中央对文化建设高度重视，把文化建设提到了很重要的地位，特别是把文化自信和道路自信、理论自信、制度自信并列为中国特色社会主义“四个自信”。党的十九届五中全会明确提出到2035年建成文化强国的战略目标。

一、文化产业管理专业“中国文化史”课程思政改革目标

“中国文化史”是文化产业管理专业的核心课程，以“立德树人”为教育的根本任务，紧紧围绕专业人才培养目标，以时间为线索，全面、系统讲授中国传统文化，增强文化自信和价值观自信，培养学生将优秀的传统文化赋能产业，服务社会，服务现代文化产业。

在教学过程中，把立德树人作为中心环节，融合思政内容，在专业课程的学习过程中，让学生建立对国家及民族的认同，培养学生对中国文化的自豪感，在更深层面上理解党的十九大报告中提出的“没有高度的文化自信，没有文化的繁荣兴盛，就没有中华民族伟大复兴”，从而肩负时代使命，为建成文化强国做好专业能力准备。

二、文化产业管理专业“中国文化史”课程内容思政元素

“中国文化史”在文化的四个层面，以“小文化”为主线，加强文化发展的阶段性归纳，彰显每一历史阶段的文化主潮；把中国文化与其他文化的互动历程作为一条重要线索，凸显中国文化在世界的地位。在教学过程中主动挖掘每个文化历史时期的思政元素，并贯彻在该课程的理论和实践教学过程中（见表1）。

表1　“中国文化史”课程内容思政元素表

	专业教学内容	思政教学案例融入实例	思政元素挖掘
专业教学与思政教育的融合设计	文化的含义	“文化”是一个汉语古典词，在近代被借以翻译西洋对应词，从而被赋予新的内涵。“中国文化”是中华民族在中国创造的文化，引导学生的文化身份认同意识	中国文化是中华民族的文化
	中国文化的发祥	中国的史前时代，先民的文化生活，反映在近百年挖掘的旧石器和新石器考古文化中，中国文化有着悠久的历史，培养学生的文化自豪感	否定历史虚无主义
	青铜时代	夏、商、周三代在文明上有着继承性和连续性，三代文明对后世中国文化产生了重要的影响。引导学生理解中国文化是在继承中发展的，树立科学的文化观念	中国的文化在继承中发展
	轴心时代文化的多元走向	春秋战国时期是中国创制基本民族精神的阶段，所创制的精神文化范式，决定了中华民族的文化走向。习近平总书记说：“深入挖掘和阐述中华优秀传统文化讲仁爱、重民本、守诚信、崇正义、尚和合、求大同的时代价值”，“使中华优秀传统文化成为涵养社会主义核心价值观的重要源泉”。引领学生主动汲取古人的精神营养，加强内在修养	仁爱、诚信、正义、求大同
	帝国时代的文化大一统	秦汉是春秋战国以来中国文化不断整合的结果。国家统一，使多元文化整合的程度加强；而整合后的一统文化，具有强大的凝聚力和向心力，又反过来促进政治一统。统一被认为是合理的、正常的，分裂被认为是违理的	“国家必须统一，也必然统一”
	胡汉、中印文化的融合	魏晋南北朝四百年间，是继春秋战国以后又一次更大规模的民族迁移和民族融合高潮。外来的佛教，经过六七百年的历史演变，最终形成了三教鼎立、并行不悖的局面。“加强各民族交往、交流、交融，尊重差异、包容多样，让各民族在中华民族大家庭中手足相亲、守望相助。”引导学生坚定民族团结、国家富强的信念	民族融合、中国文明，世界观：文明交流共鉴

续上表

	专业教学内容	思政教学案例融入实例	思政元素挖掘
专业教学与思政教育的融合设计	近古文化的定型	从唐的雄浑气象走向精致内敛，“华夏民族之文化，历数千载之演进，而造极于赵宋之世。后渐衰微，终必复振。”新时代下，文化产业管理专业的学生应肩负起中华民族文化伟大复兴的使命	中华民族文化伟大复兴
	中国文化的近代转型	从经世实学到洋务运动再到中体西用，从维新到革命再到五四运动及马克思主义在中国的传播，近代中国在富国强民的路上一直在努力。引领学生意识到道路的重要性，树立中国特色社会主义道路自信	坚持马克思主义、坚定中国共产党的领导

挖掘每个文化时期的思政元素，在传授知识的同时，进行文化价值上的引导，在润物细无声中将课程与思政教育融合在一起，真正做到“你中有我，我中有你”。

三、文化产业视域下“中国文化史”课程思政实施路径

文化产业管理专业以“新文科”建设为导向，面向文化产业发展需要，培养既具有厚实传统文化知识素养，又具有现代化理念和经营管理技能的应用型复合人才。作为专业核心课程，“中国文化”在教学过程中着力提高学生的人文素质、创新意识、广阔视野和社会责任感，引领学生树立正确的文化价值观，以服务于国家文化资源的有效管理、文化市场的科学运营、文化产业的健康成长以及文化产业的保护、开发和利用。

（一）时事引入教学内容，引领学生增强专业认同感和责任感

案例：解析“文化”及“中国文化”

“文化”是一个汉语古典词，在近代被借以翻译西洋对应词，从而被赋予新的内涵。“中国文化”是中华民族在中国创造的文化。教学过程中，回顾2017年11月8日美国总统特朗普访华参观故宫，两位元首说起文化的传承①：

特朗普：中国的历史可以追溯到5 000年前（或者更早），所以你们有5 000年历史。

习近平：有文字的是3 000年。

特朗普：我想最古老的文化是埃及文化，有8 000年历史。

习近平：对，埃及更古老一些，但是文化没有断过流，始终传承下来的只有中国。

特朗普：这就是你们原来的文化。

---

① 摘自习近平主席夫妇同美国前总统特朗普夫妇参观故宫时的对话（2017年11月8日，根据央视视频整理）。

习近平：对，所以我们这些人都是原来的人，延续着黑头发、黄皮肤，我们是龙的传人。

以这段时事为背景展开讨论：多种文化同时并存体现了世界文化的什么特点？几千年来，中华文化“没有断流传承下来”体现了中华文化的什么特点？

在讨论的过程中，培养学生对中国文化的自豪感及认同感，在更深层面上理解党的十九大报告中提出的“没有高度的文化自信，没有文化的繁荣兴盛，就没有中华民族伟大复兴”。党的十九届五中全会通过了“第十四个五年规划和二〇三五年远景目标的建议”，规划中增加独立的文化章节“繁荣发展文化事业和文化产业，提高国家文化软实力”，凸显了文化在国民经济和社会发展的重要位置，引导学生对规划中的文化内容进行研读，了解党和国家关于文化的决策，增强对专业的认同感和责任感。

（二）课堂与实践双轨道教学

学生组建5～6人团队，挖掘每个历史时期的文化要素，论证赋能当下产业的可能性，学生的表现记入学生期末成绩。教师将博大精深的中华传统文化作为驱动力，布置相关主题，提供实操指导，学生在任务驱动下深入理解某历史时期的文化要素并将文化赋能相关产业。

> 案例：秦汉瓦当文化

秦汉之际，国家走向统一，政治形势相对安定，统治者便大兴土木，营造宫殿庙宇。具有实用和装饰功能的瓦当，便有了大展其华彩的艺术空间。瓦当艺术也迎来了它的鼎盛时期。瓦当文化是秦汉时期重要的文化元素，鉴于此，以“秦汉瓦当文化”为主题，以任务驱动学生团队对其进行深入学习，提取文化要素，发现其在当下的市场价值及共情点，在实操过程中感受中国文化魅力进而生发出将文化赋能产业的使命担当精神。

（三）田野调查，感受中国文化丰富性

行走在田野，运用专业知识，让陈列在大地上的遗产“活起来”。带领学生进行实地考察，触摸文化遗脉，感受中国文化的丰富性，增强地域文化认同感。

> 案例：参观广东省博物馆

2020年11月1日，笔者带领文化产业管理专业本科生到广东省博物馆参观学习。在博物馆里，学生认真欣赏文物精美的纹饰，细细品读纹饰的内在含义，感受文物背后的文化精神。

参观结束后，学生在此次学习收获颇多：“相比于以前去博物馆时的走马观花，今天老师引导我们用文化产业管理专业的专业视角去感受文物背后的故事，这让我有一种不一样的体验。这次我放慢脚步，静静地看着这些静默但却灵巧可爱的文物，突然间有了一种使命感——要更好地保护和传承它们，并挖掘其中的文化价值。”

图 1　参观广东省博物馆

图 2　学生欣赏文物

（四）线上线下混合教学

线上通过校内砺儒云平台及校外云教学及学习资源，丰富课堂教学内容，开拓学生的视野，充分调动学生的学习自主性。线下在课堂上及时互动反馈，全方位引导与培养学生的文化意识和正确的“三观”，培养为社会主义文化产业服务的人才。

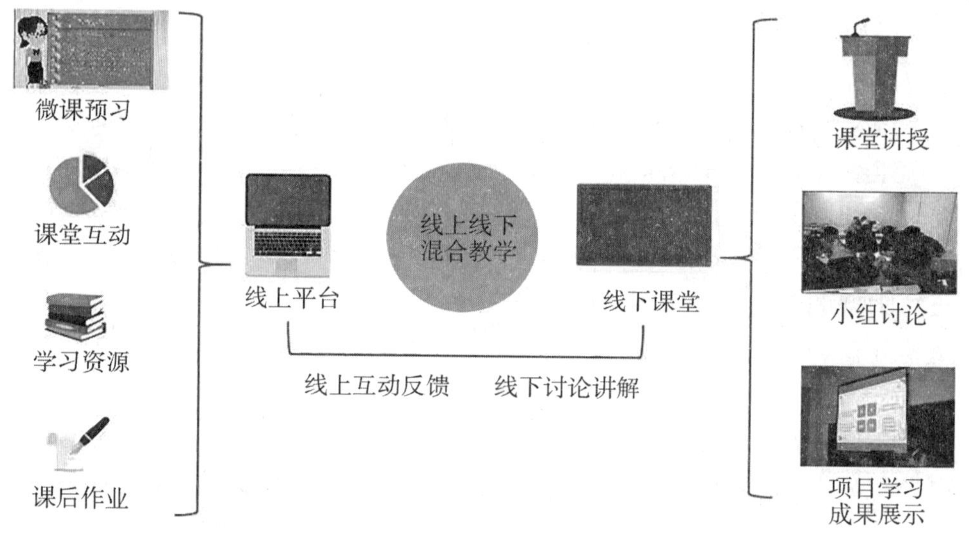

图 3　混合教学示意图

四、结语

作为文化产业管理专业的核心课程，“中国文化史”以专业人才培养目标为导向，贯彻“以学生为中心”的教学理念，守好一段渠、种好责任田，融合思政内容，引导学生正确认识现代文明与传统文化、西方文化与中国文化的关系。实行理论与实践双轨道教学模式，从课前预习、课中探究、课后实践三阶段贯穿理解理论与文化元素提炼及实践的轨迹，实现对每一个文化时期认知与实践的统一，相辅相成，担负起服务和发展新时代文化产业的使命。

"学科教学论"课程思政案例
——线上同步教研，共铸教师魂

教务处　赵艺　教授
教务处　熊建文　教授
教务处　彭上观　副研究员

一、案例简介

"育人为本、德育为先"，就是把培育和践行社会主义核心价值观有机融入教育全过程。华南师范大学贯彻习近平全国思政会议讲话精神，贯彻全员、全程、全课程综合育人理念，落实立德树人根本任务，以新时代"新师范"建设为己任，承担着为粤港澳大湾区基础教育输送人才的重任，是教师队伍建设的工作母机。师风师德教育是师范生培养的首要环节。我校充分利用全国重点马克思主义学院、心理学、教育学、教育信息技术学院的学科优势和16个国家级、省级一流师范专业的力量，把师风师德养成教育贯穿师范生培养的全过程。我校常规的育人方式有：课程建设，打造金课；资源建设，拓展学习；团学活动，思想引领。创新育人方式是：响应《教育信息化2.0行动计划》，借助华南师范大学－中小学协同发展联盟的平台优势，联合地方中学，在各师范专业必修课"学科教学论"增设师范生、高校学科专家和中学师生共同参与的系列线上同步教研模块，以教师影响教师，实现跨时空网络教学和协同育人，让学生在专业学习中践行师德。

二、教学设计与实施

（一）教学设计一：与省内中学联动，开展线上同步教学教研活动

学科思政目标：学科教学渗透敬岗爱生精神，在专业学习和教研中践行师德。

教学实施：华南师范大学数学专业师生与东莞中学举行在线同步教学教研活动。东莞中学庞兴老师做了"直线的倾斜角与斜率"课堂展示。

教学过程：华南师范大学课堂暖场，提示师范生思考本课的教学重点、难点及突破方式；中学课堂实时同步观摩、主讲老师说课、教学过程及学情回放；实时同行互评、

专家点评、师范生与中学老师互动；活动总结。

华南师范大学冯伟贞实时点评：情境创设要基于课程目标，要让学生沉浸其中并有所获，要以生为本，贴合学生实际，注重学生的学习过程，在深度备课和一线教学中践行师德。

学生反馈：这是非常新鲜的体验，看到了自己与名师的差距。教学要从学情出发，根据不同教材进行反复设计与处理。

图1　华南师范大学数学科学学院师生与东莞中学进行线上线下同步教研活动

（二）教学设计二：在新型冠状病毒感染疫情期间与粤黔两地多所学校进行“停课不停研”线上同步教研活动

学科思政目标：学科教学渗透家国情怀和责任担当。

教学实施：华南师范大学思想政治教育专业师生与东莞中学、王建新名师工作室进行“云教研”活动。东莞中学的陈观胜老师解说了“新型冠状病毒感染疫情下的中国外交”的议题式教学设计，包含“中国的大作为”“对外援助的担当”“构建人类命运共同体”三个子议题。

华南师范大学赵艺实时点评：议题贯彻核心素养的培养要求，理念先行，是深度学习的课堂教学的有益探索。子议题层层递进，帮助学生从表面现象到本质把握，引起学生的深度思考和共鸣。思教专业的学生应注重自身政治修养，关注并收集整理时政热点，以传扬和践行社会主义核心价值观为己任。

学生反馈：时事与教学内容相结合，才能凸显政治课学科性质。

图 2　华南师范大学思想政治教育专业师生与东莞中学、王建新名师工作室进行“云教研”活动

（三）教学设计三：邀请中小学名校长为师范生开展在线师风师德论坛，让华师学子与名校长空中对话

学科思政目标：坚定教师职业选择，恪守职业道德，发挥专长为中国教育事业贡献力量。

教学实施：深圳南山外国语学校校长冯大学作“爱生如子与师德高尚”的讲座，1 600 余名师范生在线聆听并参与互动。冯校长分享自身教书育人和以德治校的生动故事，给学生树立了榜样。

华南师范大学胡小勇实时点评：树人先立德，身正方为师。具有良好的师德操守，是新时代每一位师范生都必须养成的品质。他鼓励师范生好好学习，本领过硬方才有为有位。他特别提到，在本次在线教育的抗疫战线上，全国各高校教育技术专业的师生发挥了重要作用，展现了专业人员在关键时刻的社会担当。

学生反馈：在教师成长路上要理解和思考教育本身，要将教育视作使命，冯校长的讲座深深感染了我。

三、教学成效与推广

创新型“学科教学论”课程把课堂延伸到线上，把专业教育与思想政治教育深度融合，实现：（1）贯彻学科思政精髓，以教师影响教师，帮助师范生树立职业理想和培养敬业爱生精神，培育师范生的家国情怀和担当意识。（2）推进教育信息技术与教师教育的深度融合，构建大学教师与中小学教师、师范生的混合式学习共同体，真正形成教、研、学闭环，提升协同育人的质量和效果。（3）突破空间和人数限制，省时高效，为师范生创造丰富的真实课堂观摩学习机会；为一线中学教师创造更多与大学学科专家对话的机会；帮助大学学科专家发现真实课堂的研究问题。

同步教研系列活动成效显著，在大学和中学师生中反响热烈，受到《南方日报》《广州日报》《羊城晚报》《信息时报》等多个媒体的关注和报道。特别是在新型冠状病毒感染疫情“停课不停学”期间，同步在线教研发挥了突出作用，影响力最大的一次线上同步教研，跨粤黔两省共 7 所中学与华师联动；人气最旺的一场师风师德在线论坛超过 1 600 名师生共同参与。

后疫情时期，全国教育界的教育信息技术能力、硬件条件设施都有了质的飞跃，具备师范院校与基础教育开展线上同步教研的条件。创新型“学科教学论”具有形式灵活、多方共赢、低成本、高效率、易复制、便推广的特点，值得向全国师范院校推荐。